読み書き困難の
支援につなげる

大学生の
読字・書字
アセスメント

読字・
書字課題 RaWF
と
読み書き支援
ニーズ尺度 RaWSN

高橋知音・三谷絵音 [著]

金子書房

はじめに

　日本国内では発達障害のある大学生の数が年々増加しているが，学習障害（限局性学習症）のある学生は非常に少ない。その背景には，大学生の読み書きについて調べる方法がないこと，学習障害をはじめとする読み書き困難についての情報が支援者に伝わっていないことがあると考えられる。こうした状況を変えていくために，「読字・書字課題（RaWF: ローフ）」と「読み書き支援ニーズ尺度（RaWSN: ロースン）」を新たに開発した。

　RaWF は，国内初の大学生を対象とした読み書き検査であり，読み書き関連の合理的配慮の根拠資料としての利用も可能である。課題用紙は株式会社千葉テストセンターから購入することができる。RaWSN は，自己報告型の尺度であり，大学生の読み書きに関する困難感を評価することができる。小学生時代の経験を問う項目からは，読み書き困難の背景要因としての学習障害（限局性学習症）の可能性を検討することができる。RaWSN を実施するために必要な材料は，本書を購入した人が金子書房のウェブページからダウンロードできるようになっている（p.169 参照）。いずれの検査も主な対象は 18 歳以上の学生である。学校に所属していなくても，18 歳以上で大学等への入学を目指している人，資格試験や採用試験等を受験する人（20代まで）なども対象となる。

　本書は 2 部構成で，第Ⅰ部では読者が大学生の読み書き困難について理解し，評価方法を学び，その結果をふまえて効果的な支援が提供できるようになることを目指している。アセスメントの結果を支援につなげていくための手がかりが得られるように，機能障害や疾患を分類し，それぞれのカテゴリーで利用可能な検査や支援方法を示している。

　第 1 章では，読み書き困難の概念と支援の概要をわかりやすくまとめた。第 2 章では，読み書き困難の関連概念を整理し，読み書きに影響を及ぼす機能障害や疾患などについて近年の研究成果をまとめた。第 3 章では，読み書き困難のアセスメントの方法や利用可能な検査を，模擬事例も用いながら解説している。第 4 章ではアセスメントの結果をふまえた支援法を紹介している。

　第Ⅱ部は RaWF と RaWSN のマニュアルであり，読み物として通読することは想定していない。第 5 章は RaWF，第 7 章は RaWSN の実施，採点，解釈マニュアルである。実施の際は各章をよく読み，指示に従って利用してほしい。開発の経緯やそれぞれの検査に関する統計情報をまとめた第 6 章，第 8 章は，それぞれの検査の結果が持つ意味についてより深く理解したい場合や，研究に用いる場合に活用してほしい。

　本書の読者としては，大学生の支援に関わる人，大学生の読み書き困難について理解を深めたい人，大学生の読み書きの研究に興味を持つ学生，研究者等を想定している。

　本書が大学生の読み書き困難について理解するきっかけとなり，困っている学生が支援を受けられるようになること，また，効果的な支援を提供できるよう，読み書き困難の研究が進むことを期待したい。

目　次

大学生の読み書き困難：
アセスメントと支援

ここでは，大学生の読み書き困難の
理解，アセスメントの方法，支援の
あり方について説明する。第1章で
は，これらの概要を専門用語を極力
使わずにわかりやすく紹介する。続
いて第2章では関連概念の理解，第
3章ではアセスメントについて，第
4章では支援について，関連分野の
研究成果をふまえて詳しく説明す
る。

読み書き困難の理解と支援の概要

1 なぜ読み書きが苦手な人がいるのか

　読み書きは，社会生活に不可欠なスキルである。とりわけ，教育を受ける学齢期，学生時代において読み書きに困難があると，学習に大きな制限を受けることになる。

　読み書きがうまくいくためには，どのような機能が関わっているだろうか。わかりやすい例をあげると，視覚の機能に障害があれば文字を読むことは困難になるだろうし，上肢の運動機能に障害があれば，文字を手書きすることに影響が出る。しかし，視覚や運動の機能に目立った障害がなくても，読み書きに困難が見られる場合がある。学習障害（learning disabilities: LD），限局性学習症（specific learning disorder: SLD），読み書き障害，ディスレクシア，読字障害，書字障害などと呼ばれるケースがそれにあたる。

　読み書きがスムーズにできる人にとって，なぜ読み書きがうまくいかないのかを理解するのは容易ではない。母国語は自然に話せるようになるのだから，読み書きもできるはずだし，苦手なら練習すればよいと考える人は多いだろう。しかし，中には練習してもスムーズにできるようにはならない場合がある。「聞く」「話す」と「読む」「書く」は何が違うのか，なぜ読み書き「だけ」がうまくいかない場合があるのだろうか。

　言葉を聞いて理解すること，そして話すことは，乳幼児期の生活環境に言葉が存在すれば，ほとんどの場合，自然にできるようになる。それに対し，読み書きは，児童期に意識的に学習しなければ習得できない。これは，「聞く・話す」と「読む・書く」における歴史の違いによる。言葉の起源には諸説あるが，少なくとも10万年前には言葉と言えるようなものが存在していたと考えられる。しかし，文字が1万年前に存在していた証拠は見つかっていない。サルからヒトへの進化の過程で，脳には言葉を聞くこと，話すことに特化した領域ができた。しかし，読み書きが自然にできるような状態まで脳は進化していない。読み書きは，必ずしもそれに特化しているとは言えない脳の複数の部位の働きを組み合わせて行っている。

　言葉を「聞いて理解すること」と「読んで理解すること」の関係は，「歩くこと」と「ダンスをすること」の関係に似ているかもしれない。歩くことは自然にできるようになるが，複雑なダンスは練習しないとできない。人が踊っているのを見ただけでまねできたり，ちょっと練習すれば踊れるようになる人がいる一方，かなり練習してもスムーズに踊れない人はいる。

　ダンスの場合は，できなくても生活に困ることはないだろうが，読み書きがスムーズにできないと社会生活に支障が出る。ダンスができなくても，ダンス障害とは言わないが，読み書きがで

きない場合に「読み書き障害」「学習障害（LD）」と言われることがあるのは，その違いによる。

2　「障害」の有無はどう判断するのか

どの程度読み書きに困難があれば「障害がある」と言えるかということについては，明確に線引きができるわけではない。疾患の中でも，感染症であればウイルス等が存在するか否かで，明確に疾患の有無を判断できる。しかし，高血圧症は基準が示されてはいても，その基準を少し超えている人と，わずかにそれを下回る人の健康状態に明確な違いがあるかというと，そうではない。読み書き障害，LD は後者に近い概念と考えるとよいだろう。

読み書きが遅い，一人の大学生がいるとする。ある種の専門スキルや実技が重視される学科で，その学生は高いスキルを持っていることで「優秀な学生」と言われるかもしれない。一方，同じ学生が，多くの文献を読みこなす必要がある学科に所属していれば，学生生活に大きな支障を来す可能性がある。そうなると，「障害がある」と言えるかもしれない。読み書きの遅さが同程度でも，所属する場所によって障害の有無の判断は異なってくる。

読み書き困難の程度を色の濃さで表した場合，困難がない状態から困難が大きい状態まで，連続的に変化する（図1-1）。この図において，「このラインを超えれば障害」といった線引きはできない。困難がとても大きければはっきり「障害がある」と言えるが，そこまで大きくなくても，その人がおかれている状況によっては「障害がある」と言える可能性があるということである。

医学的な診断としての限局性学習症（SLD）では，「学業または職業遂行能力，または日常生活活動に意味のある障害を引き起こして」いることが必須の要件となっている（American Psychiatric Association, 2013）。また，障害者基本法によると，「障害者」とは，心身の機能障害と社会的障壁によって「日常生活又は社会生活に相当な制限を受ける状態にあるもの」である。特定の症状があるだけでは診断がつかず，機能障害があるだけでは障害者とは言えない。医学的診断においても，法律上の障害者の定義においても，「生活に負の影響が出ていること」が必要条件となっている。

大学に入学を許可された学生が，全般的な能力は十分なのに，読み書きに特化した困難のために学業に支障を来していれば（相当な制限を受ける状況にあれば），法律上の「障害者」の定義

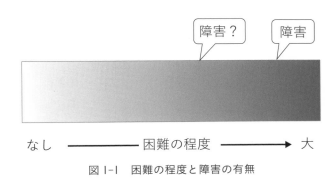

図 1-1　困難の程度と障害の有無

にあてはまる。「障害を理由とする差別の解消の推進に関する法律（障害者差別解消法）」に従うと，その学生から意思表明があれば，合理的配慮の提供義務が生じる。合理的配慮の対象となるか否かは，一般的な日常生活に必要な程度の読み書きができるかどうかではなく，その学生が所属する大学の環境における，学修活動への制限の有無で判断すべきである。

　同様に，もし英語の読み書きのみに困難があるという状況があれば，それも配慮の対象として検討することを提案したい（高橋, 2019）。読み障害は，言語によっても現れ方が異なると考えられており，日本語の読みに問題がなくても，英語のみ読み困難が生じる場合がある（Wydell & Butterworth, 1999）。英語が読めなくても一般的な社会生活において支障はないが，大学では多くの場合，英語が卒業に必須の科目となっている。専門領域では卒業要件を満たす十分な学力があるにもかかわらず，機能障害によって英語の単位取得のみ困難で卒業できないということであれば，やはり学修活動（社会生活）に相当な制限があると言える。

　学業を修めるのに十分な能力があるにもかかわらず，読み書きのみ困難が見られる，もしくは英語のみ困難があるために配慮が必要な場合，その根拠を示す必要がある。具体的には，まず大学の学修に十分な能力があることについての根拠が求められる。これは，入学を許可された時点で，ある程度保証されているという考え方もあるだろう。そして，読み書きや英語学習の困難と関連がある認知機能の障害の根拠を示す必要がある。残念ながら，日本国内では大学生を対象として，こういった機能障害を示すための検査が十分にそろっているとは言えない。本書第Ⅱ部で紹介する検査は，その一部を担うべく開発されたものである。読み書きにはどのような機能障害が関わっているのか，どのように検査すべきかについては，後に詳しく述べる。

3　読み書き困難のある学生への支援の考え方

　LD がある場合，訓練で読み書きは改善するのだろうか。英語圏では，学齢期までであれば明確な効果が示された介入法が報告されている。英語圏における LD としての読み困難の背景要因に，言葉の音韻情報に関する処理の障害があるということについては，コンセンサスが得られている。これをふまえ，効果が示されている支援法には，英語の音と文字（綴り）の組み合わせを取り出して指導する要素が含まれている（Fletcher et al., 2019）。

　再びダンスの例で考えてみよう。他者が踊っているのを見ただけでは習得できない人でも，動きを分割し，まずはステップだけ，次に上半身の動き，など，ダンスの動きの構成要素を抽出して，個別に教えてもらえばできるようになることが多い。この例と同様に，音と文字の組み合わせを取り出して指導するというやり方は，文字表記ルールの構成要素を抽出した指導法であると言える。

　日本語の読み書きにおいても，自然にできるようにならない人の場合，つまずきやすい点を取り出して反復練習するとできるようになることもある。例えば，仮名表記で特殊音節と呼ばれる拗音（「きゃ」「きゅ」「きょ」など）の習得は，読み書きの学習の初期段階でつまずきやすいポイントである。読み書き学習の導入期における支援法では，こういった特殊音節の音声と仮名表記の関係を具体的に教える内容を含んでいる（海津, 2010）。

しかし，正しく読むことができるからといって，スムーズに読めるとは限らない。ダンスでも要素を取り出して練習し，それぞれの動きができるようになったとしても，音楽に合わせてうまく踊れるとは限らない。読みに困難がある人は，時間をかければ読めるが，読む作業にエネルギーを奪われ，読んでも内容が入ってこない，長時間読もうとするととても疲れるということがある。重要なのは，ダンスにしても読み書きにしても，その活動を構成する要素となる複数のスキルが統合されるとともに，その活動をほとんど意識しないでできるようになること，つまり「処理が自動化されること」が重要である。LD の状態を理解するためには，読み書きを成立させるための構成要素となる認知機能がうまく働いているかということと，それらの要素が統合かつ自動化されてスムーズにできるかの 2 点を見ていく必要がある。

青年期，成人期を対象とした介入研究によると，児童期に比べ，読み書きの大幅な改善は難しいと考えられている（Fletcher et al., 2019）。そのため，この年代では読み書きの負担を減らして学んだり，成績評価したりできるような方法を考えることが重要になる。例えば，紙の本を読むのではなく，電子書籍の読み上げ機能を使って聞くとか，論述試験において手書きで解答するのではなく，パソコン入力や口述解答したものを評価するといったことが考えられる。学習者の状態を変えるのではなく，障害があっても十分に学べるように支援機器を用いたり，教育機関の側がやり方を変更する合理的配慮が重要になる。

4　読み書き困難と LD 以外の障害

ここまで，読み書き困難の要因として，主に LD について述べてきた。LD の定義や，SLD の診断基準を見ると，読み書き等の困難があることに加えて，知的障害，視覚や聴覚の障害，心理的要因，環境要因が読み書き困難の主因ではないという除外条件がある。逆に言うと，視覚障害，聴覚障害，運動機能の障害，心理的要因，不十分な教育等の環境要因などによって読み書き困難が生じる場合もあるということである。

配慮対象となる読み書き困難は，LD によるものに限らない。視覚障害や運動機能の障害によって，実際に読み書きの困難が生じていれば，それは配慮の対象となる。ただし，視覚障害や運動機能の障害も，あるかないかという二元的なものではなく，その程度はさまざま，つまり図 1-1 に示すように連続的に変化するものである。さらに言うと，読み書きに影響を及ぼす可能性のあるこれらの要因が複数関わっているケースもあるだろう。よって，読み書き困難の背景要因を理解するためには，視覚や運動機能の障害，LD がそれぞれどの程度で，それらがどの程度，読み書きに影響を及ぼしているかを評価する必要がある。今回新規に開発し，本書で紹介する読字・書字課題は背景要因の如何にかかわらず，読み書きがどれだけスムーズにできるかを示す検査である。客観的で量的な評価方法を用いることで，読み書き困難のある学生が必要な支援を受けられるようになることを期待したい。

◆引用文献

American Psychiatric Association（2013）*Diagnostic and statistical manual of mental disorders.*

(5th ed.). American Psychiatric Association.［日本精神神経学会（日本語版用語監修）高橋三郎・大野　裕（監訳）(2014) DSM-5 精神疾患の診断・統計マニュアル.　医学書院.］

Fletcher, J. M., Lyon, G. R., Fuchs, L. S., & Barnes, M. A. (2019) *Learning disabilities: From identification to intervention* (2nd ed.). Guilford Press.

海津亜希子 (2010) 多層指導モデル MIM　読みのアセスメント・指導パッケージ.　学研教育みらい.

高橋知音 (2019) LD のある大学生への合理的配慮.　小貫　悟・村山光子・小笠原哲史（編）LD の「定義」を再考する.　金子書房, 116-123.

Wydell, T. N. & Butterworth, B. (1999) A case study of an English-Japanese bilingual with monolingual dyslexia. *Cognition*, **70**, 273-305.

第2章 読み書き困難と関連要因の理解

　学生が支援を必要とする，読み書きを中心とした学修困難は，さまざまな理由で生じうる。学修困難につながる疾患や機能障害については，同じような状態を示す多様な用語があったり，ひとつの用語が異なる意味で用いられたりして，わかりにくくなっている。ここでは，共通理解をもって本書を読み進めたり，関連の文献資料を読んだりできるよう，学修困難に関係する用語について整理する。その上で，学修困難の背景要因として影響が大きい，読み書きの困難を中核的な症状とする疾患や障害について説明する。続いて，読み書きに影響を及ぼす他の疾患や障害を紹介する。

1 「学修困難」「読み書き困難」という用語

　本書では，アセスメントや支援の対象とする困難に関して，主に「学修（学習）困難」「読み書き困難」という用語を用いる。まず，それぞれの意味を説明する。

1.1.「学修」と「学習」

　「学修」は，大学設置基準に「一単位の授業科目を四十五時間の学修を必要とする内容をもって構成する」とあるように，高等教育での学びを表す際に用いられる。それに対し，「学習」は「習い学ぶこと」を指す一般的な用語である。心理学の用語としては「学んだり，教わったり，経験したりすることを通して，知識，スキル，行動を獲得する過程」を指す[1]。大学生が高等教育の中で単位取得を目的として学ぶ活動は「学修」であるが，大学生であっても，特定の知識やスキルを習得する過程に注目すれば，その活動は「学習」である。

1.2.「学習（読み書き）障害」と「学修（読み書き）困難」

　発達障害のひとつとしての「学習障害」は，発達障害者支援法（2004年制定，2016年改正）の中で定められている。北米では，教育領域，行政でlearning disabilities（LD）の用語が用いられるが，英国ではlearning difficultiesが用いられることが多い。

　学習障害に対応する医学的診断名として，世界保健機関（WHO）の国際疾病分類（ICD-11）では「発達性学習症（developmental learning disorder; 本書執筆時点で訳語が確定していないため，筆者訳）」，アメリカ精神医学会による診断マニュアルであるDSM-5では，「限局性

1　APA Thesaurus of Psychological Index Termsにより "learning" を検索（2021年12月27日），訳は筆者。

学習症（specific learning disorder: SLD）」という用語が用いられている。

　本書では，行動レベルで読み書きがうまくいかない状態全般を表す用語として，「学修（学習）困難」「読み書き困難」を用いる。SLDは診断カテゴリーであり，背景の機能障害がある程度特定されている。また，知的能力，視力，聴力の障害などが主たる原因で学修活動に支障を来している場合は，この診断から除外される。一方，背景要因が何であれ，所属する教育機関で求められる学修活動がうまくいっていなければ，学修困難があると言える。これらを区別するため，本書では，発達障害のひとつとしての学習障害（教育），学習症（医療）に言及する場合は主にSLDの略称を用いる。

　「障害」という語はさまざまな意味で用いられる言葉であるが，本書ではWHOの国際生活機能分類（ICF）の考え方を基本とする（コラム参照）。一般的には，個人の心身の働き（機能）がうまくいっていない状態を指す場合と，社会生活の中で機能障害のある人が制限を受ける状態を指す場合がある。本書では，前者の場合は可能な限り「機能障害」という用語を使い，後者と区別する。

コラム　国際生活機能分類（ICF）と読み書き困難

　世界保健機関（WHO）は健康と保健に関する国際的な情報交換を可能とするために，疾病と障害に関する分類の枠組みを示している。疾病については，病因論的枠組みに基づいた分類で国際疾病分類（ICD）と呼ばれる。障害については，1980年に発行された国際障害分類（ICIDH）を改訂する形で，国際生活機能分類（ICF）が2001年にWHOの総会で採択された。ICIDHでは，疾患・変調が機能・形態障害を生じさせ，それが能力障害につながり，社会的不利を引き起こすという階層的モデルが提案された。しかし，ICIDHでは，環境因子が考慮されていない，マイナス面を強調していると言った批判もあり（上田, 2002），「疾病の結果（帰結）」の分類から「健康の構成要素」の分類としてのICFが作られた（WHO, 2001）。

　ICFにおける障害（disability）とは，生活機能（functioning）の構成要素（心身機能，身体構造，活動，参加）に問題がある状態（機能障害，活動制限，参加制約）を指す。機能障害（impairment）は著しい変化や喪失など心身機能や身体構造の問題，活動制限（activity limitation）は個人が活動を行うときに生じる難しさ，参加制約（participation restriction）は個人が何らかの生活・人生場面に関わるときに経験する難しさである。ICFでは，それぞれの構成要素の中に詳細なカテゴリーが設定され，問題の程度に応じて評価点が付される。

　読み書き困難で大学生活に困っている状況をICFの用語を使って記述すると，以下のようになる。「言語に関する精神機能（心身機能）」の障害によって，「書くこと（活動）」に制限が生じ，「高等教育への参加制約」がある状態は，「障害がある」と言える。

　ICFのモデルでは，「障害」は人と物的環境および社会的環境との相互関係の結果生じる現象と捉える。生活機能に制約や制限を経験する人を表す言葉として「障害者」「障害のある人」といった用語もあるが，ICFとしてはどの表現を用いるかという点について特定の立場をとらないとしている。また，ICFは人の分類ではないということに留意することが大切であるという点については明確にしている（WHO, 2001）。

　障害の捉え方として，「医学モデル」と「社会モデル」という考え方があるが，ICFは2つのモデルの統合に基づいている。医学モデルでは，障害という現象を個人の問題と捉え，病気・外傷その他の健康状態から直接的に生じると考える。対処としては治療や行動変容が目標

となる。社会モデルでは，障害を社会環境によって作られた問題とみなす。対処としては，障害のある人の社会生活の全分野への完全参加に必要な環境の変更が目標となる。日本の「障害者差別解消法」で求められている合理的配慮は，社会モデルに沿った考え方である。読み書き困難という活動制限があっても，高等教育への参加に制約を受けないように，大学が教育のやり方や環境に関して変更・調整を行うこと（試験時間の延長など）が合理的配慮の例としてあげられる。

◆引用文献

世界保健機関（WHO）（2001）ICF 国際生活機能分類──国際障害分類改訂版．中央法規．
上田 敏（2002）新しい障害概念と 21 世紀のリハビリテーション医学──ICIDH から ICF へ．リハビリテーション医学，**39**，123-127.

2 読み書き困難を生じさせる疾患，障害

読み書き困難，学修困難に関連する疾患，障害は多数あるが，その中でも LD，SLD は代表的なものと言える。ここでは，LD，SLD について詳しく紹介するとともに，読み書き困難を中核的な症状とする関連の疾患，障害についても述べる。

2.1. 学習障害（LD），限局性学習症（SLD），発達性学習症

LD，SLD は学ぶこと全般ができないということではなく，学習に必要な要素（例えば，読むこと，書くこと）の一部が，極端にうまくいかない状態を指す。教育の文脈における LD の定義と，医学的な診断名である SLD，発達性学習症の診断基準に含まれる要素を対比させたのが表 2-1 である（発達性学習症に関する訳語は筆者による）。

対象となる要素が，LD では言語の 4 要素，計算，思考であるのに対し，SLD と発達性学習症では読み書きと，算数・数学のみである。聞く，話すについては，DSM-5 ではコミュニケーション症群に含まれる。これらの要素のうち，読み書きについて図で表してみよう（図 2-1）。

文字を読むときには，まず文字を認識し，文字のつながりから意味のある単語として認識する。続いて単語のつながり方から文として理解できれば，その文で伝えようとしている概念，メッセージを理解できる。この情報処理の過程は，小さい単位（文字）から大きい単位（文章）へと順番に進むだけではなく，既存の知識，思考が大きな影響を及ぼしている。そもそも知識と

表 2-1　LD，SLD，発達性学習症で対象となる学習困難

LD（文部科学省）	SLD（American Psychiatric Association, 2013）	発達性学習症（WHO）
聞く，話す，読む，書く，計算する，推論する	読字，読解，綴字，書字表出，数字の概念，数値，計算，数学的推論	読み（単語の読みの正確さ，読みの流暢性，読解），書字表出（綴りの正確さ，文法，文章構成），算数（数感覚，計算の正確さと流暢性，数学的推論）

して単語の情報を持っていなければ（つまり，心内辞書にその単語がなければ），文字を認識できても単語としての認識が成立しない。また，単語としての認識の精度や速さは，それまでに読んだ文脈情報や，その文章のテーマに関する背景知識などによって促進される。全般的な知的能力も，文理解や概念理解の過程に影響する。こうした過程のうち，文字認識と単語認識の過程が「読字」であり，文レベルと概念レベルの理解の過程が「読解」である。

図2-1では，書くことについても段階的な情報処理過程で表している。文章を手書きする状況では，書く内容を構想し，文を構成し，それを筆記することで他者に伝えられるようになる。手で文字を書く段階で困難が見られるのが書字困難である。アルファベット言語では，文字の正しい組み合わせを学習することの困難によって生じる綴字の困難もある。綴字は，SLDと発達性学習症において，学習困難の要素のひとつとしてあげられているが，日本語に直接適用できない。日本語の書字では，漢字に関する訴えの頻度が高く（若宮, 2016），背景にある認知機能の障害も英語圏とは異なる可能性がある。アルファベット言語であれば綴字，日本語であれば仮名と漢字の正しい使い方の知識など，その言語における正しい表記法を「正書法（orthography）」と呼び，読字，書字においては重要な役割を担っている。

SLDに含まれる学習の要素のうち，英語圏では読むことに関する困難が多く，米国ではLDの判断（医学的診断に加え，教育場面での認定も含めるため「診断」ではなく「判断」という用語を使用する）を受けている子どもの90％に読み困難があったとの調査結果がある（Kavale & Rease, 1992）。さらに，小学3年生までに読み困難があると判断された小学生のうち95％の子どもで読字の問題が見られ，その半数強の子どもでは読解の問題がなかったとの報告もある（Leach et al., 2003）。これらから，SLDの中でも，英語圏では読字の問題が特に多いと言える。

学習の困難は，さまざまな理由によって生じる可能性があるが，知的障害，視覚，聴覚の問題，心理的問題，環境要因が主な原因となっている場合は，LD，SLDとは言えない。例えば，読字困難のみがあるSLDの場合，図2-1で言えば，読みの過程のごく初期の段階のみがうま

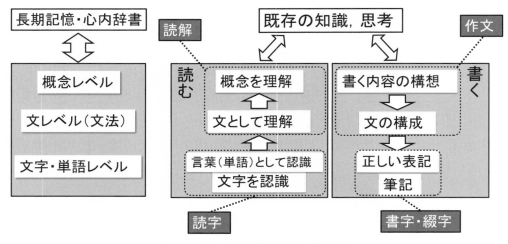

図2-1　読み書きの構成要素の概念図

くいかないということである。よって，ここをバイパスする，例えば文字を音声化して，提示されている言語情報を聴覚的に理解できるようにすれば，学習の困難を減らすことができる。

2.2. ディスレクシア（読字障害）

2.2.1. ディスレクシアという用語の使われ方と定義

　読み書きの中でも，読字に特異的な困難を生じる状態はディスレクシア（dyslexia）と呼ばれる（主に影響を受ける部分を図 2-2 に示した）。ディスレクシアは定義が多様であり，診断名として用いられる場合と，症状，状態を表す言葉として用いられる場合がある。さらに日本語に訳される際にもさまざまな訳語が用いられているため，注意が必要である。

　DSM-5 では，独立した診断カテゴリーとしては扱われておらず，SLD における特定すべき状態のひとつ「読字の障害を伴う」の中で，「単語認識の正確さまたは流暢性の問題，判読や綴字の能力の低さにより特徴づけられる学習困難の様式について用いられる代替用語」として言及されている。なお，DSM-5 の邦訳書において dyslexia は「失読症」と訳されている。それに対し，ICD-10 では「失読（症）」は alexia の訳語となっており，dyslexia は「読字障害」と訳されている。ICD-11 では，dyslexia は主に成人期以降に脳血管障害や脳損傷によって，正確かつ流暢に読む能力を失う状態を指す。発達期に生じる読み困難である「developmental learning disorder with impairment in reading」の中に，dyslexia の記載は見られない。

　教育領域では，発達期の読み困難を表す用語として dyslexia が広く用いられている。国際ディスレクシア協会は，「ディスレクシアは神経生物学的要因による特異的学習障害であり，単語認識の正確さおよび流暢さの困難，綴字とデコーディング能力の弱さを特徴とする」と定義づけている。綴字の学習困難は書くことに大きな影響を及ぼす。実際に，読み書き双方に困難がある場合も多いことから，日本国内では「（発達性）ディスレクシア」に加え「発達性読み書き障害」と訳す場合もある。

　多様な用いられ方をする「ディスレクシア」であるが，共通して含まれるのは，読字の問題で

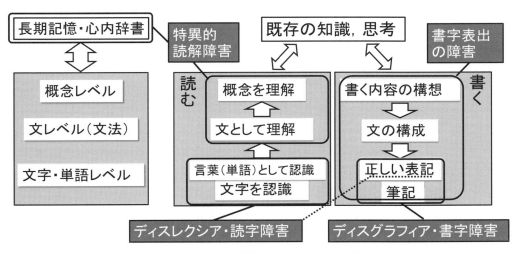

図 2-2　読み書き困難を生じさせる疾患，障害

ある。読字といっても，個々の文字の認識の問題というより，視覚的に認識した文字の組み合わせを音素（言語音声の最小単位で，母音や子音など）と対応させる過程（デコーディング）の困難であり，単語レベルの読み困難である。単語レベルの読みがうまくいかなければ，文レベルの読みは成立しない。結果として，読字障害があれば読解の困難も同時に存在することになるが，国際ディスレクシア協会の定義では，読解は単語認識の問題の結果生じる「二次的な」問題であるとされている。

2.2.2. 発達期に生じるディスレクシアの背景要因

発達期に生じる読字障害，単語レベルの読み障害としてのディスレクシアは，英語圏で対象者が多いこともあり，読み書き困難の中でも最も研究が進んだ領域である。主要な背景要因として，音韻処理障害，呼称（命名）速度の障害，視覚処理障害が取り上げられる場合が多い。

国際ディスレクシア協会の定義では，「これらの困難は，主に言語の音韻的要素に関する機能障害に起因する」となっていて，音韻処理障害が背景要因として唯一言及されている。音韻処理は，読みの習得に必須となる，書記素（書記言語における最小単位で，英語ならアルファベット等）と音素の対応の学習に不可欠な認知機能である。

呼称（命名）速度の障害は，文字，数字，図などが並んだ視覚刺激を見て，できるだけ速くその名称を言っていく RAN（rapid automatized naming）課題の成績が，ディスレクシアのある人で低い場合が多いことから提案された仮説である。この課題には，眼球運動，ワーキングメモリー，音韻的表象など，読みと同様の情報処理過程が関わっており，この処理の自動化の程度を表すと考えられている（Norton & Wolf, 2012）。RAN 課題の成績は，英語以外の多くの言語でも読み困難との関連が指摘されている。

視覚処理障害に関して，川﨑（2017）は視機能や視知覚の障害（眼球運動の問題，コントラスト感度や形態知覚の問題など），視覚性注意スパンの障害（同時に扱える視覚的情報の量の少なさ），視覚性記憶（文字想起の問題）の３つに分けられるとしている。英語圏では，視覚処理障害はディスレクシアの主要な原因ではないと考えられているが，日本語は仮名，漢字など文字の種類も多く，視覚処理障害の影響は英語圏よりも大きい可能性がある。

音韻処理障害がディスレクシアの主要な要因であるという考え方は，英語圏を中心に一致した見解となっているが，それだけではうまく説明できないケースが一定数ある。近年，特定の機能障害から行動レベルの困難を説明しようとする単一原因理論の限界が指摘され，ディスレクシアに関しても，音韻処理障害に呼称（命名）速度の障害などを加えても十分説明できるとは言えないとの主張もある（井上，2016）。こうした限界をふまえ Pennington（2006）や McGrath et al.（2020）は，ディスレクシア等の発達障害は特定の機能障害が決定論的に作用するのでなく，複数のリスク因子と保護的因子の相互作用として確率論的に生じるとする，多重障害モデルを提唱した。多重障害モデルは，発達障害に多く見られる併存症を含め，一人ひとりの違いをうまく説明することができる。また，言語の種類によって行動レベルの困難に結びつく背景要因の重要度の違いがあるという点も説明することができる。

ディスレクシアに関しては音韻処理障害仮説に基づいて効果的な指導法の開発等もなされてお

り，音韻処理障害の重要性を否定するものではない。しかし，アセスメントや支援の計画の段階で，個々の対象者のリスク因子と保護的因子の状態を確認する，つまり強みと弱みを多面的に理解しようとする視点は，臨床的にも意義があると言えるだろう。

2.3. 特異的読解障害

　特異的読解障害（specific reading comprehension deficit/disability: SRCD）は，知的能力や，読字（デコーディング／単語の読み）に弱さが見られないにもかかわらず，文章の理解に困難がある状態を指す（図 2-2）。海外の研究では，10 ％程度の子ども，成人においてSRCD が見られると報告されている（Landi & Ryherd, 2017）。

　読解の能力に影響を及ぼす要因にはどのようなものがあるだろうか。すでに述べたように，読字に困難があれば読解はうまくいかない，つまりデコーディングの得点と読解の得点の相関は高くなる。このデコーディングと読解の関係の強さは年齢によって異なり，10 歳頃を境にその関係は弱くなる。小学校低学年の，スムーズに読むスキルを習得する段階ではデコーディングの役割が大きいが，高学年になって読むスキルが完成に近づくと，語彙，内容に関する理解力，推論能力，読解方略など，より高次の能力の役割が大きくなってくるということであろう。

　ただし，成人後もデコーディングの影響がなくなるわけではない。その理由としては，デコーディングが自動化し（意識的努力なしにできるようになり），必要な認知的資源が小さくなれば，読解により多くの資源を割り当てられることがあげられる。また，読解能力が高ければそれだけ積極的に読書をするようになり，読書経験が増えることでデコーディングスキルが高まるという逆方向の影響も考えられる（García & Cain, 2014）。こうした，双方向の関係性から，デコーディングと読解の関連は成人期でも続くということである。

　読解能力を説明する重要な要因として，次に全般的な言語理解能力があげられる。言葉を聴いて理解する力，聴解能力が高い人たちは，読解能力も高い。「読解」「聴解」「単語の読み（デコーディング）」の 3 つの能力の関係性を検討した研究によると，読解と聴解の関係は，読解とデコーディングの関係よりも強いことが示されている（Christopher et al., 2012）。

　デコーディングの障害がない読解障害である SRCD は，どのような機能障害と関連があるだろうか。これまでの研究で一貫して示されているのは，語彙や，単語レベルの意味処理の弱さである。文法の能力，推論能力，読解のモニタリングなどの関与を示す研究もある（Landi & Ryherd, 2017）。また，より汎用的な能力である，注意，ワーキングメモリー，遂行（実行）機能などの弱さも指摘されていて，それを裏付ける神経学的な報告もある（Bailey et al., 2016）。

　大学での学修では，読めるかどうかではなく，読んで理解できるかどうかが重要である。大学生の読み困難では，まず読字の問題がないかチェックした上で，単語の知識や文法能力などの言語的能力に加え，より汎用的な認知機能の影響についても精査する必要がある。

2.4. ディスグラフィア，書字障害，書字表出の障害

　書くことに機能障害がある場合，ディスグラフィア（dysgraphia），書字障害という用語が

用いられる場合がある（図2-2）。国内では「ディスレクシア」に比べると「ディスグラフィア」が用いられることは多くないため，本書では以後，「書字障害」の用語を用いる。DSM-5においても，ICD-11においても，独立した診断名にはなっていないが，書くことに困難がある状態を表す用語として，教育領域，研究等では広く用いられている。なお，医学用語としての用いられ方を見ると，ICD-10では，「特異的書字障害」がspecific spelling disorderの訳語にあてられている。ICD-11では，"developmental learning disorder with impairment in written expression"となり，その中に，綴字，文法，作文などが含まれるようになった。

書くことも，読むこと同様，多くの要素を含む活動であり，機能障害のあらわれ方も多様である。それらを区別するために，書字障害という用語に他の語句が付加されることもある。ディスレクシア同様，書字障害は脳損傷によっても生じるため，脳損傷を伴わない，発達期に顕在化するケースは「発達性」という語を加え「発達性書字障害」とする場合もある。

書字の困難を生じさせる機能障害に注目し，(a) 運動性書字障害（主に微細運動，協調運動，視知覚，関節や筋の位置や動きを感じる固有覚の機能障害による），(b) 空間性書字障害（視空間認知の機能障害による），(c) 言語性書字障害（言語処理に関するワーキングメモリー，長期記憶，音韻情報や正書法情報へのアクセスなどの障害）の3つに分類する場合もある（Chung et al., 2020）。

日本語の場合，書くことに関する困難についての症例報告等を見ると，仮名の読み書きや漢字の読みには問題がなく，漢字の書字のみに困難を示す「漢字書字障害」もある（宇野他, 1995; 宇野他, 1996）。文字の種類別に書字困難の出現率を比較した調査によると，ひらがな1.6%，カタカナ3.8%に対して，漢字は6.0%であった（Uno et al., 2009）。漢字書字障害には，視覚情報処理や聴覚情報処理の問題，文字と読み方や語彙との結合の弱さ，筆順の正確さ，図形の模写や記憶に関する能力，漢字を構成する画要素に関する能力（例えば，部品・部首の知識や形態的な記憶，部品を抽出する能力），視覚運動の記憶などが関連しているとされる（大西・熊谷, 2020）。

「書字表出の障害」という言い方をする場合，書くことに関する障害全体を指し，書字だけではなく作文の困難も含む。作文の困難にはアイディアの生成，構成力，プランニング，校正力，遂行（実行）機能，言語能力，知識などが関連している（Fletcher et al., 2019）。これらの高次の認知機能に加えて，文字を書く速さが作文の質に影響するとの報告もある。大学生を対象に，文字を書く速さと小論文の成績の関係を検討したところ，試験のように時間制限がある条件では，文字を書く速さが小論文の成績に影響することが示された（Connelly et al., 2005）。書字が速いということは処理が自動化されているということである。それによって作文に必要な高次の処理に，より多くの認知的資源をあてることができると考えられる。

3　読み書き困難と関連のある疾患，障害

ここでは，読み書きの困難自体が中核的な症状ではないものの，読み書きに影響を及ぼす疾患や障害について，どのように影響するかも含めて紹介する。

3.1. 知的能力の障害

　知的能力の障害は，DSM-5 では「知的能力障害（知的発達症／知的発達障害）」，ICD-10 では「知的障害」，ICD-11 では "disorders of intellectual development" である。知的能力の障害の診断基準にあてはまらない場合でも，標準化された検査で測定される知能が低い水準だと，読み書きに困難が生じると考えられる（図 2-3）。

　境界知能，軽度知的能力障害のある子どもの読み能力は，定型発達の子どもに比べると全体的に低い。しかし，すべての能力が一律に低いわけではない。例えば，単語と非単語の読みを比較したイタリアの研究では，単語の読みのほうが成績の落ち込みが大きかった。これは語彙の習得の弱さがある一方，デコーディングの能力は比較的保たれているということであろう。ただし，イタリア語は文字表記のルールが比較的わかりやすいということも関係している可能性がある。また，読みの正確さが比較的保たれているのに対し，読み速度の落ち込みのほうが大きかった（Di Blasi et al., 2019）。

　知的能力の障害がある人の読み能力に関する報告を見ると，個人差が大きいという点も特徴としてあげられる。軽度知的能力障害がある人の中でデコーディング能力が高い人と低い人を比較すると，IQ の差よりも，言語的なワーキングメモリーと音韻意識において大きな差があった（Conners et al., 2001）。これらから，軽度の知的能力障害があっても，読字に影響を与える要因は知的能力障害がない人と同様であると考えられる。

　知的能力の障害は，書字においても速度に影響を及ぼす。特別支援学校（知的障害）高等部に在籍している生徒の書字速度が，大学生等と比較してかなり遅いことが示されている。知的能力の目安となる療育手帳の等級別に比較すると，B2（軽度）の生徒は B1（中度）の生徒より書字速度が速かった（江田他, 2012）。

　作文も，知的能力の障害に影響を受ける。軽度の知的能力障害を併存することの多い 22q11.2 欠失症候群のある人を対象とした縦断研究によると，言語性 IQ，言語能力に加え，

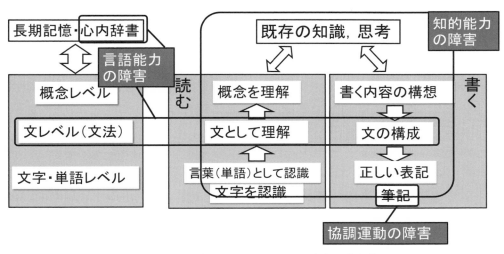

図 2-3　読み書き困難と関連のある疾患，障害①

遂行（実行）機能，より具体的にはワーキングメモリーやセット転換（認知的柔軟性に関する概念で，注意をひとつの対象から別の対象へと向け直す機能）[2]の能力が，青年期以降の書字表出の能力を予測することが示されている（Hamsho et al., 2017）。

　まとめると，知的能力の障害は，読字，書字の速度への影響が大きい。読字，書字レベルの処理の自動化が十分でないと，認知的資源を多く使うことになり，読解や作文に使える資源は少なくなる。それだけでなく，読解や作文には言語能力全般に加え，遂行（実行）機能，ワーキングメモリー，モニタリングなどのメタ認知能力，語彙，背景知識など多くの機能が関与する。知的能力の障害があれば，それぞれが影響を受けることになり，結果として読み書き全般の困難につながる。

　高等教育で学ぶ学生の中で，明確に知的能力障害の診断がなくても，全般的知的能力が平均水準より低めのケースはあるだろう。しかし，知的能力の弱さがあっても読み書きの個人差は大きい。まずは，知能のどの側面に弱さがあるか，詳しく確認するとともに，読み書きに関連する認知機能を幅広く検討することで，読み書きの弱さを補う方法を考えるとよいだろう。

3.2. 言語能力の障害

　読み書きは言語に関する活動であるから，言語能力の弱さは読み書きの困難につながる（図2-3）。言語を扱う能力，聞く話す能力の障害に関する疾患，障害として，DSM-5 では「コミュニケーション症群」，ICD-10 では「会話および言語の特異的発達障害」，ICD-11 では "developmental speech or language disorders" がある。ICD-11 では，さらに話すことと書くことに関する表出性言語（expressive language）と，聞くこと，読むことに関する受容性言語（receptive language）で特徴付けられる下位カテゴリーがある。DSM-5 では，「コミュニケーション症群」の下位カテゴリーの「言語症」がこれらに該当し，語彙や文法の弱さが含まれる。

　ICD-11 では，さらに社会的（語用論的）言語（pragmatic language）に関する下位カテゴリーもある。語用論（pragmatics）は言語学の一領域で，社会的文脈の中での言語使用が研究対象となる。語用論に関する機能障害は，言葉の知識があっても，コミュニケーションのツールとして状況に応じて適切に用いることができない状態を指す。ICD-11 では，ユーモアの理解や多義的な表現の理解などが例としてあげられている。DSM-5 では「社会的（語用論的）コミュニケーション症」がこれに該当する。語用論に関する弱さがあると，書き手の意図をくみ取って読んだり，読み手の求めていること，背景知識，受け取り方を想像して書いたりすることが難しくなる。すなわち，読解や作文に困難が生じる。

　読み書き困難の背景を理解する上で，それが読み書きに特化したものか，聞く話すにも同様に困難が見られるかを確認する。聞く話すにも困難がある場合には，言語能力の障害を考える必要がある。言語能力の障害があるかないかで，支援のあり方にも違いが出てくる。例えば受容性言語の弱さがあれば，文字情報を音声化しても，あまり有効な支援とはならない。書かれている情

2　APA Thesaurus of Psychological Index Terms により "set shifting" を検索（2021 年 12 月 27 日），訳は筆者。

報を図式的に表現するなど，言語以外の補助的手段を検討することになる。

3.3. 協調運動の障害

　書字困難への影響が大きい機能障害として，協調運動の障害があげられる（図 2-3）。協調運動とは運動意図に基づき視知覚・触覚・固有覚・位置覚（関節の位置の感覚）など，さまざまな感覚入力をまとめあげ，運動意図に基づき運動計画を作成，運動として出力し，その結果のフィードバックに基づき修正を行っていくという一連の脳機能である（中井, 2016）。運動の障害であるが，身体機能の問題ではなく，脳機能の障害である。一般には，「不器用」と呼ばれる状態であり，その影響は日常生活動作，学習，スポーツなど広範囲にわたる。SLD，注意欠如・多動症（attention deficit hyperactivity disorder: ADHD），自閉スペクトラム症（autism spectrum disorder: ASD）との併存も多い。

　ICD-10 では「運動機能の特異的発達障害」がこの機能障害を含む。ICD-11 では "developmental motor coordination disorder" となり，カテゴリー名に "coordination（協調）" の語が入った。DSM-5 では，運動症群の中の「発達性協調運動症」が該当する。

　協調運動の障害の結果として書字困難が生じている場合は，主に書字速度の遅さや，手書き文字の読みにくさがみられる。綴りや漢字の知識，文字想起の正確さ，流暢さにはあまり問題がないと考えられる。ただし，言語能力の弱さがなくても，書字という苦手な活動を強いられる状況は負担が大きく，結果として文章の構成という高次の言語的活動が影響を受ける。時間制限のある試験で，文字を書く速さが小論文の成績に影響するとの報告があることからも（Connelly et al., 2005），学生支援の場面では，協調運動の障害による書字の遅さに対して，試験時間延長，パソコンの使用等の配慮を検討する。

3.4. ADHD

　ADHD やそれに伴う注意機能の障害は，読み書きの多くの側面と関連している。この関連は，単に ADHD が読み書き困難に影響するという一方向的な関係ではない。学習場面で，読み書きの困難が学習活動のストレスにつながり，注意の持続に影響を与えるという状況も考えられる。また，どちらかがどちらかの原因になっているということではなく，遺伝子レベルのリスク要因など，共通の要因が SLD と ADHD それぞれの診断基準を満たすような行動上の問題に結びついている可能性もある（Willcutt et al., 2010）。

3.4.1. ADHD と読み困難

　SLD やディスレクシアは ADHD と併存することが多い。ディスレクシアもしくは ADHD の診断がある子どもで，もう一方の診断もある子どもの割合は 25〜40 ％であったとの報告もある（Boada et al., 2012）。

　注意に関する機能障害は，どのように読み困難に影響するだろうか。ADHD と読み障害の併存が見られる子どもの認知機能の特徴として，呼称（命名）速度，言語的なワーキングメモリー課題，処理速度などの弱さがある（Germanò, 2010）。ADHD のある子どもの読字，読解の

遅さは，ワーキングメモリーの弱さによって生じるとする考え方もある（Kofler et al., 2019）。

ADHDの読解への影響としては，重要な情報とそうでない情報の判断の弱さがある（Miller et al., 2013）。学修における効果的な読解では，何が自分にとって重要な情報かという判断は不可欠である。ADHDがあると，読むことに注意を向け続けることに多くの認知的資源が必要であることから，読解の過程をモニタリングしたり，課題を意識しながら読むといった高次の読解過程が制限を受けると考えられている。

3.4.2. ADHDと書き困難

ADHDは，書くことにも影響を及ぼす。ADHDのある子どもで書くことに関する障害の基準を満たした子どもの割合は62.5％と報告されている（Yoshimasu et al., 2011）。

ADHDの有無が書くことのどのような側面に影響を及ぼすかについて検討した研究では，書字の速さ，読みやすさ，スペリング，文法，語彙，文体，発想，構成など，すべての指標で差が示されている（Graham et al., 2016）。書字，綴字レベルの問題を詳しく見てみると，スペルミスは文字の挿入，置き換え，入れ替え，脱字など，運動企図段階の不注意によるミスと考えられるものが多かった。また，書字は不正確で，不適切な筆圧が見られた。このように，ADHDのある子どもの書字困難は非言語的な側面の問題が多い（Adi-Japha et al., 2007）。

作文については，筋が通らず，内容に乏しい傾向が示された。文章作成の過程を見ると，考える時間が短く，読み直しをせず，校正もしない傾向があった（Rodríguez et al., 2020）。良いアイディアがあっても，読み手に伝わる文章を作成するためには，プランニング能力，モニタリング能力，細かいミスをチェックして修正する校正能力などが不可欠であるが，これらはいずれもADHDによって影響を受ける。大学生の学修場面を考えると，こうした遂行（実行）機能，メタ認知機能に関わるような弱さは，レポートや論述試験において文章の質を低下させ，本来の能力より低めの評価になる可能性がある。

ADHDは，漢字の学習にも影響を及ぼす。症例報告ではあるが，ADHDと発達性協調運動症のある児童で，読み障害，視覚認知，運筆能力等に機能障害がないにもかかわらず，漢字の習得に困難が見られた。この症例では，背景要因として，漢字の細部を構成要素ごとに再生できないことが示されている（橋本他, 2006）。

ADHDのある人によく見られる機能障害として，遂行（実行）機能，ワーキングメモリーの弱さなどがあり，これらが読み書き全般に影響を及ぼす可能性がある。一方，興味の範囲が広くさまざまな知識を持っていたり，アイディア生成などでは強みを発揮したりすることもあるだろう。

図2-4においては，ADHDが読み書きのプロセス全般に影響を及ぼすような形で表現した。読字・書字のレベルでは一般にマイナスの影響がはっきりしている。一方，文章レベルやさらに上位のレベルではプラスにもマイナスにも影響する場合があることから，影響の範囲は点線で示した。

ADHDのある学生の支援においては，行動面，生活面の困難に注目されがちだが，学修面も

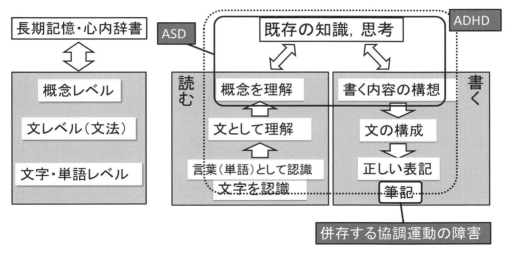

図 2-4　読み書き困難と関連のある疾患，障害②

影響を受ける場合が多いことに留意すべきである。同様に，読み書き困難のある大学生の支援を検討する際，SLD の可能性と同時に，背景にある ADHD 傾向についても確認が必要である。

3.5. ASD

3.5.1. ASD と読み困難

　ASD のある人の読みに関する能力は個人差が大きい。読むことに困難を示す人がいる一方，過読症（ハイパーレクシア：hyperlexia）の人が一定数（6〜20 %）いるとの報告もある（Ostrolenk et al., 2017）。過読症は全般的知能や読解力に比して高い読みのスキル（単語レベルの読み）を示し，教えられていないにもかかわらず早期に読みのスキルを習得し，読むことに強い興味を示す状態とされる。診断カテゴリーとして確立しておらず，定義も定まっていないが，言葉の知識が豊富な割に読解に弱さが見られる例は，大学生の中でも一定数存在すると思われる。

　読むこと全般への影響はどうだろうか。デコーディング，背景知識，読解の成績を ASD の有無で比較した研究のメタ分析によると，いずれの指標も結果のばらつきが大きいが，全体としてみるとデコーディングは ASD の有無であまり差がなかった（Brown et al., 2013）。過読症のように ASD のある群の得点が高かったとする報告がある一方，逆の結果を報告する研究もあった。文章の背景知識や読解について比較した研究では，ASD のある群がかなり低い得点を示す場合もあったが，全体としてみると ASD のある群がやや低い程度であった。結果は文章のタイプによって異なり，社会的知識を必要としない文章では両群でほとんど差がないが，社会的知識を必要とする文章では ASD のある群でかなり低い値を示した。これらの結果から，ASD があることは読みの機能自体に強く影響するわけではないが，社会的知識の弱さが読解に影響を及ぼす可能性があると言える。

　社会的知識の弱さに加え，ASD における「心の理論」の障害，弱い全体的（中枢性）統合，

遂行（実行）機能の障害も読解に影響する（Finnegan & Mazin, 2016）。心の理論は，ASD研究の文脈では「他者の心の状態（知ること，求めること，感じること，信じること）を想像する能力」である（Baron-Cohen et al., 1985）。この機能に障害があると，登場人物の視点，人物の意図や行動について推測することに困難が生じる。

　弱い全体的（中枢性）統合は，ASDのある人に見られる認知機能の特徴のひとつである。一般的に人はさまざまな情報を集め，文脈の中に位置づけることで個々の情報以上の意味を理解する。これを全体的統合と呼び，ASDのある人ではその機能がうまく働かないと考える（Frith & Happé, 1994）。読解過程においては，単語の知識を持っていてもそれを文章理解に適用できなかったり，重要でない細部に焦点をあてて話の全体像が見えなかったり，文章の中から必要な情報を選んで記憶することが難しくなったりする。

　遂行（実行）機能はプランニング，ワーキングメモリーの中での情報操作，情報の整理，セルフ・モニタリングなどのスキルを含み，この機能の障害はこだわり行動や柔軟性のなさにつながる。遂行（実行）機能の障害があると，読解において何を読み取るかといった意図をもって読むことが難しくなる。読みながら自分がどの程度理解できているかをモニタリングすることもできにくい。さらに，段落間の情報を結びつけることや，書かれている内容と自身の経験を結びつけられない。結果，文章を読んでも自分にとって意味のある情報として十分に理解することは難しくなる。

　国内の高等教育機関の中で，ASDのある学生はADHDやSLDのある学生よりもかなり多い。ASDのある学生で，言語能力が高く，語彙が十分でも読解に困難が見られる場合は，ここで述べたような背景要因について理解することが，効果的な支援を検討するための第一歩となる。

3.5.2. ASDと書き困難

　ASDは書くことに大きな影響を与えると考えられている。書字レベルでは，書かれた文字は読みにくく，サイズは大きめで，書字速度は遅い（Finnegan & Accardo, 2018）。書字困難には，微細運動，視覚・運動の統合，運動覚の機能障害が関わるが，この中でASDのある人において高い確率で併存が報告されいているのは，微細運動の障害である。10〜14歳のASDのある子どもの79％で手の微細運動の障害があったとの報告もある（Green et al., 2009）。この機能障害には，意図した動きを実現するための運動企図の困難や，筋緊張の弱さなども関わっている。結果，文字を書くために必要な，上肢，手指の動きのタイミングと強さのコントロールがうまくいかなくなり，読みにくい字と書字の遅さにつながると考えられる（Kushki et al., 2011）。

　ASDのある人の作文では，文章の長さ（単語数）が短く，内容面でも劣る（Finnegan & Accardo, 2018）。物語的な作文では，全体として一貫性のあるストーリーを書くこと，読み手に適切な背景情報を提供することに困難があった。これは，社会常識の理解が弱く，他者の視点でものを見ることの苦手さがあることによると考えられる。説明的文章の作文では，全体としてテーマに沿った記述が弱く，ひとつの話題から次の話題への移行がスムーズにいかない。これ

は，部分と全体の統合の弱さや，読み手のニーズを理解することの困難さによると考えられる（Brown & Klein, 2011）。

　ASD に関する機能障害は，書くことの機械的側面である書字と，内容的な側面である作文の両面において影響を及ぼすことが示されている。ASD のある大学生で，高い知的能力や，言語的な知識があるにもかかわらず，文章作成に困難が見られる背景には，弱い全体的統合や，他者の心的状態の理解の苦手さといった ASD に特徴的な機能障害が関係していると考えられる。

　ASD の読み書きへの影響をまとめると，読字への明確なマイナスが見られない一方，読解にはマイナスの影響がやや大きい。書くことについては，書字，作文ともにマイナスの影響はより明確である（図 2-4）。

3.6. 視覚に関する障害

　読み書きは視覚的な言語活動であり，視覚に障害があれば，大きな影響を受ける。ここでは，視覚障害の中でも弱視，ロービジョンの状態が，読み書きに及ぼす影響に加え，個別の視機能の障害についても取り上げる。さらに障害の概念として確立しているとは言えないものの，読みへの影響が注目される視覚ストレス，光の感受性障害，アーレンシンドロームについても紹介する。これらは，いずれも文字認識や文字を書く段階に影響する（図 2-5）。

3.6.1. 弱視，ロービジョンと読み書き

　視覚に関する機能障害の状態として，「見える」と「見えない」だけでなく「見えにくい」もある。「見えにくさ」も図 1-1（p.3）で示したように連続的に変化する。それを数値で表せば「視力」となる。注意が必要なのは，見えにくさは一律でないということである。例えば，明るさの調節，コントラスト感度が低い，まぶしい，細かいものが見えない，ものが歪んで見える，視野が欠けるなどの見えにくさがある（田中, 2014）。

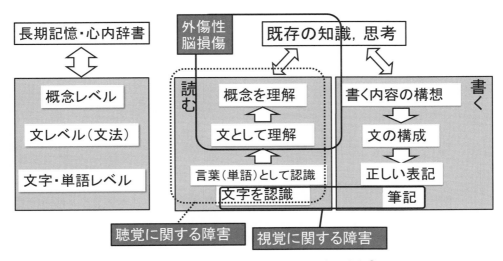

図 2-5　読み書き困難と関連のある疾患，障害③

見えにくい状態を表す用語としては「弱視」がある。「弱視」は，視覚に関連して日常の活動に制限が生じる低視力の状態を指す場合（社会的・教育的弱視）と，医学的な疾患の名称（医学的弱視）として用いられる場合があることから，区別するために前者は「ロービジョン」と呼ばれることも多い。ロービジョンは「眼鏡で矯正してもなお矯正しきれない視機能の低下があるため，日常生活で必要となる行動，新聞を読んだり，町を歩いたりするのに支障がある場合」と定義されている（小田，2000）。独立行政法人日本学生支援機構（2021）の障害学生に関する調査では，視覚障害を視覚による教育が可能か否かで，「盲」と「弱視」に分けている。

　ロービジョンは読み速度に影響を与えるが，文字サイズを大きくすることで，標準的な速度で読めるようになる場合も多い（Lovie-Kitchin et al., 2001）。また，ロービジョンがあっても，デコーディング，統語処理，読解等，言語情報処理に関する能力が低くなるわけではない（Gompel et al., 2004）。ただし，ロービジョンのために文字を認識する負担が大きければ，読解に割りあてられる認知的資源が制約を受け，学修に影響を及ぼす可能性が高い。長時間の試験となれば，疲労も大きくなるだろう。機能障害の状態は個人差が大きいので，配慮のあり方を検討する際には，本人の感じ方に基づく訴えに耳を傾ける必要がある。

　2020 年度の調査では，弱視のある学生の数は 634 名であり，SLD のある学生（222 名）よりもずっと多い（独立行政法人日本学生支援機構, 2021）。機能障害の程度によっては，高校まで配慮を必要としなかった場合もあるだろう。しかし，大学に進学し，読むことの負担が増えて，学修困難につながることもあると考えられる。弱視学生は読み書きと移動に関して困難を感じているケースが多いが，そのことについて援助要請しにくい傾向が示されている（相羽他，2013）。軽度の弱視の場合，他者から見てその困難に気づくことは難しいかもしれない。読む量の多い課題だと提出が遅れがちになるなど，学修面で気になる様子が見られる場合，教員から声をかける等，援助要請をしやすくする環境作りを心がけたい。

3.6.2. 視機能の障害

　視機能には，視力や視野を得るために必要な目の仕組み（レンズの透明性，屈折異常，瞳孔や網膜の働きなど）と，目の運動機能（眼球運動，両眼視，調節など）が含まれる（玉井他，2010）。これらの機能の障害の状態によっては，視力の低下がなくても，長時間の読み書きが困難になるケースもある。例えば，調節機能（見るものとの距離に応じてピントを合わせる機能），輻輳機能（両眼視に関する機能で，近くのものを見る際に，寄り目になるように眼球を動かす機能）に異常が見られる大学生の多くが，目の疲れ，不快感，眼痛，集中困難，読みの遅さ，同じ行や単語の読み直しに関する症状を自覚している（岡野他，2016）。海外の研究でも，調節異常と両眼視に関する異常に伴う症状として，頭痛，かすみ眼，複視（二重視），文字が動いて見えたりちらついて見えたりすることなどがあげられている（García-Muñoz et al.,2014）。視機能の障害は，このような主観的な不快感だけでなく，ノートテイクにも影響を及ぼす。輻輳不全があると板書を写すときの視線移動と焦点合わせが難しくなる（清水他，2006）。

　視機能の障害はまれなものではない。小学生から 19 歳までを対象とした有病率の報告による

と，輻輳不全が強く疑われる，もしくは確実にあるという基準で7.8〜19.8％，近くのものを見続けることに影響する調節不全は4.7〜17.8％となっている（Nunes et al., 2019）。一般的な視力検査で異常が見られない場合，視機能の障害は本人も気づかない場合がある。見え方に問題があっても，自分の見え方が他者と異なっているということを自覚することは難しい。読み書きを長時間続けることの難しさについての訴えがある場合，支援者は眼科での詳しい検査を受けることを提案し，視機能の問題がないか確認するとよいだろう。

3.6.3. 視覚ストレス，光の感受性障害，アーレンシンドローム

見ることに伴う主観的な不快感や文字の見えにくさに注目した概念として，視覚ストレス（visual stress），光の感受性障害（scotopic sensitivity syndrome），アーレンシンドローム（もしくはミアーズ・アーレンシンドローム；Irlen syndrome もしくは Mears-Irlen syndrome）がある。症状としては，文字がぼやける，動いて見える，二重に見える，印刷物がまぶしい，眼が疲れる，頭痛がするなど，視機能の項であげた症状と共通する部分が多い。カラー・フィルター（色のついたプラスチックのシート）やカラー・レンズ（サングラスのような眼鏡）を用いることで，これらの症状が軽減する，読むのが速くなるとの報告から，この概念は注目されるようになった。

視覚ストレスやアーレンシンドロームといった概念への言及はないが，国内でも，書字困難のある中学生に遮光眼鏡，遮光用コンタクトレンズを処方したところ，書字の改善が見られたとの症例報告がある。この症例では，一般的な視力に異常がなかったものの，コントラスト感度（グレア視力，どの程度の明暗の差を認識できるか）が大きく低下していた。この例では，視覚の過敏性によるまぶしさで文字がよく見えないことが書字の困難につながっていた（田中他，2011）。

視覚ストレスに対するカラー・フィルターの使用に関する最近のシステマティック・レビューでは，効果に否定的な結果が示されている。多くの研究で介入効果は弱く，対象者の選び方に一貫性がなく，研究デザインも不十分なものが多い。事例としては有効性が示されているものも多いが，プラセボ効果（効果があると思い込むことで，本来効果が無いはずのものでも効果が出てしまう）や，ホーソン効果（注目されているということを意識することで行動が変わる効果）によるのではないかと解釈されている（Griffiths et al., 2016）。

一方，黄色と青色のカラー・フィルターが，それぞれ異なる仕組みで視覚における大細胞系の機能障害を改善するとの主張もある（Stein, 2019）。視覚に関する神経の経路では，神経細胞の細胞体の大きさにより，大細胞系と小細胞系がある。前者は，主にコントラスト処理，眼球運動に関連し，後者は主に中心視野における精緻な分析に関わっている。カラー・フィルターに関する過去の研究の多くは，対象者の機能障害の状態と使用する色が十分に統制されていないことが，一貫しない結果につながっていた可能性もある。読み書き困難に関する大細胞系の機能障害の研究がさらに進むことで，視覚ストレスの概念や，その治療法などで新たな展開が見られるかもしれない。

視覚ストレスは疾患概念として確立しているわけではないが，読み書きに影響を及ぼす状態で

あることは間違いない。その背景には視覚系の疾患が存在する場合も考えられる。該当するような訴えがある場合は，眼科を受診し，なんらかの異常がないか確認する必要がある。その上で，遮光眼鏡，カラー・フィルターを用いることで主観的に読みやすくなる，疲労が軽減されるということであれば，試してみる価値はあるのではないだろうか。パソコンやスマホなど，モニター画面上で文字を読む機会も増えているが，見やすくするために画面の明るさや色合いを調整することは一般的に行われている。最近は，眼を疲れにくくするために画面のベースの色を暗くし，文字に明るい色を用いるダークモードなどもある。これらは費用もかからずにすぐにできることなので，試してみるとよいだろう。

3.7. 外傷性脳損傷

外傷性脳損傷（traumatic brain injury: TBI）は頭部に強い衝撃が加わることによって生じる脳の損傷で，米国では大学生を含む15～24歳が，TBIが生じるピーク年齢のひとつとされている（Centers for Disease Control and Prevention, 2019）。認知機能では，遂行（実行）機能，記憶，注意，処理速度など，視覚に関する機能では，眼球運動，視野，光の感受性などの機能障害が症状としてみられることが多い。Pei & O'Brien（2021）によるTBIの診断がある青年，成人の読み能力に関する研究のシステマティック・レビューでは，読み速度，読解成績ともに低下することが示された。読み速度の遅さは視機能の障害との関連が強く，読解成績の低下は認知機能の低下との関連が強い。介入効果に関しては，眼球運動トレーニングによって読み速度が向上したという報告がある一方，効果がなかったとの報告もある。支援機器等の使用では，読み上げ機能の使用や，カラー・フィルターが読み速度を向上させた。読解成績に関しては，認知的リハビリテーションとして読解方略の指導やワーキングメモリーの向上を目指す介入を実施した研究があり，情報の保持等である程度の改善が見られたものの，読解全般に持続的な効果があると言えるような結果は得られていない。読み速度や読解への介入効果を，脳血管障害やSLDのある群と比較した研究では，TBI群でより介入効果が大きいとの結果が得られている。その理由として，TBIではデコーディングや語彙の知識などの機能が維持されているケースが多いということがあげられている。

主に読むことに関する影響についての研究結果から，図2-5では読解や高次の全般的能力に影響があるような表現としたが，損傷部位や程度によって，書くことにも影響はあると考えられる。

事故等によるTBIで読み速度や読解能力の低下があると，学修への影響は大きい。大学生年代でも，在学中に交通事故やスポーツ中の事故などで，TBIが生じるケースは少なからず存在する。リハビリに加え，支援機器等も活用し，医療と教育が連携しながら効果的な支援のあり方を考えることが求められる。

3.8. 聴覚に関する障害

聴覚障害は定義上SLDの除外要因となっているが，聴覚系の問題が読みに影響を及ぼすとの報告は少なくない。音韻処理障害はディスレクシアの主要な要因と考えられているが，音韻処理

の能力と皮質下の聴覚機能（脳幹レベルの聴覚経路），とりわけ時間的処理（短時間で変化する音刺激の処理）との関連が示されている（Banai et al., 2009）。

聴覚障害がある場合はどうだろうか。これまでの研究報告を見ると，聴覚障害のある子どもはない子どもに比べ，読みに関する課題成績が低くなる。その背景要因として，ワーキングメモリー容量，推論能力の低さなどの弱さが報告されている（白石・澤, 2015）。

通常の聴覚検査では異常がみとめられないのにもかかわらず，日常生活における聞き取り困難を有する聴覚情報処理障害（auditory processing disorder: APD）も発達障害との関連が指摘されている（小渕・原島, 2016）。APD は聴覚器官の問題ではなく，中枢神経の聴覚系の損傷等により生じるとされているが，これを主訴として医療機関を受診した人の半数以上で発達障害が背景要因としてみとめられたとの報告もある（小渕, 2015）。APD と読み障害，言語能力の障害の併存が多いとの報告もあり，聴覚的注意と聴覚的記憶の弱さが共通の要因と考えられている（Sharma et al., 2009）。APD の診断には，各種聴覚医学的検査が必要であり，耳鼻咽喉科での精査が求められる（三盃・宇野, 2016）。

聴覚の問題が書字や作文に直接関係するとの報告は見られないが，聴覚的注意や聴覚的記憶に弱さがあれば，ノートテイクに困難が生じる。読み書き困難の直接的原因でないとしても，聴覚の問題はさまざまな形で学修に影響する可能性があると言える。図 2-5 では，影響を及ぼす可能性があるということで，点線で表現してある。

4　まとめ

大学生の学修に影響を及ぼす「読み書き困難」の理由はさまざまである。読み書きの困難を主たる症状とする疾患，障害概念として，LD，SLD がある。対象となる学習困難の要素としては，計算など，読み書き以外の困難も含む，広い概念である。一方，ディスレクシア，特異的読解障害，書字障害，書字表出障害などは，より限定的に，読み書きの困難を主症状とする概念である。言語能力の障害は，聞く，話すの障害として言及されることが多いが，読み書きの問題も含む疾患，障害である。これらの概念はお互いに重なり合う部分も多く，実際には複数の疾患，障害が同時に存在し得るため，明確に区別することが難しい場合もある。

読み書き困難が主たる症状として含まれない疾患，障害でも，読み書きに影響を及ぼすものがある。ADHD や ASD が SLD と併存する場合もあれば，ADHD や ASD 固有の機能障害が，読み書きの特定の要素に影響する場合もある。知的能力の障害，協調運動の障害，視覚障害，聴覚障害，外傷性脳損傷なども読み書きのさまざまな要素に影響を及ぼす。

障害が比較的軽度で診断基準を満たさない場合，本人がそれらに気づかないこともある。大学生の読み書き困難への支援という文脈では，明確にどの診断が該当するかを特定することは最優先の課題ではない。しかし，支援者が読み書き困難がさまざまな理由で生じることを理解し，背景要因を明らかにすることは，効果的な支援を考える上で重要である。

ここでは主に診断カテゴリーを中心に影響因を紹介してきたが，ここにあげていない心身の健康状態，個人特性，環境要因なども無視できない。例えば，活字を読む機会が子ども時代から少

なかったり，海外で生活した期間が長く，日本語の語彙が少なかったりといった状況や，不安が強くて試験で読み書きの本来の力が発揮できないということもあるだろう。また，読み書き困難の自覚があまりなくても，大学での学修困難から不全感，劣等感を感じ，メンタルヘルスの問題として学生相談を訪れるようなケースもあるだろう。

　効果的な支援のために重要なのは，表面的な問題のみに注目するのではなく，その人全体を見て，問題の本質を理解することである。これらを調べ，支援に役立つ情報を集めるプロセスが心理的アセスメントである。次の章では，アセスメントについて詳しく紹介する。

◆引用文献

Adi-Japha, E., Landau, Y. E., Frenkel, L., Teicher, M., Gross-Tsur, V., & Shalev, R. S. (2007) ADHD and dysgraphia: Underlying mechanisms. *Cortex*, **43**, 700-709.

相羽大輔・河内清彦・柿澤敏文（2013）移動，読み，書きに関する援助要請課題における弱視学生の支援ニーズ，援助要請意図，個人要因の関連について．障害科学研究，**37**，27-37.

Bailey, S., Hoeft, F., Aboud, K., & Cutting, L. (2016) Anomalous gray matter patterns in specific reading comprehension deficit are independent of dyslexia. *Annals of Dyslexia*, **66**, 256-274.

Banai, K., Hornickel, J., Skoe, E., Nicol, T., Zecker, S., & Kraus, N. (2009) Reading and subcortical auditory function. *Cerebral Cortex*, **19**, 2699-2707.

Baron-Cohen, S., Leslie, A. M., & Frith, U. (1985) Does the autistic child have a "theory of mind"? *Cognition*, **21**, 37-46.

Boada, R., Willcutt, E. G., & Pennington, B. F. (2012) Understanding the comorbidity between dyslexia and attention-deficit/hyperactivity disorder. *Topics in Language Disorders*, **32**, 264-284.

Brown, H. M. & Klein, P. D. (2011) Writing, Asperger syndrome and theory of mind. *Journal of Autism and Developmental Disorders,* **41**, 1464-1474.

Brown, H. M., Oram-Cardy, J., & Johnson, A. (2013) A meta-analysis of the reading comprehension skills of individuals on the autism spectrum. *Journal of Autism and Developmental Disorders*, **43**, 932-955.

Centers for Disease Control and Prevention (2019) Surveillance report of traumatic brain injury-related emergency department visits, hospitalizations, and deaths—United States, 2014. [https:// www.cdc.gov/traumaticbraininjury/pdf/TBI-Surveillance-Report-FINAL_508.pdf] (2021 年 12 月 27 日)

Christopher, M. E., Miyake, A., Keenan, J. M., Pennington, B., DeFries, J. C., Wadsworth, S. J., Willcutt, E., & Olson, R. K. (2012) Predicting word reading and comprehension with executive function and speed measures across development: A latent variable analysis. *Journal of Experimental Psychology*: *General*, **141**, 470-488.

Chung, P. J., Patel, D. R., & Nizami, I. (2020) Disorder of written expression and dysgraphia: Definition, diagnosis, and management. *Translational Pediatrics*, **9** (Suppl 1), S46-S54.

Connelly, V., Dockrell, J. E., & Barnett, J. (2005) The slow handwriting of undergraduate students constrains overall performance in exam essays. *Educational Psychology*, **25**, 99-107.

Conners, F. A., Atwell, J. A., Rosenquist, C. J., & Sligh, A. C. (2001) Abilities underlying decoding differences in children with intellectual disability. *Journal of Intellectual Disability Research*, **45**, 292-299.

Di Blasi, F. D., Buono, S., Cantagallo, C., Di Filippo, G., & Zoccolotti, P. (2019) Reading skills in children with mild to borderline intellectual disability: A cross-sectional study on second to eighth graders. *Journal of Intellectual Disability Research*, **63**, 1023-1040.

独立行政法人日本学生支援機構（2021）令和2年度（2020年度）大学，短期大学及び高等専門学校における障害のある学生の修学支援に関する実態調査結果報告書.

江田裕介・平林ルミ・河野俊寛・中邑賢龍（2012）特別支援学校（知的障害）高等部に在籍する生徒の視写における書字速度と正確さ．特殊教育学研究，**50**，257-267.

Finnegan, E. & Accardo, A. L. (2018) Written expression in individuals with autism spectrum disorder: A meta-analysis. *Journal of Autism and Developmental Disorders*, **48**, 868-882.

Finnegan, E. & Mazin, A. L. (2016) Strategies for increasing reading comprehension skills in students with autism spectrum disorder: A review of the literature. *Education and Treatment of Children*, **39**, 187-219.

Fletcher, J. M., Lyon, G. R., Fuchs, L. S., & Barnes, M. A. (2019) *Learning disabilities: From identification to intervention* (2nd ed.). Guilford Press.

Frith, U. & Happé, F. (1994) Autism: Beyond "theory of mind." *Cognition*, **50**, 115-132.

García, J. R. & Cain, K. (2014). Decoding and reading comprehension: A meta-analysis to identify which reader and assessment characteristics influence the strength of the relationship in English. *Review of Educational Research*, **84**, 74-111.

García-Muñoz, Á., Carbonell-Bonete, S., & Cacho-Martínez, P. (2014) Symptomatology associated with accommodative and binocular vision anomalies. *Journal of Optometry*, **7**, 178-192.

Germanò, E., Gagliano, A., & Curatolo, P. (2010) Comorbidity of ADHD and Dyslexia. *Developmental Neuropsychology*, **35**, 475-493.

Gompel, M., Van Bon, W. H. J., & Schreuder, R. (2004) Reading by children with low vision. *Journal of Visual Impairment & Blindness*, **98**, 77-89.

Graham, S., Fishman, E. J., Reid, R., & Hebert, M. (2016) Writing characteristics of students with attention deficit hyperactive disorder: A meta-analysis. *Learning Disabilities Research & Practice*, **31**, 75-89.

Green, D., Charman, T., Pickles, A., Chandler, S., Loucas, T., Simonoff, E., & Baird, G. (2009) Impairment in movement skills of children with autistic spectrum disorders. *Developmental Medicine and Child Neurology*, **51**, 311-316.

Griffiths, P. G., Taylor, R. H., Henderson, L. M., & Barrett, B. T. (2016) The effect of coloured overlays and lenses on reading: A systematic review of the literature. *Ophthalmic Physiological Optics*, **36**, 519-544.

Hamsho, N., Antshel, K. M., Eckert, T. L., & Kates, W. R. (2017) Childhood predictors of written expression in late adolescents with 22q11.2 deletion syndrome: A longitudinal study. *Journal of Intellectual Disability Research*, **61**, 501-511.

橋本竜作・柏木 充・鈴木周平（2006）読み障害を伴わず，書字の習得障害を示した小児の1例．高次脳機能研究，**26**，368-376.

井上知洋（2016）ディスレクシアの認知理論——単一原因理論と多重障害モデル．LD研究，**25**，503-510.

Kavale, K. A. & Rease, J. H. (1992) The character of learning disabilities: An Iowa profile. *Learning Disability Quarterly*, **15**, 74-94.

川﨑聡大（2017）ディスレクシア．日本児童研究所（監）児童心理学の進歩 VOL.56［2017年版］．金子書房，157-182.

Kofler, M. J., Spiegel, J. A., Soto, E. F., Irwin, L. N., Wells, E. L., & Austin, K. E. (2019) Do working memory deficits underlie reading problems in attention-deficit/hyperactivity disorder (ADHD)? *Journal of Abnormal Child Psychology*, **47**, 433-446.

Kushki, A., Chau, T., & Anagnostou, E. (2011) Handwriting difficulties in children with autism spectrum disorders: A scoping review. *Journal of Autism and Developmental Disorders*, **41**, 1706-1716.

Landi, N. & Ryherd, K. (2017) Understanding specific reading comprehension deficit: A review. *Language and Linguistic Compass*, **11**, e12234.

Leach, J. M., Scarborough, H. S., & Rescorla, L. (2003) Late-emerging reading disabilities. *Journal of Educational Psychology*, **95**, 211-224.

Lovie-Kitchin, J. E., Bevan, J. D., & Hein, B. (2001) Reading performance in children with low vision. *Clinical & Experimental Optometry*, **84**, 148-154.

McGrath, L. M., Peterson, Robin L., & Pennington, B. F. (2020) The multiple deficit model: Progress, problems, and prospects. *Scientific Studies of Reading*, **24**, 7-13.

Miller, A. C., Keenan, J. M., Betjemann, R. S., Willcutt, E. G., Pennington, B. F., & Olson, R. K. (2013) Reading comprehension in children with ADHD: Cognitive underpinnings of the centrality deficit. *Journal of abnormal child psychology*, **41**, 473-483.

中井昭夫（2016）協調運動から見た神経発達障害．日本児童研究所（監）児童心理学の進歩 VOL.55［2016年版］．金子書房．

Norton, E. S. & Wolf, M. (2012) Rapid automatized naming (RAN) and reading fluency: Implications for understanding and treatment of reading disabilities. *Annual Review of Psychology*, **63**, 427-452.

Nunes, A. F., Monteiro, P., Ferreira, F., & Nunes, A. S. (2019) Convergence insufficiency and accommodative insufficiency in children. *BMC Ophthalmology*, **19**, 58.

小渕千絵（2015）聴覚情報処理障害（auditory processing disorders, APD）の評価と支援．音声言語医学，**56**，301-307.

小渕千絵・原島恒夫（2016）きこえているのにわからない APD［聴覚情報処理障害］の理解と支援．学苑社．

小田浩一（2000）視覚障害 総論．日本視覚学会（編）視覚情報処理ハンドブック．朝倉書店，545-547.

岡野真弓・内川義和・田村省吾・齋藤真之介・川野純一（2016）大学生での調節機能・輻輳機能異常のスクリーニングにおける Convergence Insufficiency Symptom Survey の有用性の検討．日本視能訓練士協会誌，**16**，39-46.

大西正二・熊谷恵子（2020）漢字書字の習得が困難な学習障害児に関する研究の動向．作業療法，**39**，261-272.

Ostrolenk, A., d' Arc, B. F., Jelenic, P., Samson, S., & Mottron, L. (2017). Hyperlexia: Systematic review, neurocognitive modelling, and outcome. *Neuroscience & Biobehavioral Reviews*, **79**, 134-149.

Pei, Y. & O'Brien, K. H. (2021) Reading abilities post traumatic brain injury in adolescents and adults: A systematic review and meta-analysis. *American Journal of Speech-Language Pathology*, **30**, 789-816.

Pennington, B. F. (2006) From single to multiple deficit models of developmental disorders. *Cognition*, **101**, 385-413.

Rodríguez, C., Torrance, M., Betts, L., Cerezo, R., & García, T. (2020) Effects of ADHD on writing composition product and process in school-age students. *Journal of Attention Disorders*, **24**, 1735-1745.

三盃亜美・宇野 彰（2016）学校関係者に難聴を疑われたことのある発達性読み書き障害児 1 例の認知能力――発達性読み書き障害の専門家と耳鼻咽喉科との連携について．音声言語医学，**57**，312-320.

Sharma, M., Purdy, S. C., & Kelly, A. S. (2009) Comorbidity of auditory processing, language, and reading disorders. *Journal of Speech, Language, and Hearing Research*, **52**, 706-722.

清水みはる・中村桂子・奥村智人・澤ふみ子・濱村美恵子・稲泉令巳子・筒井亜由美・南 稔治・江富朋彦・菅澤 淳（2006）軽度発達障害児における眼疾患の検討．日本視能訓練士協会誌，**35**，99-105.

白石健人・澤 隆史（2015）聴覚障害児における文章の読みに関する文献的研究——日本語テキストの読解を対象とした研究を中心に．東京学芸大学紀要 総合教育科学系，**66**，231-238.

Stein, J. (2019) The current status of the magnocellular theory of developmental dyslexia. *Neuropsychologia*, **130**, 66-77.

玉井 浩（監）・奥村智人・若宮英司（編）（2010）学習につまずく子どもの見る力——視力がよいのに見る力が弱い原因とその支援．明治図書出版.

田中恵津子（2014）心理物理とロービジョンケア．心理学ワールド，**65**，8-11.

田中佳子・小林幸子・関 保（2011）書字障害のある発達障害児に対して行ったアプローチ（遮光眼鏡の有効性と連携の必要性）．日本視能訓練士協会誌，**40**，137-144.

宇野 彰・加我牧子・稲垣真澄（1995）漢字書字に特異的な障害を示した学習障害の1例——認知心理学的および神経心理学的分析．脳と発達，**29**，395-400.

宇野 彰・加我牧子・稲垣真澄・金子真人・春原則子・松田博史（1996）視覚的認知障害を伴い特異的な漢字書字障害を呈した学習障害児の1例——認知神経心理学的および電気生理学的分析，脳と発達，**28**，418-423.

Uno, A., Wydell, T. N., Haruhara, N. Kaneko, S., & Shinya, N. (2009) Relationship between reading/writing skills and cognitive abilities among Japanese primary-school children: Normal readers versus poor readers (dyslexics). *Reading and Writing*, **22**, 755-789.

若宮英司（2016）診断と定義．玉井 浩（監）若宮英司（編）子どもの学びと向き合う 医療スタッフのためのLD診療・支援入門．診断と治療社，2-5.

Willcutt, E. G., Pennington, B. F., Duncan, L., Smith, S. D., Keenan, J. M., Wadsworth, S., Defries, J. C., & Olson, R. K. (2010) Understanding the complex etiologies of developmental disorders: Behavioral and molecular genetic approaches. *Journal of Developmental and Behavioral Pediatrics*, **31**, 533-544.

Yoshimasu, K., Barbaresi, W. J., Colligan, R. C., Killian, J. M., Voigt, R. G, Weaver, A. L., & Katusic, S. K. (2011) Written-language disorder among children with and without ADHD in a population-based birth cohort. *Pediatrics*, **128**, e605-612.

第3章 読み書き困難のアセスメント

　面接，観察，心理検査を通して，患者やクライエントのパーソナリティ，適応，能力，興味，認知機能，生活機能などを評価することを心理的アセスメントと呼ぶ[1]。第2章で示したように，読み書き困難には多くの背景要因が考えられる。心理的アセスメントによって背景要因を明らかにすることは，正しい診断，効果的な支援の提供において不可欠である。また，結果を学生と共有することで，学生の自己理解を深めることができる。大学生年代において自身の強み，弱みを客観的に理解することは，卒業後の進路選択や，その後の社会生活をうまくやっていくためにも，意義のあることである。

1　どのような情報を得るか：アセスメントの枠組みとしての ICF モデル

　心理的アセスメントで背景要因を明らかにすると言っても，限られた時間の中でありとあらゆる情報を得ることは不可能である。その際，どのような情報を得るかの枠組みが必要となる。その枠組みとして，第2章のコラム（pp.8-9）で紹介した ICF モデル（図 3-1）は参考になる。ここでは，ICF の分類に沿って厳密にコード化することを推奨するわけではない。障害があるかないかで人を分けるのではなく，人が生活において困難を感じる状況について，機能障害やその他の個人要因，環境要因等から多面的に把握するという考え方が，学生の読み書き困難を理解する上で効果的だということである。

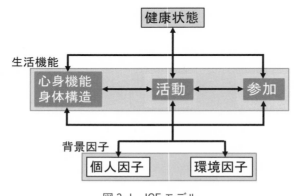

図 3-1　ICF モデル
世界保健機関（WHO）（2001）をもとに作成

1　APA Thesaurus of Psychological Index Terms により "psychological assessment" を検索（2021 年 12 月 27 日），訳は筆者。

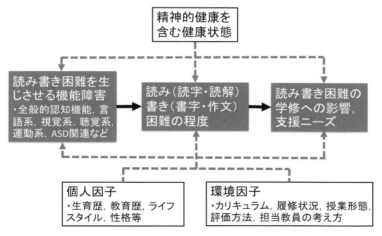

図 3-2　アセスメントの枠組み

　ICF モデルでは，障害を「生活機能の構成要素（心身機能，身体構造，活動，参加）に問題がある状態（機能障害，活動制限，参加制約）」としているが，機能障害が活動や参加にどう影響するかは，「個人因子」と「環境因子」からなる「背景因子」や，「健康状態」によっても異なってくる。例えば，書字障害があって文字の手書きに困難を感じていても，論述試験でパソコン（ワープロ・ソフトウエア）の使用が認められれば（環境因子），成績評価に負の影響は生じないことから，高等教育への「参加制約」は小さくなると考えられる。環境因子には，周囲の人との関係や，周囲の人の態度も含まれる。機能障害そのものは軽度であっても，友人が少なく，教職員も学生支援にあまり積極的でない場合，学生生活上の困難が大きいということもあり得る。このように，困難の全体像を理解するために，アセスメントでは（a）読み書き困難の程度と学修への影響（活動制限と参加制約の状況），（b）読み書き困難を生じさせている機能障害（直接影響する可能性がある健康状態を含む），（c）障害の状況に影響を与える背景因子と健康状態の 3 つの観点で情報を集めるとよいだろう（図 3-2）。

1.1. 読み書き困難の程度と学修への影響（活動制限と参加制約の状況）

　まず，主訴は読み書き困難なので，読み書きにどの程度困難が見られるかを評価する（図3-2 中央）。読み書き困難は，ICF の構成要素では「活動制限」にあたる。第 2 章図 2-1（p. 10）に示したように，読むことは読字と読解，書くことは書字・綴字，作文などから構成される。読字や書字は，主に速さと正確さが評価の中心となり，標準化された検査による評価に加え，学生の自己報告も参考にする。読解と作文は，大学生を対象に標準化された検査がなく，評価が難しい。黙読速度，語彙，読解方略など，読解の関連機能の評価，対象者の読むことに関する主観的経験（読むことに関する困り感，読書経験など）から，総合的に理解する。作文も関連機能の評価，主観的経験に加え，実際に書いたもの（授業のレポートや，文章完成法テストSCT［p.44］など文を書かせる心理検査など）も評価の参考にする。

　次に，読み書き困難が学生生活，特に学修にどのような負の影響を及ぼしているかを評価する

（図 3-2 中段右）。「授業のことで（読み書きの負の影響で）困っている，なんとかしたい」という学生の希望が，支援ニーズである。ICF では，大学生活に負の影響が出ていれば「参加制約」に該当する。学修への影響，支援ニーズについては，主に聴き取りによって情報を得る。困っているポイントが，授業の課題，ノートテイク，レポート，試験，卒論など，どこにあるのか，その中で具体的にどのような点で困っているのか，どの程度うまくいかないのか，などを詳しく聴き取っていく。

1.2. 読み書き困難を生じさせている機能障害（直接影響する可能性がある健康状態）

　読み書き困難につながる機能障害として，主に脳内の情報処理過程である認知機能と，運動機能を評価し，なぜ読み書きがうまくいかないかの理解を深める。また，直接的に読み書き困難を生じさせるような健康状態（それが損なわれた状態としての疾患）が存在するかどうかを確認する。

　機能障害のうち，ICF で項目としてあげられている機能は十分に網羅的とは言えない。そこで，第 2 章の説明の中で取り上げた読み書き困難に影響する機能（および機能障害，健康状態，疾患）として言及されたものを表 3-1 にまとめた。機能障害がある状態を表す用語と無い状態を表す用語，包括的な用語と個別具体的な用語などが混在しているが，本文で用いたものをできるだけそのまま抜き出した。また，関係があると思われる概念を一部加筆した。わかりやすくするためにカテゴリー分類したが（グレーに網掛けした部分），これは便宜的なもので，なんらか

表 3-1　読み書き困難に影響を及ぼす機能の例（機能障害，健康状態，疾患）

全般的認知機能	全般的能力	知能，処理速度，ワーキングメモリー，短期記憶，長期記憶，背景知識，知識，推論能力，アイディアの生成
	遂行（実行）機能	実行機能，モニタリング，セット転換，メタ認知能力，プランニング，　抑制
	注意	不注意，視覚性注意スパン，聴覚的注意，注意の切り替え，持続的注意，選択的注意
言語系	文字・単語レベル	音韻処理障害，デコーディング，正書法知識，単語レベルの意味処理，語彙，呼称（命名）速度の障害
	文レベル	文法能力，統語処理，校正能力，構成力（作文），語用論障害，言語理解能力，読解方略，読解のモニタリング
視覚系	視機能	視機能，視力，視野，眼球運動，両眼視，調節（焦点合わせ），輻輳，コントラスト感度（グレア視力）
	視覚認知	視覚処理障害，視空間認知，視知覚，視覚的注意，視覚的記憶
	視覚障害等	大細胞系障害（視覚），小細胞系障害（視覚），弱視，ロービジョン，光の感受性障害，アーレンシンドローム
聴覚系		時間的処理（聴覚），聴覚的注意，聴覚的記憶，聴覚情報処理障害
運動系	感覚入力	固有覚，位置覚，運動覚，触覚
	運動制御	筋緊張の弱さ，運動企図，微細運動，協調運動，視覚・運動の統合，筆圧
ASD 関連		「心の理論」障害，弱い全体的（中枢性）統合，社会常識の理解の弱さ，部分と全体の統合の弱さ，読み手のニーズの理解
脳損傷		外傷性脳損傷

の理論体系に基づいたものではない。これですべてをカバーしているわけではないが、アセスメントの対象となる機能（健康状態）の概観として参考にしてほしい。

　なんらかの機能障害があることを示すためには、標準化された検査を実施する。ICFでは機能障害を「身体の構造や生理機能（精神機能を含む）における喪失や異常」と定義づけている。そして、この「異常」については、「確立された統計学的な正常範囲からの有意差を指すもの（すなわち、測定された標準平常範囲内での集団の平均からの偏差）という意味に限定して使われており、この意味でのみ使われるべきである」としている。どこまでが正常範囲かという点は明記されていないが、イギリスのテスト実施機関では、標準得点で平均から1標準偏差（SD）離れていることが配慮対象の基準のひとつとなっている（Joint Council for Qualifications, 2021）。

　学生の機能障害について多くの情報を得るに越したことはないが、このリストの項目すべてについて検査を実施することは不可能である。聴き取りや自己報告のチェックリストで、主要な影響因として可能性が高そうなものに目星をつけ、詳しく調べることになる。重要なのは、アセスメントを行う際、「読み書き困難を生じさせるのは書字障害、読字障害」ということではなく、さまざまな機能障害が影響を及ぼしうるという意識を持つことである。日常生活に大きく影響するような明確な視覚障害や聴覚障害がなくても、視覚、聴覚に関する軽度の機能障害が読み書きに影響することはある。例えば「目を使う作業がつらいとか、疲れやすいといったことはないですか」といった問いで確認するなど、幅広く可能性を探るような聴き取りを行うとよいだろう。

　実際には、これらの機能を評価するための大学生年代を対象に標準化された検査がない場合も多い。そのような場合は、対象年齢外の検査結果や海外で開発された検査の結果を参考資料として用いる、聴き取りや行動観察など複数の方法で情報を集めるといった工夫が必要となる。

　試験に関する配慮など、質の高い根拠が求められる状況で直接利用できる検査がない場合には、実験的にデータを取ることも検討する。例えば、試験時間延長や支援機器の利用など、複数の条件で模擬的な試験を実施し、成績がどう変化するか比較するといった方法である。

1.3. 障害の状況に影響を与える背景因子と健康状態

　読み書き困難の直接的原因とはならなくても影響を与える要因として、背景因子である個人因子と環境因子、そして健康状態について情報を集め、問題の全体像を把握する。その情報には、負の影響を与えるものばかりでなく、正の影響を与えるものについての情報も含む。ICFでは、負の影響を与える環境因子を阻害因子、正の影響を与えるものを促進因子としている。環境因子における促進因子や、良好な健康状態、個人因子の肯定的側面は、効果的な支援を考える際の手がかりにもなる。1.2. であげた機能障害のいくつかは、読み書き困難の主たる要因でなかったとしても、関係する個人因子となるかもしれない。直接的要因としての機能障害と影響を与える背景因子は厳密に分けられるものではない。

1.3.1 健康状態

　ICFにおける「健康状態」は、WHOがまとめた国際疾病分類（ICD）によって記述される

ことを想定しているが，一般的な読み書き困難のアセスメントでは，この分類に厳密に従う必要はないだろう。睡眠の状態やストレス反応，慢性疾患やケガなども学修に影響を与える可能性がある。健康状態に関する問題によっては，大学の保健室，保健管理センターへの相談，医療機関の受診を勧め，その結果を共有することも必要になる。メンタルヘルスも含めた健康状態のチェックリストや尺度も必要に応じて利用する。

1.3.2. 環境因子

ICF における環境因子には物理的環境，社会的な環境，人々の態度なども含み，個人的環境と社会的環境から構成されている。個人的環境は，家庭や大学など身近な環境のことで，家族，友人，大学の教職員など周囲の人々も含む。社会的環境は，より広い社会全般を指すが，読み書き困難のアセスメントでは，詳細な情報収集を必要とする場面はあまりないと思われる。読み書き困難のアセスメントでは，所属学部（学科，専攻，コース等）のカリキュラム，その学期の履修状況，個々の授業における授業形態，評価方法，担当教員の考え方などの情報は必須と言える。さらに，援助資源となる大学の学修支援サービス（チューター，レポート作成支援，ライティング・センター，補習講座など）や，教職員や友人関係などの状況も支援を考える上で必要な情報である。

1.3.3. 個人因子

個人因子には，「性別，人種，年齢，その他の健康状態，体力，ライフスタイル，習慣，生育歴，困難への対処方法，社会的背景，教育歴，職業，過去および現在の経験，全体的な行動様式，性格，個人の心理的資質」などが含まれるが，それぞれの詳しい内容については ICF に示されていない。読み書き困難のアセスメントでは，生育歴（言語発達，発達障害，視覚，聴覚の問題など），教育歴（小中高校での学習の様子，得意・不得意，支援を受けた経験など），ライフスタイル（趣味，得意なこと，大学生活），困難への対処方法，性格，個人の心理的資質などを中心に情報を集める。これらは，現在の困難状況の理解や，効果的な支援を考える上で重要な手がかりとなる。

パーソナリティ・テストは必要に応じて実施する。行動様式の特徴や考え方のクセなどは，学修に影響を及ぼす可能性がある。

発達障害の診断のある学生では，過去に検査を受けた際の報告書などを親が持っている場合がある。可能ならそれを持ってきてもらう。検査時の年齢にもよるが，本人が詳しい説明を受けていない場合は，あらためて結果の意味を説明すると，学生の自己理解の助けとなる。

2 どのように情報を得るか：アセスメントの方法

心理的アセスメントの方法として，冒頭で紹介した定義では，面接，観察，心理検査があげられている。他には関係者からの聴き取りも情報源としてあげられる。

2.1. 面接（聴き取り）

2.1.1. 面接によるアセスメントの進め方

　面接における本人の語りは，困難の状況を理解する上で不可欠な情報である。主観的な困難の深刻さ，現状をどう受け止めているかなど，本人が語る言語的情報に加え，表情や声の調子など，非言語的情報から読み取れることも多い。

　面接の際は，カウンセリングのように学生の苦しい気持ちを理解し，共感を伝える。それによって信頼関係が形成され，学生も安心して話すことができるようになり，得られる情報の質を高めることにもつながる。

　話の聴き方としては，情報を得るために一方的に質問を続けるのではなく，対話を通してその学生についての理解を深めるよう心がける。質問の際は，「1．どのような情報を得るか」（pp.30-34）で述べた項目のように対象者を理解するための枠組みを持ち，対話しながらその枠の中に情報を入れていくようなイメージで話を聴くと，少しずつ全体像が見えてくる。最初は困っていること，ニーズからスタートし，主要な背景要因や関連要因について仮説を立てながら，それを検証するための根拠を求めるように質問をする。仮説が支持されなければ別の仮説を立て，さらにそれを検討するための情報を探る。

　必要な情報は多岐にわたることから，面接の時間を有効に使うために，自己報告の尺度やチェックリストを事前に実施し，結果を見ながら話すことも効果的である。網羅的に情報を得ることで，聞き漏らしを防ぐことができる。ただし，読むことに困難がある場合，項目数が多い尺度やチェックリストに回答するのは負担が大きいことにも留意する。事前に検査用紙を見せて，読み上げで実施するか，自分で読んで回答するか，選択してもらうとよいだろう。

2.1.2. 面接によるアセスメントの例

　支援に必要な情報を得るための面接では，中心的，全体的な質問から，具体的な要素を探る質問へと聞いていく。関連要素を探る質問は，できるだけ網羅的になるように意識する。

　以下，具体的なやりとりの例を示す。

やりとりの例（支：支援者，学：学生）

支［1］：大学の学修面で困っているのはどんなことですか？

学［1］：レポートが書けなくて，単位が取れない科目がいくつかあるんです。

支［2］：レポートによっても比較的書きやすいものとか，特に書きにくいものとかありますか？

学［2］：実験のレポートとか，感想を書くようなものは書けるんですけど，文献を集めて，資料をたくさん読まないといけないのがきついです。

支［3］：資料を読むのがきつい……

学［3］：はい，読んでいても頭に入ってこないというか，時間が過ぎるばかりで，レポートを書き始める状態にならないんです。

支［4］：読んで頭に入ってこない感じって，どんな文章でもそうなの？

学［4］：はい。実は，昔から本を読むのが苦手で……。聞いたことはわりとすぐに覚えられる

ほうなので，高校時代も授業をしっかり聞くようにして，教科書とか参考書とかはあまり読みませんでした。

支［5］：小学校ではどうでしたか？

学［5］：小学校では読む量も少なかったし，内容も簡単だったので，あまり困る場面はありませんでした。やっぱり，読んでも頭に入ってこない感じで，自分から本を読むことはほとんどなかったと思います。

　［1］で，まず主訴を聞くと，学修面の中でもレポートが問題だとわかる。レポート課題をうまくこなすために必要な要素として，課題で求められているものの理解，必要な資料の収集，資料の読解，書く内容の構想，文章執筆，背景知識の量，レポート作成に必要な時間の確保などがある。［2］では，どこに困難があるかの目星をつけるため，レポートの種類によってやりやすさに違いがあるか尋ねている。結果，書く側面ではなく，読む側面が問題だとわかる。［3］で，読むことの苦手さがより具体的になる。そこで［4］では，読むこと全般が苦手なのか，読む材料によるのかも尋ねている。読むこと全般に苦手意識があるということと，聞いて理解することは得意ということがわかったので，読字の問題がある可能性が高まる。得意なことについての情報は，今後の支援を考える上でも役立つだろう。［5］では，その傾向が以前からあったのかを尋ねている。小学生時代にもその傾向があったということであれば，読字障害の可能性が高まる。

　対話を通してこういった仮説が立てられれば，それを支持する根拠や，支援に役立ちそうな強みを見つけるために検査の組み合わせを考える。実際にどの程度読むことに困難があるか，読み困難の背景要因として強い影響を与えている機能障害は何か，支援に役立ちそうな強みは聞いて理解する力以外にもあるか，といった問いに答えるために必要な情報が得られるような検査を選ぶ。

2.1.3.　自分について語ることに難しさがある場合

　面接を行う際，学生の語りが重要な情報であることは間違いないが，すべての学生が自分自身のことを正確に語れるとは限らない。学生がどの程度客観的に自身の状態や置かれている状況を理解しているか（自己理解，セルフ・モニタリング），言語的な表現能力は十分か，自分のことを語ることについて抵抗感はあるか，といった点についても評価する必要がある。

　自分について語ることが難しい学生では，困っていることを尋ねると，「なんかよくわからないけど困ってるんです」「なぜうまくいかないのか，よくわかりません」といった答えが返ってくることがある。質問を重ねても，具体的なエピソードがなかなか出てこない。このような場合，セルフ・モニタリングに苦手さがあり，自身の状態を客観的に見ることが難しいのかもしれない。また，感覚過敏など見え方や聞こえ方になんらかの問題があっても，その人にとってはずっとそういった状態であるために，特別なことだと思っていない場合もある。

　対応として，複数の選択肢を提示して選んでもらったり，支援者が言葉を補ったりすることがあげられる。具体的な選択肢を提示すれば選べる，そしてその選択は支援者から見ても妥当だと感じられるなら，自身の状態をうまく言語化する部分に困難がある可能性が考えられる。

　言葉を補うような面接を継続することで，学生が自身を語る言葉を獲得していくことも期待できる。そのような面接では，学生の非言語的サインも読み取りながら，誘導的にならないよう留

意する。学生の応答スタイルにもよるが，自分の状態をうまく表す言葉に出会えたときは「そうそう」と積極的に相づちを打ってくるのに対し，ズレがあるときにはしっくりいかない表情で「そうですねぇ……」といった，やや曖昧な返答になることも多い。

　生活の様子や好きなことなどはよく語る一方，苦手なこと，困っていることになるとうまく語れない場合，自身の否定的な部分に目を向けること，受け入れることを回避したいとか，他者からよく見られたいという気持ちが背景にあることも考えられる。安心して話せる信頼関係を作りつつ，先を急がない姿勢も求められる。信頼関係ができれば，検査結果等，客観的なデータも使いながら自己理解を深めていく。

　教員等の他者から促されて支援につながるケースでは，本人が困っていないこともある。単位が取れていなかったり，レポートや論文が書けていないことを尋ねても，「大丈夫です」「なんとかします」といった答えが返ってくる場合がある。セルフ・モニタリングや状況理解の弱さ，将来の見通しの悪さ，自分について語ることに負担を感じる，支援を受けることや相談することに慣れていないといったことが考えられる。相談することに抵抗感があるようなら，まずはラポールの形成に努めるとともに，相談の必要性，現状の問題点と将来の見通しなどを具体的に伝えていくことから始める。

　学生が自分のことをうまく語れているかどうかの判断のポイントをまとめると，支援者と安心して話せる関係性ができているか，語られた内容は整合性があるか，言語的内容と非言語的サインから支援者が感じる違和感，そして検査結果と語られる内容の一致度などがあげられる。支援者は，相手がうまく自分のことを語れていないと感じたとき，選択肢を提示したり，言葉を補ったりすることに加え，2.1.1. で述べたチェックリストの利用も言語的面接の難しさを補う方法として有効である。また，その学生を知る関係者から情報を得ることも検討するとよいだろう。

2.1.4 関係者からの聴き取り

　読み書きに特化した問題の場合，関係者からの聴き取りが必要なケースはあまり多くないかもしれない。2.1.3. で述べたように，学生がうまく自分について語ることができないと思われる場合は，その学生をよく知る関係者からの聴き取りが貴重な情報源となる。

　それに加えて，関係者からの聴き取りが必要な場面の例として，卒論が書けないという問題では，それまでの指導内容や指導方法，指導に対する学生の反応など，指導教員からの情報が有効な手がかりとなるだろう。他にも，学修支援センター等で読み書きに関する支援を試みたがあまり効果が上がらない場合などは，支援の様子をセンターのスタッフから聴き取る。学生と関わっている関係者から話を聞く場合は，学生の了解を得ることを忘れないようにする。

　機能や行動面の評価で，他者評価によって自己報告を補える場合もある。例えば，ADHDに関する尺度であるCAARS™ (p.43) は，自己報告に加えて，観察者評価用の質問紙があり，日常生活の中でのADHD症状をより客観的に評価することができる。

2.2. 行動観察

　行動観察は，専門家が他の多くの学生と比較して客観的に実際の行動を評価できるという点

で，心理的アセスメントにおける貴重な情報源である。大学生の読み書き困難という文脈では，検査時の行動観察が支援の手がかりとなる情報を提供してくれる。例えば，成人用知能検査であるWAIS™-Ⅳ（pp.41-42）であれば，課題への取り組み方や答え方から多くの情報が得られる。難しい問題にどれだけ粘り強く取り組むか，解答に自信がないときの様子，答えられないときの感情の動き，課題の意図をすぐにつかめるか，言葉で答える際のスムーズさ，言語的な指示の聞き漏らしはないか，道具を動かしたり筆記したりする下位検査で見られる不器用さ，などがあげられる。こうした観察から得られる情報は，試験や課題への取り組み方に影響を及ぼす要因を探る参考になる。

　書字に関しては，例えば相談の申し込みの書類を記入する様子からも，筆記用具の使い方，力の入り具合，記入欄に対する文字の位置や大きさ，文字の形など，意味のある情報が得られる。本書で紹介している書字の検査課題（RaWF視写課題）や，パーソナリティ・テストのひとつである文章完成法（SCT, p.44）なども，書字における行動観察に使うことができる。

2.3. 心理検査等

2.3.1. 心理検査の選択と利用

　読み書き困難や機能障害がどの程度か，客観的な数値データで示すことができる心理検査は，学生理解に不可欠である。とりわけ，標準化された心理検査の結果は，文部科学省の有識者会議（障害のある学生の修学支援に関する検討会）の報告書で，障害者手帳や診断書と並び合理的配慮の根拠資料のひとつとしてあげられている。標準化された検査とは，「規準集団，実施・採点法，妥当性・信頼性が確立された」[2]検査のことである。

　心理検査を選ぶ際には，何を測定する検査であるかということに加え，適切な手続きを経て標準化されているか，標準化のためのデータは対象年齢，人数など適切か，信頼性，妥当性の根拠は十分かといった視点で評価する。

　残念ながら，日本国内では，大学生を対象に標準化された検査は限られており，実際の使用ではある程度妥協せざるを得ない場合もある。その際は，結果を利用する際に限界があることを考慮に入れる必要がある。例えば，言語系の検査で対象年齢が中学生までだった場合，中学生の基準値と比較しても平均を大きく下回るようであれば，機能はかなり弱いと解釈することはできる。また，海外で開発された検査や，研究論文に示されている課題等，国内での基準値がない検査を実施する際には，学生10名程度に協力依頼し，結果を比べるという方法も考えられる。

2.3.2. 心理検査の種類

　読み書き困難のアセスメントに関連する心理検査には，自己報告型の尺度（質問紙）と能力（行動）評価型検査がある。

　自己報告型の尺度は，質問への回答から意識，態度，状態，パーソナリティを調べる心理検査である。同様の項目で，対象者をよく知る他者が回答するものもある。自己報告型の尺度は，実

2　APA Thesaurus of Psychological Index Termsにより "standardized tests" を検索（2021年12月27日），訳は筆者。

施，採点が容易で，他の人と比べてどの程度その傾向があるか簡単に数値化できる。一方，結果はあくまで回答者の主観的評価によるものであり，実際の状態を正確に表している保証はないという点には注意が必要である。回答が不正確になる理由として，質問の意図がうまく伝わらない場合があげられる。多くの尺度はわかりやすい言葉を用いて作成されているが，回答者の言語理解に弱さがあれば，質問の意図が正しく読み取れないことも考えられる。また，質問の意図を読み取れても，回答者が自身の状態を客観的に評価できなければ，正確な回答にはならない。例えば，自身の感じ方が他者と異なっているとは気づいていない場合，自己肯定感が低く自身の能力を過小評価している場合などである。自己報告の検査を利用する際は，こうした限界をふまえて結果の解釈をする必要がある。疑問を感じたら，対話を通して確認していくとよいだろう。

　能力（行動）評価型の検査では，被検査者が課題に取り組み，その成績や行動の様子から能力，機能，スキルの程度を評価する。脳の機能の状態を反映する能力や行動の検査は，神経心理学的検査と呼ばれることもある。適性検査や学力検査も能力（行動）評価型の検査である。能力の評価基準は，規準となる集団の中での位置によって表される。

　能力（行動）評価型の検査は自己報告型の尺度に比べて客観性があり，読み書き困難や機能障害のより強い根拠となる。しかし，結果の数値だけを機械的に解釈することは避けるべきである。例えば，検査時の体調や心理状態が結果に影響を及ぼしているかもしれない。また，ちょっとした不注意やミスによって能力が過小評価されているかもしれない。支援者が自ら検査を実施していれば，そのような検査時の様子を考慮した解釈も可能となるが，他機関で実施した結果の数値のみしか情報がないような場合は注意が必要である。他の検査結果や，面接により得られた情報との整合性で気になる点があれば，検査時の様子を詳しく聞くようにする。

2.3.3. 症状妥当性と成績妥当性

　検査結果をもとに，診断や支援に関する的確な判断，決定をするためには，その結果が妥当なものでなければならない。心理的症状に関する自己報告型尺度であれば，被検査者が正直に回答することが求められる。しかし，症状を誇張したり，ないはずの症状を報告（詐病）したりすることは難しくない。能力評価型の検査であれば，最大限の努力をして，課題に取り組むことが期待される。しかし，適度に手を抜けば低めの結果を出すことは簡単である。

　このような検査結果の妥当性に関して，被検査者の行動，自己報告された症状，神経心理学的検査の成績が正確であり，真実のものである程度のことを「症状妥当性（symptom validity）」と呼ぶ（Bush et al., 2005）。神経心理学的検査を中心に能力評価型の検査の成績に関するものを「成績妥当性（performance validity）」とし，「症状・成績妥当性」と併記する場合もある。

　症状の誇張，詐病，不十分な努力は，診断を得ることにより何らかの利益がある状況で生じる。米国における障害保険手当の認定の検査では，46～60％の対象者に症状妥当性，成績妥当性の問題が見られたとの報告もある（Chafetz & Underhill, 2013）。大学生においても，障害が認定されれば配慮が受けられる，ADHD の診断があれば中枢刺激薬を処方してもらえるといった理由で，詐病が見られるとの報告がある（Harrison, 2006）。この問題が ADHD に関して顕著である理由のひとつとして，成人期の ADHD の診断が，自己報告型の検査に依存し過

ぎていることが指摘されている（Lewandowski et al., 2008）。

　こうした状況をふまえ，診断が対象者にとって何らかの利益になる状況でのアセスメントでは，症状妥当性，成績妥当性のチェックをすることが求められている。具体的には，これらを調べる専用の検査が開発されており，テスト・バッテリーの一部として利用することが推奨されている（Heilbronner et al., 2009）。専用の検査の実施に加えて，自己報告型尺度，行動観察，他の背景情報等，複数の情報の整合性のチェックも推奨されている（Bush et al., 2005）。日本国内では，自己報告型の心理検査で，回答の妥当性をチェックするための項目や尺度が含まれたものがある。例えば，自己報告型のパーソナリティ・テストであるミネソタ多面人格目録（MMPI）には4種類の妥当性尺度が含まれていて，そのひとつであるK尺度の低得点の解釈は「助けを求めるために，自分の問題を誇張して訴えている可能性」となっている（MMPI新日本版研究会，1993）。

　常に学生を疑うような目で見るのは不適切だが，アセスメントの実施者は検査結果の妥当性についての意識を持ち，気になる結果が見られた場合には確認をするよう心がける必要はあるだろう。

2.3.4. テスト・バッテリーの考え方

　個々の心理検査で得られる情報は限られていることから，必要な情報を得るために複数の検査を組み合わせたものをテスト・バッテリーという。それぞれの検査に長所，短所があり，複数組み合わせることで，ひとつの検査の短所を他の検査の長所で補うこともできる。

　読み書き困難のアセスメントに用いるテスト・バッテリーでは，（a）読み書きに関する検査，（b）読み書き困難を生じさせている主な機能障害を評価できる検査，（c）影響を与えていると思われる他の機能障害，個人因子，健康状態を評価する検査という構成が基本となる。

■読み書きに関する検査

　読み書きに関する検査として，アメリカやイギリスでは標準化された個別式の学力検査（achievement test）が実施されるが，日本国内ではそれに対応した検査が学齢期であっても限られている。読み書きと数的能力がセットになったものは，KABC-Ⅱ（Kaufman 他，2013）の習得尺度のみである。KABC-Ⅱは対象年齢が18歳11カ月までで，大学1年生の一部は対象範囲内である。大学生年代を対象に標準化された読み書きの検査は，本書で紹介する読字・書字課題（RaWF）のみである。読み書きに関する困難の程度と関連要因についての情報を得るために，本書で紹介する自己報告型尺度である読み書き支援ニーズ尺度（RaWSN）も実施する（p.42, 表3-2）。

■読み書き困難に関連する機能障害，個人因子，健康状態に関する検査

　WAIS-Ⅳ（pp.41-42）は，全般的な知的能力を評価するとともに，読み書きに影響を及ぼす認知機能を評価できることから，可能な限りバッテリーに含む。個別の認知機能の検査については，面接による聴き取りや，RaWSNで得られた情報から仮説を立て，その仮説を検証するために必要な情報が得られるような検査を選んで実施する。

　メンタルヘルスを含めた健康状態やパーソナリティが影響しているようであれば，それらに関

する自己評価型の尺度の実施も検討する。メンタルヘルスが損なわれた状態であれば，学修で十分に力を発揮することができなくなる。抑うつの傾向があれば，学修に取り組むこと，大学に行って授業に参加することが難しくなる。不安が強くなると，学修に集中することが難しかったり，試験で力が発揮できなかったりする。

　パーソナリティについては，学修場面や大学生活の他の場面での反応様式，行動パターン，考え方の傾向等が，学修の妨げになったり，促進要因として働いたりする。

　「適応」は個人と環境との相互作用で生じる状態である。環境，つまり学修場面で求められていることがうまくこなせなければ，困り感が高くなり，適応状態が悪くなる。一般的な社会生活における適応の状態について，行動面から見たのが「適応行動」で，個人的ニーズへの対処，社会的機能，問題行動の統制などが含まれる[3]。

2.3.5. 検査の選択

　読み書き困難のテスト・バッテリーとして，RaWF＋RaWSN＋WAIS-Ⅳの次に何を実施するかは，聴き取りとRaWSNの結果もふまえて，読み書き困難を生じさせる機能障害と，影響因についての仮説を立てた上で選択するとよい。可能性が高そうな仮説を2，3に絞り，それぞれの仮説を支持する根拠となり得る検査を実施する。

　関連要因の検査をどの程度含めるかは，アセスメントの目的によっても異なる。大学生活全般に困難を感じて学生相談を利用している文脈で，困難のひとつとして学修や読み書きの問題がある場合には，健康状態やパーソナリティなど，広めに検査を実施することが効果的な支援につながるだろう。進路相談の文脈でも同様である。一方，障害学生支援の文脈で，読み書き困難に対する配慮申請の根拠資料を作成することが目的であれば，読み書き困難と直接的な要因としての機能障害を示すことが中心となる。

読み書き困難のアセスメントに利用可能な検査

　読み書き困難と関連の機能に関する検査を表3-2に，個人因子や健康状態に関する検査を表3-3にまとめた。表3-2は，表3-1にまとめた読み書き困難に影響を及ぼす機能（機能障害，健康状態，疾患）の分類に対応させて検査を選べるようにした。利用可能なすべての検査を網羅しているわけではないが，主に大学生年代が規準データに含まれるものを掲載した。

　それぞれの検査についての詳細は，心理検査についての専門書や，心理検査出版社・販売会社のホームページも参照してほしい。専門書としては，『神経心理学的アセスメントハンドブック』（小海，2019），『発達障害児者支援とアセスメントのガイドライン』（辻井他，2014），『精神・心理機能評価ハンドブック』（山内・鹿島，2015）などが，関連の多くの検査を紹介している。

　以下，表に記載された検査について，簡単に紹介する。

【主に認知機能に関する検査】
◆ **WAIS-Ⅳ知能検査**（Wechsler・日本版WAIS-Ⅳ刊行委員会，2018）：ウエクスラー式知能検査の成人版で，全般的なIQに加え，言語理解，知覚推理，ワーキングメモリー，処理速度の4つ

3　APA Thesaurus of Psychological Index Terms により "adaptive behavior" を検索（2021年12月27日），訳は筆者。

の指標得点が得られる。全般的能力を評価するために広く用いられている検査であり，学修に関するテスト・バッテリーに必須と言える。ただし，検査の限界も知っておく必要がある。例えば，言語理解の下位検査の回答は口頭での説明になることから，言語表出の能力が低いと言語「理解」の能力は過小評価される可能性がある。また，ワーキングメモリーは，聴覚記憶に偏った下位検査となっており，ワーキングメモリーの全体像を捉えているとは言えない。

◆ **WMS-R ウエクスラー記憶検査**（Wechsler・杉下, 2001）：一般的記憶，注意／集中力，言語性記憶，視覚性記憶，遅延再生の5つの標準得点が得られる。記憶，学習の能力を多面的に評価することができる。

◆ **GATB 一般職業適性検査**（厚生労働省職業安定局, 2013）：仕事を遂行する上で必要とされる9つの適性能（知的能力，言語能力，数理能力，書記的知覚，空間判断力，形態知覚，運動共応，指先の器用さ，手腕の器用さ）を評価する。大学生年代を対象に運動系（協調運動）の能力を評価できる検査は他にない。結果はキャリア相談にも利用できる。GATB は，比較的単純な問題を制限時間内にどれだけできたかを評価するスピード検査（時間制限法による検査）である（職業適性検査研究会, 2011）。WAIS-IVのように，次第に問題の難易度が上昇し，能力の上限を測定するものではない。スピード検査の結果は，試験時間延長の配慮申請においては有力な根拠となる。

◆ **BADS 遂行機能障害症候群の行動評価 日本版**（Behavioral Assessment of the Dysexecutive Syndrome; Wilson et al., 2003）：遂行機能障害症候群によって生じる日常生活上の問題を予測するための検査バッテリー。6つの検査から総プロフィール得点が得られる。20項目からなる「遂行機能障害の質問票」もセットになっている。

◆ **KWCST 慶應版ウィスコンシンカード分類検査**（鹿島・加藤, 2013）：前頭葉症状としてよく見

表 3-2　読み書き困難のアセスメントに利用可能な検査

		能力（行動）評価型	自己報告型
読み書き困難		RaWF（読字・書字課題），KABC-II（18歳まで）	RaWSN（読み書き支援ニーズ尺度）
全般的認知機能	全般的能力	WAIS-IV，WMS-R，GATB 一般職業適性検査	RaWSN
	遂行（実行）機能	BADS，KWCST，TMT-J，言語流暢性検査	
	注意	CAT 標準注意検査法，CPT	CAARS
言語系	文字・単語レベル	標準抽象語理解力検査，RaWF，GATB	RaWSN
	文レベル	GATB	RaWSN
視覚系	視機能	医学的検査	RaWSN
	視覚認知	WAIS-IV，WMS-R（視覚的記憶），CAT 標準注意検査法（視覚的注意），レイ複雑図形，GATB	
	視覚障害等	医学的検査	
聴覚系		WMS-R（聴覚的記憶），CAT 標準注意検査法（聴覚的注意），医学的検査	RaWSN
運動系	感覚入力		
	運動制御	GATB	
ASD 関連		ADOS-2	AQ，AASP 青年・成人感覚プロファイル
脳損傷		医学的検査	

られる，いったん抱かれたり，操作されたりした一定の概念や心の構え（セット）から他の概念や心の構えに移ることができなくなったり，困難になったりする「セットの転換の障害」を評価する（鹿島，2015）。

◆ TMT-J　Trail Making Test 日本版（一般社団法人 日本高次脳機能障害学会 Brain Function Test 委員会，2019）：TMT は数字やひらがなを順番につないでいく課題で，所要時間を年代別の標準値と比較して評価する。遂行には，空間性注意に基盤をおく視覚性探索能力，ワーキングメモリー，配分性注意，認知的柔軟性，持続性注意，認知的処理速度などが関わるとされている。なお，TMT-J の適応年齢は 20〜89 歳となっており，大学生では一部対象からはずれる。

◆ 言語流暢性検査（伊藤他，2004）：市販されている検査ではないが，年代別基準値が論文（伊藤他，2004）や神経心理学検査関連の書籍で公開されている（小海，2019；武田・山下，2019）。前頭葉機能，遂行機能検査のひとつとして用いられ，生産性や自己制御の能力を測定する（種村，2019）。

◆ CAT 標準注意検査法（Clinical Assessment for Attention; 日本高次脳機能障害学会 Brain Function Test 委員会，2006）：7 つの下位検査からスパン，選択性注意，分配性注意・注意の変換・注意による認知機能の制御，および持続性注意を評価する。

◆ CPT（Continuous Performance Test）：持続的に実施する課題によって，注意や衝動性を測定する神経心理学的検査（Hall et al., 2016）の総称。連続遂行課題，持続（的）処理課題などと訳される。CAT 標準注意検査法に下位課題のひとつとして含まれている。また，言語や文化に影響を受けにくい課題であることから，海外で開発された CPT が用いられる場合もある。具体的には，IVA-CPT（BrainTrain 社），Conners' CPT3（MHS 社）などがある。

◆ CAARS 日本語版（Conners' Adult ADHD Rating Scales; Conners 他，2014）：成人のADHD 症状の重症度を把握する質問紙。「自己記入式用紙」に加え，「観察者評価式用紙」がある。不注意／記憶の問題，多動性／落ち着きのなさ，衝動性／情緒不安定，自己概念の問題，DSM-Ⅳ不注意型症状，DSM-Ⅳ多動性－衝動性型症状，DSM-Ⅳ総合 ADHD 症状，ADHD 指標の 8 つの標準得点を算出することができる。

◆ 標準抽象語理解力検査（The Standardized Comprehension Test of Abstract Words : SCTAW; 宇野他，2002）：比較的軽度の言語性意味理解力障害（単語水準において復唱や音読が可能であっても意味を把握することが十分にはできない障害）の検出を目的に作成されている。

◆ RaWF 読字・書字課題（Reading and Writing Fluency task; 高橋・三谷，2019）：3 つの下位課題のうち，音読課題では，デコーディング，音韻処理の能力を評価する。読み能力というよりは，読み能力に強く影響を及ぼす認知機能という位置づけである。残りの黙読課題と視写課題は，読み書き困難の指標である。

◆ RaWSN 読み書き支援ニーズ尺度（Reading and Writing Support Needs scale; 高橋・三谷，2019）：大学生である現在と，小学生時代の学修（習）関連の困難経験を問う尺度。短縮版として大学生学修困難尺度，小学生時代の学習困難尺度がある。

◆ レイ複雑図形（Rey-Osterrieth 複雑図形テスト，Complex Figure Test: ROCFT）：Rey により作成され，Osterrieth により標準化された，脳神経疾患や精神疾患患者の視空間認知，記憶，あるいは実行機能の評価法として世界中で使用されている検査（山下，2007）。実施法や山下（2007）が報告した成人の基準データは，神経心理学的検査関連の書籍でも公開されている（小海，2019；武田・山下，2019）。

◆ ADOS-2 日本語版 自閉症診断観察検査第 2 版（Autism Diagnostic Observation Schedule Second Edition; Lord et al., 2015）：半構造化面接による行動観察から，言語と意思伝達，相互的対人関係，遊び／想像力，情動行動と限定的興味などを評価する。課題の成績を得点化するのではなく，検査全体を通して行動のすべてを総合して評定する（黒田，2018）。

◆ AQ（AQ 日本語版 自閉症スペクトラム指数 Autism-Spectrum Quotient; Baron-Cohen 他，

2016)：社会的スキル，注意の切り替え，細部への関心，コミュニケーション，想像力の 5 つの下位尺度から構成される尺度。カットオフポイントが設定されている。

◆ **AASP 青年・成人感覚プロファイル**（Adolescent/Adult Sensory Profile; Brown 他, 2015）：毎日の感覚経験に対する行動的反応について自己評価する尺度。低登録，感覚探求，感覚過敏，感覚回避の 4 つの得点を算出し，それぞれ 5 段階で評価する。

【個人因子と健康状態に関する検査】

個人因子や健康状態に関する検査は，大学生を主な対象としているもの，大学生年代を対象として規準データが収集されているもの，入手が容易であるものを中心に選んだ。アセスメントに役立つ検査は他にも多数あり，実施者がよく知っているもの，所属機関でよく使用するもの等を実施することはまったく問題ない。

表 3-3　個人因子，健康状態に関する検査

健康状態	UPI, UPI-RS, K6/K10, BDI-II, POMS 2 日本語版, STAI, CLAS 大学生活不安尺度
パーソナリティ	SCT, 質問紙法, 投影法
適応	Vineland-II 適応行動尺度, 発達障害関連困り感尺度, ASR
その他	研究用に開発された尺度

◆ **UPI**（University Personality Inventory; 平山, 2011），**UPI-RS**（University Personality Inventory-Rating Scale; 高橋・小林, 2004）：UPI は大学生の精神的健康のスクリーニングに用いられる，著作権フリーのチェックリスト。もともと 2 件法で使われていたものを 4 件法にしたのが UPI-RS である。

◆ **K6/K10 尺度**（Kessler et al., 2002）：不安と抑うつに関する項目を含むスクリーニング尺度で，心理的苦痛の程度，精神疾患の有無を評価することができる。K6 は国民生活基礎調査の健康調査にも用いられている。著作権フリーで，National Comorbidity Survey のサイト [https://www.hcp.med.harvard.edu/ncs/k6_scales.php] から 23 カ国語のバージョンをダウンロードできるので，留学生に対してそれぞれの母国語で実施することも可能である。

◆ **日本版 BDI-II ベック抑うつ質問票**（Beck Depression Inventory-Second Edition; Beck 他, 2003）：抑うつ症状の重症度を判定する。アメリカ精神医学会の DSM-IV の診断基準に沿った症状の評価をする。

◆ **POMS 2 日本語版**（Profile of Mood States 2nd Edition; Heuchert 他, 2015）：過去 1 週間（実施者が時間枠の変更可）の気分状態を評価する。怒り－敵意，混乱－当惑，抑うつ－落込み，疲労－無気力，緊張－不安，活気－活力，友好の 7 尺度と，ネガティブな感情全般をどの程度経験しているかの指標である TMD（総合的気分状態）について，標準得点が得られる。

◆ **新版 STAI**（State-Trait Anxiety Inventory-Form JYZ; 肥田野他, 2000）：不安を喚起する事象に対する一過性の状況反応である状態不安と，脅威を与えるさまざまな状況を同じように知覚し，そのような状況に対して同じように反応する傾向である特性不安を評価する。

◆ **CLAS 大学生活不安尺度**（College Life Anxiety Scale; 藤井, 1998, 2013）：大学生活全般における不安について評価する。大学の日常生活に対する不安感である「日常生活不安」，大学における単位や試験に対する不安感である「評価不安」，不登校や中退といった修学上の問題を生じさせる「大学不適応感」について調べることができる。

◆ **SCT**（Sentence Completion Test: 文章完成法）：SCT は投影法パーソナリティ・テストのひとつであり，未完成の文または単語を提示して，続きの文章を完成させる検査の一般的名称である。精研式文章完成法テスト（佐野・槇田, 1972）では，パーソナリティの知的側面，情意的側面，志向的側面，力動的側面，決定要因として身体的要因，家庭的要因，社会的要因を評価する。読み書き困難のアセスメントでは，書字表出に関する情報源としても利用できる。記入の様子から，所要時間，筆圧，ペンの持ち方などを観察する。書かれたものから，語彙，漢字の使用，文法や句読点の正確さ，誤字脱字，自身についての記述（自分自身についてや，自分の考えについて記述しているか）などを質的に評価する。

◆**質問紙法**：質問紙法パーソナリティ・テストは，質問項目への回答からパーソナリティ特性を測定する心理検査である。尺度得点をもとめ，それを標準得点に換算できるものも多い。代表的なものに，Big5 と呼ばれる 5 つの特性から測定するもの（例えば，NEO-PI-R，NEO-FFI; Costa, Jr. 他，1999），交流分析の理論に基づき，思考，感情，行動パターンを包括した自我状態について評価するエゴグラム（例えば，東京大学医学部心療内科 TEG 研究会，2019）などがある。読み書きに直接影響を与えるパーソナリティ特性というものはないが，学生の個人因子の理解という点で役に立つことに加え，学生が自己理解を深める手がかりのひとつとして実施する意義がある。

◆**投影法**：投影法パーソナリティ・テストは，あいまいな刺激に対する反応（言語的反応，描画等）から，パーソナリティを評価する検査である。代表的な検査として，ロールシャッハ・テスト，P-F スタディ（Picture Frustration Study: 絵画欲求不満テスト），主題（絵画）統覚検査（TAT: Thematic Apperception Test），HTP（家−木−人物画）テスト，バウムテスト（樹木画），家族画，風景構成法などがある。一般的に，投影法はパーソナリティの無意識的側面，深層を理解していくために用いられるが，解釈には検査への習熟を要する。アセスメント実施者が特定の検査に習熟していて，対象学生理解に必要と判断すれば，テスト・バッテリーに組み入れてもよいだろう。

◆ **Vineland-II 適応行動尺度**（Sparrow 他，2014）：対象者をよく知る人との半構造化面接によって適応行動を評価する検査であるが，「行動の評価対象者自身がその行動に関する唯一の情報源となる」場合はその「対象者が回答者となってもよい」とされている。大学生年代では，適応行動としてコミュニケーション（受容言語，表出言語，読み書き），日常生活スキル，社会性，不適応行動として内在化問題，外在化問題，その他の問題，重要事項について，標準得点が得られる。

◆**発達障害関連困り感尺度**（高橋，2012）：大学生を対象としており，ADHD 困り感尺度と ASD 困り感尺度がある。ASD や ADHD のある人が経験しやすい困り感を項目としており，症状の有無ではなく，困っている程度を評価する。尺度の情報が記載された書籍の入手が難しい場合は，筆者に問い合わせていただきたい。

◆ **ASR**（Adult Self-Report; 船曳・村井，2015）：1 歳 6 カ月から 60 歳以上までの適応機能，不適応を包括的に自己評価，他者評価する ASEBA（Achenbach System of Empirically Based Assessment）の中の，成人用自己評価チェックリスト。不安／抑うつ，引きこもり，身体愁訴，思考問題，不注意，攻撃性，反社会性，侵入性の各尺度得点に加え，内向尺度（不安／抑うつ，引きこもり，身体愁訴の合成得点），外向尺度（攻撃性，反社会性，侵入性），全問題尺度（すべての下位尺度に「他の問題」を加えて算出）の得点が得られる。

◆**その他の個人特性**：標準化された検査として販売，公開されていないものでも，心理的構成概念の研究用に開発された尺度は多数ある。例えば，先延ばし，完璧主義，評価懸念，テスト不安，自己肯定感，楽観主義（悲観主義），インターネット依存，ストレスコーピングなどは，大学での学修に影響を及ぼすことが想定される。こうしたさまざまな尺度のいくつかは，心理測定尺度集（山本，2001; 吉田，2001; 松井，2001; 吉田・宮本，2011; 松井・宮本，2011）にまとめられている。

【引用文献】

Baron-Cohen, S., Wheelwright, S., & 若林明雄（2016）AQ 日本語版 自閉症スペクトラム指数．三京房．

Beck, A. T., Steer, R. A., & Brown, G. K.（原版）小嶋雅代・古川壽亮（訳著）（2003）日本版 BDI-II ベック抑うつ質問票．日本文化科学社．

Brown, C. E. & Dunn, W.（原著）辻井正次（日本版監修）萩原 拓・岩永竜一郎・伊藤大幸・谷 伊織（2015）日本版青年・成人感覚プロファイル．日本文化科学社．

Conners, C. K., Erhardt, D., & Sparrow, E.（原著）中村和彦（監修）染木史緒・大西将史（監訳）（2014）CAARS 日本語版．金子書房．

Costa, Jr., P. T. & McCrae, R. R.（原著）下仲順子・中里克治・権藤恭之・高山 緑（日本版作成）（1999）日本版 NEO-PI-R/NEO-FFI．東京心理．

藤井義久（1998）大学生活不安尺度の作成および信頼性・妥当性の検討．心理学研究，**68**，441-448.

藤井義久（2013）大学生活不安尺度 CLAS．金子書房.

船曳康子・村井俊哉（2015）ASEBA 行動チェックリスト（18〜59 歳成人用）の標準値作成の試み．臨床精神医学，**44**，1135-1141.

Hall, C. L., Valentine, A. Z., Groom, M. J., Walker, G. M., Sayal, K., Daley, D., & Hollis, C. (2016) The clinical utility of the continuous performance test and objective measures of activity for diagnosing and monitoring ADHD in children: A systematic review. *European Child & Adolescent Psychiatry* **25**, 677-699.

Heuchert, J. P. & McNair, D. M.（原著）横山和仁（監訳）渡邊一久（協力）（2015）POMS 2 日本語版．金子書房.

肥田野直・福原眞知子・岩脇三良・曽我祥子・Spielberger, C. D.（2000）新版 STAI 状態-特性不安検査．実務教育出版.

平山 皓・全国大学メンタルヘルス研究会（2011）UPI 利用の手引き．創造出版.

一般社団法人 日本高次脳機能障害学会 Brain Function Test 委員会（2019）TMT-J Trail Making Test 日本版．新興医学出版社.

伊藤恵美・八田武志・伊藤保弘・木暮照正・渡辺はま（2004）健常成人の言語流暢性検査の結果について——生成語数と年齢・教育歴・性別の影響．神経心理学，**20**，254-263.

鹿島晴雄（2015）ウィスコンシンコード分類検査（WCST）．山内俊雄・鹿島晴雄（総編集）精神・心理機能評価ハンドブック．中山書店，124-126.

鹿島晴雄・加藤元一郎（2013）KWCST 慶應版ウィスコンシンカード分類検査．三京房.

Kessler, R. C., Andrews, G., Colpe, L. J., Hiripi, E., Mroczek, D. K., Normand, S. L., Walters, E. E., & Zaslavsky, A. M.（2002）Short screening scales to monitor population prevalences and trends in non-specific psychological distress. *Psychological Medicine*, **32**, 959-976.

厚生労働省職業安定局（2013）厚生労働省編 一般職業適性検査（改訂 2 版）．一般社団法人雇用問題研究会.

小海宏之（2019）神経心理学的アセスメントハンドブック．金剛出版.

黒田美保（2018）ADOS-2．内山登起夫・宇野洋太・蜂矢百合子（編）子ども・大人の発達障害診療ハンドブック．中山書店，264-266.

Lord, C., Rutter, M., DiLavore, P.C., Risi, S., Gotham, K., Bishop, S. L., Luyster, R. J., & Guthrie, W.（原著）黒田美保・稲田尚子（監修・監訳）（2015）ADOS-2 日本語版 自閉症診断観察検査第 2 版．金子書房.

松井 豊（2001）心理測定尺度集III 心の健康をはかる〈適応・臨床〉．サイエンス社.

松井 豊・宮本聡介（2011）心理測定尺度集VI 現実社会とかかわる〈集団・組織・適応〉．サイエンス社.

日本高次脳機能障害学会 Brain Function Test 委員会（2006）標準注意検査法・標準意欲評価法．新興医学出版社.

佐野勝男・槇田 仁（1972）精研式文章完成法テスト解説——成人用．金子書房.

職業適性検査研究会（2011）厚生労働省編——一般職業適性検査［進路指導・職業指導用］Q&A 集．一般社団法人職業適性検査研究会.

Sparrow, S. S., Cicchetti, D. V., & Balla, D. A.（原著）辻井正次・村上 隆（日本版監修）黒田美保・伊藤大幸・萩原 拓・染木史緒（日本版作成）（2014）Vineland-II 適応行動尺度．日本文化科学社.

高橋知音（2012）発達障害のある大学生のキャンパスライフサポートブック．学研教育出版.

高橋知音・小林正信（2004）4 段階評定による新 UPI の開発——信頼性，妥当性の検討と下位尺度の構成．CAMPUS HEALTH，**41**，69-74.

高橋知音・三谷絵音（2019）大学生のための読字・書字課題と読み書き支援ニーズ尺度の開発．高等教育と障害，**1**，1-12.

武田克彦・山下 光（2019）神経心理検査ベーシック．中外医学社.

種村 純（2019）検査の実際．武田克彦・山下 光（編）神経心理検査ベーシック．中外医学社，102-118.

東京大学医学部心療内科 TEG 研究会 （2019）新版 TEG 3 東大式エゴグラム．金子書房.

辻井正次（監修）明翫光宜（編集代表）松本かおり・染木史緒・伊藤大幸（2014）発達障害児者支援とアセスメントのガイドライン．金子書房.

宇野 彰・春原則子・金子真人（2002）標準抽象語理解力検査．インテルナ出版．

Wechsler, D. & 日本版 WAIS- IV刊行委員会（2018） WAIS- IV知能検査．日本文化科学社．

Wechsler, D. & 杉下守弘（2001）日本版ウエクスラー記憶検査法 WMS-R．日本文化科学社．

Wilson, B. A., Alderman, N., Burgess, P. W., Emslie, H., & Evans, J. J.（原著）鹿島晴雄（監訳）三村 將・田渕 肇・森山 泰・加藤元一郎（訳）（2003）BADS 遂行機能障害症候群の行動評価 日本版．新興 医学出版社．

山本眞理子（2001）心理測定尺度集Ⅰ 人間の内面を探る〈自己・個人内過程〉．サイエンス社．

山下 光（2007）本邦成人における Rey-Osterrieth 複雑図形の基準データ——特に年齢の影響について．精神医学，**49**，155-159．

山内俊雄・鹿島晴雄（2015）精神・心理機能評価ハンドブック．中山書店．

吉田富二雄（2001）心理測定尺度集Ⅱ 人間と社会のつながりをとらえる〈対人関係・価値観〉．サイエンス社．

吉田富二雄・宮本聡介（2011）心理測定尺度集Ⅴ 個人から社会へ〈自己・対人関係・価値観〉．サイエンス社．

3　模擬事例：テスト・バッテリーの組み方と結果の解釈

　模擬事例を通して，テスト・バッテリーの組み方と検査結果の解釈を見てみよう．テスト選択の考え方を紹介するとともに，本書で紹介する RaWF，RaWSN の結果を，どのように他の検査結果と組み合わせて解釈するかの参考にしてほしい．

3.1. 模擬事例の概要

　学生支援センターに相談に来た学生に話を聴いてみると，以下のように，学修面での困りごとが語られた．

> **主訴**：単位を複数の科目で落として困っている．とくにレポートが苦手．
> **問題の経過と状況**：話を聞くことが中心の授業，話し合いの授業などは得意．試験でもあまり困っていない．たくさん資料を読まなければならない授業は苦しい．教科書や参考図書をたくさん読まないとこなせない授業も苦手．専攻内に仲の良い友人は多いので，読んだ内容を教えてもらって，乗り切った授業もあった．本を読むのは昔から苦手．それでも，まじめに授業を聞いていれば，だいたいなんとかなっていた．模試や入試では，国語，英語はいつも時間が足りなかった．長文を後回しにして，それ以外で点数を稼ぐ感じ．大学の英語は，プレゼンとかレポートとかが中心だったので，大丈夫．高校時代は試験のときにスペルミスでよく減点されていたが，大学のレポートはスペルチェックとかも使えるので，むしろ楽だった．英語のレポート課題は，資料を調べなければならないものもあったけど，YouTube にその資料に関連した動画があって，それを見てやったので大丈夫だった．

　レポートを書くこと，本を読むことが苦手との話から，読み書きのどの側面にどの程度の困難があるか検討するために RaWF，RaWSN を，影響因としての認知機能を検討するために WAIS- IVを実施した．結果を表 3-4〜表 3-8 に示す．

3.2. RaWF の結果の解釈

　RaWF は，読み書きの速さと正確さを「黙読課題」「音読課題」「視写課題」の３つの下位課題から測定する検査である（表3-4）。「黙読指数」を見ると平均より 1SD 以上遅く，同年代の学生と比べて読むのがやや遅いことが示された。「音読指数」も同様であることから，視覚処理に加えて，音韻処理，デコーディングも読み困難に影響を及ぼしている可能性がある。

　視写課題では，「書字速度指数」を見ると書字の速さは平均的であるが，エラーが多い。エラーの多さの背景要因としては，視知覚の問題，不注意さの問題などが考えられる。有意味課題と無意味課題では，一般に有意味課題のほうが言語的知識を使えることから，視写は速くなる傾向がある。本事例では，その傾向が強めにでていることから，文法能力や漢字知識等の言語的知識が視写に促進的に影響していると考えられる。

3.3. RaWSN の結果の解釈

　RaWSN は，現在と小学生時代の読み書きに関連する困難経験を問う，自己報告型検査である（表3-5）。下位尺度の得点が困難経験の目安となる 85 パーセンタイル以上の値となったのは，現在の「読むこと」「読字困難」，小学生時代の「読むこと」「文字の視覚処理エラー」であった。読むことに困難がある一方，書くことについては困難を感じていない。読むことの中で

表 3-4　RaWF の結果

指標等		指数・数	解釈
黙読課題			
速度	黙読指数	83	遅い傾向
視写課題			
無意味	速度 書字速度指数	93	
	正確さ 総エラー数	3	多い
	誤字	2	
	脱字	1	
有意味	速度 書字速度指数	99	
	正確さ 総エラー数	1	
	誤字	1	
無意味＋有意味	書字速度指数	96	
	総エラー数	5	多い
有意味－無意味	文字数差	17	有意味文のアドバンテージがやや大きい
音読課題			
速度	音読指数	80	遅い傾向
正確さ	総エラー数	5	
	言い間違い	2	
	濁音・半濁音	1	
	拗音	1	

表 3-5　RaWSN の結果

	下位尺度	得点	解釈
大学	書くこと	1.23	
	読むこと	2.63	かなり困難がある
	その他	1.20	
LDSP28	読解苦手	2.86	
	聴覚処理の弱さ・不注意	1.00	
	読字困難	2.33	かなり困難がある
	書字・書き取り苦手	1.00	
	記憶・学習苦手	1.25	
小学生	書くこと	1.37	
	読むこと	2.41	困難があった
	その他	1.23	
SCLD41	読解苦手	2.71	
	漢字学習困難	1.83	
	文字の視覚処理エラー	1.80	かなり困難があった
	読み書きルール学習困難	1.71	
	記憶・聴覚的注意の弱さ	1.00	
	説明苦手	1.00	
	書き取り苦手	1.33	
	書字困難	1.00	
	計算苦手	1.67	

表 3-6　WAIS-Ⅳ合成得点

	合成得点	パーセンタイル	信頼区間（90%）	分類
全検査（FSIQ）	111	77	107-115	平均～平均の上
言語理解（VCI）	113	81	107-118	平均～平均の上
知覚推理（PRI）	107	68	100-113	平均～平均の上
ワーキングメモリー（WMI）	117	87	110-122	平均の上～高い
処理速度（PSI）	93	32	87-101	低い～平均の下
一般知的能力（GAI）	112	79	107-116	平均～平均の上

表 3-7　WAIS-Ⅳディスクレパンシー比較

比較	得点1－得点2＝差	判定値（.15）	標準出現率
VCI - PRI	113－107＝　6		
VCI - WMI	113－117＝　-4		
VCI - PSI	113－ 93＝ 20	あり	13.4
PRI - WMI	107－117＝-10	あり	24.5
PRI - PSI	107－ 93＝ 14	あり	20
WMI - PSI	117－ 93＝ 24	あり	8

表 3-8　WAIS-Ⅳ下位検査の評価点

	類似	12
言語理解	単語	14
	知識	11
	積木模様	11
知覚推理	行列推理	10
	パズル	13
ワーキングメモリー	数唱	12
	算数	14
処理速度	記号探し	8
	符号	10

も，読字レベルの困難があり，小学生時代の困難経験から，視覚処理の弱さが疑われる。

　「読解苦手」尺度の得点も比較的高いが，大学生としての得点，小学生時代の得点のいずれも 85 パーセンタイルの値には達していない。読解苦手尺度は，読字困難の結果生じる読解の困難と，読解方略，言語理解能力，背景知識，全般的知的能力も含めた文章理解レベルの困難の両方の要素を含んでいる。

　現在の「読解尺度」で「あてはまる」もしくは「どちらかといえばあてはまる」を選んだ項目は，「文章を読むのに時間がかかる」「厚い本を読むのが苦手である」「授業などを聞けば理解できるが，資料や教科書などを読むだけだと理解するのが難しい」「文章を読むことをなるべく避ける」「文章を目で追うことはできるが，書かれている内容が頭に入らない」であった。一方，「文章を理解するために何度も読み返す」「本や論文等の要点をとらえるのが難しい」は「どちらかといえばあてはまらない」「あてはまらない」を選んでおり，読むことに対する苦手意識がある一方，理解力に問題はないことがうかがえる。

　小学生時代の「読解尺度」の項目を見ても，「文字を読むことを避けた」「本を読むのが苦手だった」「文章を読むのが遅かった」「音読しても内容が頭に入ってこなかった」など，苦手意識や読むことの遅さがあったものの，理解に関する困難はなかったことが示されていた。

　現在の「読字困難」の項目を見ると，「文字の形が似たひらがな・カタカナ・数字を読み間違えてしまう」「漢字を見て，似たような形や意味の漢字と間違える」に「どちらかというとあてはまる」と回答，小学生時代の「文字の視覚処理エラー」でも，これらを過去形にした項目に対して同様の回答が見られた。これらから，読字困難の背景に視覚処理の問題がうかがわれた。

3.4. WAIS-Ⅳの結果の解釈

　各指標の合成得点を見ると，最も高いもの（WMI=117）と低いもの（PSI=93）の差が 24あり，$1.5SD$（23）を上回る。よって，全般的知的能力は全検査 IQ（FSIQ）ではなく一般知的能力指標（GAI）を用いる。GAI は 112（90％信頼区間は 107-116）であり，これは平

均〜平均の上にあたる。FSIQ111（90％信頼区間は107-115）とGAIはほぼ同じような値となっている。

4つの指標得点では，処理速度（PSI）が他の指標よりも低く，ワーキングメモリー（WMI）と知覚推理（PRI）の間にも差があった。単純な視覚情報を素早く正確に読み込む，順に処理する（識別する）能力，視覚的短期記憶，注意，視覚と運動の協応などが相対的に弱い。一方，WMIが相対的に高めで，情報を記憶に一時的に留め，その記憶を使って何らかの心的作業や操作を行い，結果を算出する能力，注意，集中，メンタルコントロール，推論は強みと言える。また，WMIは刺激が聴覚提示されることから聴覚処理も関与すると考えられる。視覚処理にくらべ，聴覚処理に強みがあることは，面接で語られた「話を聞くことが中心の授業は得意」といった経験とも一致するものである。

3.5. 追加の検査

聴き取りとここまでの検査結果から，レポート作成における困難は，視覚的処理，視覚的注意，音韻処理の影響を受けた読字障害からくる読み困難の影響が大きいと考えられる。注意機能に関しては，視覚的注意には弱さがあり，聴覚的注意は強みであるとの仮説が立てられた。注意機能のどの側面にどの程度の弱さがあるか，読字困難への影響を評価する上でより詳しい情報が必要である。そこで，注意機能をさらに詳しく検討するために追加の検査を実施することにした。具体的には，注意機能をADHDの症状に関する自己評価から検討するためにCAARSを実施する。また，視覚的注意と聴覚的注意を対比させて検討するために，コンピュータを用いて注意機能を評価する持続遂行課題の一種であるIVA-CPT（p.43）を実施する。

メンタルヘルスやパーソナリティに関しては，友人も多く，単位取得以外に目立った困りごとはない様子であったために追加検査は実施しない。CAARSにはメンタルヘルスに関係する指標もあることから，そちらで様子を見ることにした。結果は表3-9，表3-10にまとめた。

3.6. CAARSの結果の解釈

CAARSは，ADHD症状に関する質問紙である。T得点（平均値＝50，SD=10）が65を

表3-9　CAARS

下位尺度	T	ガイドライン
不注意／記憶の問題	62	平均を上回る
多動性／落ち着きのなさ	46	
衝動性／情緒不安定	37	
自己概念の問題	60	平均をやや上回る
DSM-Ⅳ　不注意型症状	59	平均をやや上回る
DSM-Ⅳ　多動性-衝動性型症状	46	
DSM-Ⅳ　総合ADHD症状	53	
ADHD指標	53	

表3-10　IVA-CPT

指標	指数	指標	指数
反応制御指数	117	注意指数	82
聴覚反応制御指数	118	聴覚注意指数	107
慎重さ	101	注意の持続	108
一貫性	106	集中力	99
持久力	131	反応速度	106
視覚反応制御指数	113	視覚注意指数	62
慎重さ	96	注意の持続	78
一貫性	81	集中力	71
持久力	148	反応速度	79

超えるものがないため，臨床的に顕著な症状はないと言える（表 3-9）。その中でも，「不注意／記憶の問題」は平均を上回り，DSM-Ⅳ不注意型症状は平均をやや上回る。「自己概念の問題」も平均をやや上回り，これは，人付き合いがへた，自尊心が低い，自信がない傾向を表す。対人関係は良好であることが語られていることから，自尊心の低さや自信のなさの問題がある可能性を示唆している。

3.7. IVA-CPT の結果の解釈

IVA-CPT は注意と反応制御の機能を，視覚，聴覚と分けて評価できる検査である。国内で標準化されていないが，言語や文化の影響を受けにくい検査であるため，機能障害の傾向を見ることはできる。指数は平均が 100，SD が 15 で，低い値は不注意や衝動性の問題があることを示す。「慎重さ」は衝動性や反応を抑制する力，「一貫性」は一貫して課題に取り組み安定して力を発揮できるかどうか，「持久力」は長時間の課題でも最初と最後で同じように力を発揮できるかどうかを測定している。「注意の持続」は反応すべきときにミスせずに反応できるかどうか，「集中力」は反応速度が安定しているかどうか，「反応速度」は認知的な処理速度の速さを測定している。

結果（表 3-10）を見ると，全体的に反応制御指数より注意指数が低く，聴覚より視覚の指数が低いことがわかる。反応制御指数は視覚，聴覚ともに平均より 1SD 以上高い値で，衝動性の問題はない。注意指数は平均より 1SD 以上低い値で，不注意系の得点のみ平均を上回っていた CAARS の結果と一致する。注意指数の中でも，聴覚関連の指数は平均的な値であるのに対し，視覚注意指数は 2SD 以上低く，かなり弱いことがわかる。

3.8. 総合解釈

本事例におけるレポート作成の困難は，読むことに関する困難さがあるために，多くの文献資料を読まなければならない状況が強いストレッサーとなり，それを避けようとするために生じている状況がうかがえる。読む速度は遅い傾向があり，主に音韻処理の弱さや視覚的注意の弱さが背景要因として考えられる。視覚的注意については，機能障害の程度がより深刻である。複数科目で単位を落としているため，学修面における自信のなさ，自尊心の低下の傾向が見られるものの，友人関係が良好で，全般的には精神的な健康度は高い。

4 アセスメントの実施，心理検査利用上の留意点

心理検査の実施は，心理検査についての専門的訓練を受けた有資格者（公認心理師，臨床心理士，特別支援教育士，臨床発達心理士，学校心理士，言語聴覚士等）が実施することが基本である。これらの有資格者の団体の倫理綱領の中には心理検査の利用に関する内容を含む場合もある。具体的にアセスメントや心理検査に言及している部分を表 3-11 に示す。対象者に説明し同意を得ること，検査等の専門知識を有する人のみが実施すること，検査道具・検査内容等を公開しないことなどが求められている。

表 3-11　倫理綱領における心理的アセスメント，心理検査への言及

日本臨床心理士資格認定協会	臨床心理士は来談者の人権に留意し，査定を強制してはならない。また，その技法をみだりに使用してはならないとともに，査定結果が誤用・悪用されないように配慮を怠ってはならない。さらに，臨床心理士は査定技法の開発，出版，利用の際，その用具や説明書等をみだりに頒布することを慎まなければならない。
日本臨床心理士会	心理査定に用いられる用具類及び解説書の出版，頒布に際しては，その査定法を適切に使用するための専門的知識及び技能を有しない者が入手又は実施することのないよう，十分に留意しなければならない。また，心理査定用具類は，学術上必要な範囲を超えてみだりに開示しない。
特別支援教育士資格認定協会	対象者のアセスメントを行うに際しては，対象者の人権に留意し，アセスメントを行う際に対象者に事前に十分に説明し，理解を得ておかなければならない。なお，対象者が未成年の場合には，その保護者にも説明し，理解を得ておかなければならない。

　また，日本テスト学会（2007）は，心理検査，学力試験から構造化面接なども含む，個人や集団の特性を測定するテスト全般の実施，利用指針であるテスト規準を公開している。上述の倫理綱領で言及されていない留意点として，手順どおりの実施・採点，障害者などへの配慮，拡大解釈の防止，テスト結果が受検者に適切に解釈されるよう努めること，テスト結果の適切な管理，著作権の尊重などが含まれている。

　学生理解の有効な手段である心理検査も，使い方が適切でなければ，好ましくない結果を生じさせることもある。倫理的な留意点等は，専門訓練の中で扱われていることではあるが，実践家として常にこれらを意識するようにしたい。

5　アセスメントの結果のまとめ

　アセスメントの結果のまとめ方は，目的によっても異なる。大学内の支援者がアセスメントの結果をまとめる場合，外部機関等，直接の支援者以外が検査結果をまとめる場合，合理的配慮の根拠資料としてまとめる場合などが考えられる。また，検査結果のまとめを学生本人と共有する際の留意点についても紹介する。

5.1. 大学内の支援者が支援を計画するためにまとめる場合
　支援の計画をたてるために，聴き取りの内容も含めて情報を整理する方法として，高橋（2012）は情報整理シートを提案している。これを参考に，表の一部を改変し，読み書き困難を主訴とする模擬事例を図 3-3 に示す。多くの情報をコンパクトにまとめるとともに，主訴に加え支援に役立つ強みの情報もまとめ，学生の全体像をつかめるようにする。

5.2. 直接の支援者以外が心理検査の結果をまとめる場合
　大学外の医療機関等，直接の支援者以外が検査を依頼されてその結果をまとめる場合は，検査結果の報告書を作成する。形式はさまざまであるが，リヒテンバーガー他（2008）は心理アセスメントの報告書に含まれる要素として，(a) 相談内容（主訴），(b) 背景情報，(c) 行動観察，(d) 検査結果と解釈，(e) 見立てと指針，をあげている。また，報告書は，「検査結果の数値の

情報整理シート

作成者	
作成日	年　　月　　日

対象学生

所属	○○学部	学年	2年		学籍番号	
氏名	Aさん					
連絡先						

主訴

本人が困っていること，支援ニーズ		
単位を複数の科目で落として困っている。とくにレポートが苦手。		
関係者が心配していること		
関係者（所属）	心配の内容	いつごろから
専攻教員	まじめに取り組んでいる様子で，授業への参加態度も良好。GPAが低いことを心配しているが，成績が伴わない理由がわからない。	入学時から

問題の経過

現在の問題について，いつごろから・どのような経過をたどってきたか・本人はどうとらえているか

話を聞くことが中心の授業，話し合いの授業などは得意。試験でもあまり困っていない。たくさん資料を読まなければならない授業は苦しい。教科書や参考図書をたくさん読まないとこなせない授業も苦手。専攻内に仲のいい友人は多いので，読んだ内容を教えてもらって，乗り切った授業もあった。本を読むのは昔から苦手。それでも，まじめに授業を聞いていれば，だいたいなんとかなっていた。ただ，模試や入試では国語，英語はいつも時間が足りなかった。長文を後回しにして，それ以外で点数を稼ぐ感じ。大学の英語は，プレゼンとか，レポートとかが中心だったので，大丈夫。書くのもスペルミスとかで，高校時代はよく減点されていたが，大学のレポートは，スペルチェックとかも使えるので，むしろ楽だった。英語のレポート課題は，資料を調べなければならないものもあったけど，YouTubeにその資料に関連した動画があって，それを見てやったので大丈夫だった。

これまで受けてきた診断，支援（教育機関・医療機関）

勉強に関して，すごく困っていたわけではないし，学校で特別な支援を受けたり，医療機関を受診したことはない。

背景情報

出身	
家族	
生育歴・教育歴	親にたずねても，とくに気になることはなかったとのことだった。小さい頃から本は読みたがらなかったようだ。いつもじっとしていなくて，落ち着きがない様子はあったかもしれない。おしゃべりで，相性があまりよくない担任の時には，よく叱られた時期もあったが，相性の良い担任の時には授業中の発言も多くて，褒められていたときもあった。

現在の状態＜●つまずき，○うまくいっている点＞

学習面（単位取得状況，成績）

●多くの文献資料を読みこなさなければならないようなレポートが書けない。
●教科書，参考図書等を読まなければならない授業は，ついていくことに困難を感じる。
○プレゼンテーション重視，話を聞いていれば理解できるような授業の成績は良い。
・資料：成績表

心理・行動面（情緒面，気になる行動パターン，障害理解）

●なぜ読むことがうまくいかないのかと考えると，気持ちが落ち込むことがある。
●資料をたくさん読まなければならないレポートがあると，先延ばしにしたり，ゲームやインターネットに走ってしまうことがある。結局間に合わなくて，自己嫌悪に陥る。
○基本的には前向きで，いろいろな事に興味を持っている。

社会面（対人関係，コミュニケーションスキル）

●
○社交的で，専攻内で仲の良い友人も多い。

図 3-3　情報整理シートの利用例（模擬事例）

生活・健康面（身体的精神的症状，生活リズム，生活環境）

●資料をたくさん読まなければならないレポートがあると，関係ないことをやってなかなか進まないので，夜遅くなり，睡眠不足で次の日の授業を欠席することもある。学期末は生活が乱れがち。 ○課題等がなければ，おおむね健康的な生活。

進路面（将来の希望，準備状況）

・現時点では，まだ具体的に考えていない。

社会的資源（現在の支援者と支援の状況）

教員（担任・指導教員・その他） 専攻の学生担当教員：B 先生（学生との個別面接の中で学修面の困難について話を聴いた。学生相談室を紹介）
学生支援窓口（学生課）
障害学生支援室 コーディネーター：C（カウンセラーと情報共有。学生に支援技術の紹介と利用法の練習。文章を読まなければならないような試験がありそうな場合は，正式に合理的配慮として試験時間延長を申請することを提案）
学修支援センター
学生相談室 カウンセラー：D（困難の状況と背景要因を理解するためにアセスメントを実施。学生の同意を得て，情報を障害学生支援室のコーディネーターと共有。支援技術の紹介を依頼。長文を読むことが求められる試験では，合理的配慮の申請について検討）
保健管理センター・保健室
就職関係職員
友人（専門分野・課外活動）
学外専門機関
家族
他

個人特性

得意なこと，強み	苦手なこと，弱さ
・聴覚的注意 ・聴覚的ワーキングメモリー ・友人関係が良好 ・全般的な精神的健康度の高さ	・読字の遅さ ・音韻処理の弱さ ・視覚的注意の弱さ ・自信のなさ ・自尊心の低下
実施した検査	
RaWF，RaWSN，WAIS- IV，CAARS，IVA-CPT	

表の枠組みは，高橋（2012）を参考に一部改変

図 3-3　情報整理シートの利用例（模擬事例）（続き）

羅列にならないように」と述べている。必要なのは，受検者の知的，あるいは学力的な機能において，その数値がどのような意味を持つかの記載である。

　相談内容に基づいた指針については，外部機関だと授業等に関する詳細な状況がわからないため，十分に記載できない場合もある。特定の授業に対する具体的な配慮に関する判断は大学に委ねるほうが現実的である。例えば，「試験時間延長（1.3 倍）」といっても，試験の形式が選択式か論述試験かによって，それが妥当かどうか異なってくる。もちろん，学生から授業や試験に関する情報を得て，学生が希望する配慮内容が機能障害の状態に照らして妥当であると考えれば，それを記載することは問題ない。検査を依頼した大学の側でも，報告書に記載された意見のとお

り配慮を実施するということでなく，あらためて配慮内容の妥当性を判断するようにする。

5.3. 合理的配慮の根拠資料としてまとめる場合

　合理的配慮（第4章で詳述）の根拠資料としてアセスメントの結果をまとめる場合は，汎用的な報告書とは形式が少し異なってくる。含まれるべき要素は，（a）活動制限，機能障害の根拠，（b）活動制限や機能障害の学修への具体的な影響，（c）これまで受けた支援や配慮とその結果，（d）求める合理的配慮と機能障害との論理的関係の4点である。

　読み書き困難の場合，（a）には，読み書きの検査結果と，それに直接影響を及ぼす機能障害の検査結果を記載する。医学的診断は，その診断の内容が読み書きに直接影響するものであれば根拠のひとつになるが，診断名だけでは機能障害の程度，読み書きへの影響の程度はわからない。それらを客観的に示す指標としての検査結果が情報として含まれていないと，求める合理的配慮の妥当性を判断できない場合も多い。

　根拠資料としてどの程度詳しい検査情報を含むかは，各大学等で求める根拠資料の水準，求める配慮の内容によっても異なってくる。例えば，授業に関する配慮で，担当教員の負担が小さく，公平性の問題もなければ，詳しい検査結果や診断書等を必要としない場合が多いだろう。一方，実習，試験，単位認定に関する配慮の場合，より明確な根拠を必要とすることが多い。

5.4. 検査結果の共有

　心理検査の結果は可能な限り学生と共有する。その際，標準得点等の数値の意味をわかりやすく説明するとともに，心理学や医学に関する専門用語をできるだけ日常的な言葉に置き換えて説明する。対象学生の日常的な行動との関連について説明し，検査結果が学生自身の経験と結びつくことが，自己理解の深化につながる。また，検査結果を通した自己理解は，一回の説明で終わるものではない。継続的な相談を行う状況であれば，検査結果に関連するような場面があるたびに言及する。

> 学生　：実験の授業で，チェックしなければならない数値がたくさんあって，どうしても見落としが出てくるんですよ。
> 支援者：前に検査で，視覚的なワーキングメモリーが少し弱いとか，視覚的に一度に扱える情報の量が少ないとか，視覚的情報に関して不注意が多いって結果があったのを覚えていますか。今回の実験の授業でも，そこが影響しているかもしれませんね。
> 学生　：そうですね。データをチェックするときは，同じグループの人にも協力してもらうようにしようかな。

　このやりとりの例のように，専門用語も併用しながら，なぜそのような困難が生じたかを一緒に考える。こういった経験を通して，学生が自分の困難の背景について理解を深めていくことで，次に同様の困難が生じた際に，自分でその背景を考えたり，それをふまえて対応策を考えたりすることができるようになっていく。

◆引用文献

Bush, S. S., Ruff, R. M., Tröster, A. I., Barth, J. T., Koffler, S. P., Pliskin, N. H., Reynolds, C. R., & Silver, C. H. (2005) Symptom validity assessment: Practice issues and medical necessity NAN policy & planning committee. *Archives of Clinical Neuropsychology: The Official Journal of the National Academy of Neuropsychologists*, **20**, 419-426.

Chafetz, M. & Underhill, J. G. (2013) Estimated costs of malingered disability. *Archives of Clinical Neuropsychology: The Official Journal of the National Academy of Neuropsychologists*, **28**, 633-9 .

Harrison, A.G. (2006) Adults faking ADHD: You must be kidding! *ADHD Report*, **14**, 1-7.

Heilbronner, R. L., Sweet, J. J., Morgan, J. E., Larrabee, G. J., Millis, S. R., & Conference Participants (2009) American Academy of Clinical Neuropsychology Consensus Conference Statement on the neuropsychological assessment of effort, response bias, and malingering. *The Clinical Neuropsychologist*, **23**, 1093-1129.

Joint Council for Qualifications (2021) Adjustments for candidates with disabilities and learning difficulties: Access arrangements and reasonable adjustments. [https://www.jcq.org.uk/wp-content/uploads/2020/08/AA-regs-2020-2021-version-for-website.pdf] (2021 年 12 月 27 日)

Kaufman, A. S., Kaufman, N. L., & 日本版 KABC-II 制作委員会（2013）日本版 KABC-II. 丸善出版.

Lewandowski, L. J., Lovett, B. J., Codding, R. S., & Gordon, M. (2008) Symptoms of ADHD and academic concerns in college students with and without ADHD diagnoses. *Journal of Attention Disorders*, **12**, 156-161.

リヒテンバーガー, E. O., マザー, N., カウフマン, N. L., & カウフマン, A. S.（著）上野一彦・染木史緒（監訳）（2008）エッセンシャルズ 心理アセスメントレポートの書き方. 日本文化科学社.

MMPI 新日本版研究会（1993）新日本版 MMPI マニュアル. 三京房.

日本テスト学会（2007）テスト・スタンダード——日本のテストの将来に向けて. 金子書房.（日本テスト学会のホームページでも公開 [http://www.jartest.jp/test_basic_articles.html]）

世界保健機関（WHO）（2001）ICF 国際生活機能分類——国際障害分類改訂版. 中央法規.

高橋知音（2012）発達障害のある大学生のキャンパスライフサポートブック. 学研教育出版.

第4章 読み書き困難のある大学生への支援

　読み書き困難のある大学生への支援は，読み書きの中でも困難が目立つ部分（読字，読解，書字・綴字，作文），読み書き困難によって制約を受けている場面（試験，論文作成，ノートテイクなど），読み書きに影響を与えている要因（機能障害，個人因子，環境因子），そして困難，制約，機能障害の程度やその他の要因の状態によっても異なってくる。

　支援において変化させる対象を，環境か個人かという視点で考えると，所属する環境でやっていけるように，スキル・能力を高めたり，機能障害があってもやれる方略を習得したり，道具を使って補助したりするという考え方は，個人に焦点をあてた支援である（図4-1）。一方，個人を変えずに環境を変えることで困難を低減しようとする考え方もある。一般的な用語で言えば環境調整だが，機能障害のある人にとって社会的障壁となっている状況を変更・調整することは合理的配慮と呼ぶ。障害の根拠が示され，障害のある学生から合理的配慮を求める意思表明があれば，大学は合理的配慮提供の義務を負う。明確に障害があるということが示されなくても，教員にとって負担がなく，他の学生との公平性の問題が生じないような変更・調整なら，教育的対応として提供することもできる。体調不良との連絡を受けて，レポートの締め切りを延長するような対応である。

　本章では，最初に機能障害や読み書き困難の状態をふまえた支援について，続いて合理的配慮の考え方について述べる。そして，なんらかの障害がある場合に求められるカウンセリング的対応についても説明する。最後に，第3章で紹介した模擬事例における，支援の具体例を紹介する。

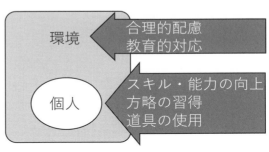

図4-1　支援の種類

1　機能障害（健康状態）をふまえた支援

　ここでは，読み書きに影響を与える要因に応じてどのような支援が考えられるか紹介する。表3-1（p.32）で示した機能（機能障害，健康状態，疾患）のまとめと対応させながら表4-1を見てほしい。ここにあげた支援がすべてではないし，表の該当欄に記載がないからやらなくてよいということでもない。アセスメントの結果，特定の機能障害が読み書き困難の主要な影響因であることが示されたときに，効果が期待できる支援をまとめたものである。実際の支援場面では，「AならB」と単純に決められないことのほうが多いが，支援内容を考える手がかりとして

表 4-1　読み書き困難に影響を及ぼす機能（障害）と支援

関連機能等		読字	読解	書字（綴字，ノートテイク）	作文（レポート，論文作成）
全般的認知機能	全般的能力 / 遂行（実行）機能	コンセプトマップ等[1]，読解方略，電子辞書，電子書籍（辞書機能），試験時間延長，レポート提出期限延長		PC（ワープロ）の使用，音声入力，試験時間延長，ひらがな解答許可，板書撮影許可，授業資料の提供，録音許可，スマートペン	コンセプトマップ等，レポート・論文の書き方，ライティング・センター，校正の仕方，校正ツール，試験時間延長，レポート提出期限延長，時間管理指導
	注意	試験中の休憩，別室受験，ホワイトノイズ・マシン，マインドフルネス瞑想，ノイズキャンセリング機器，環境調整		校正ツール，スペルチェッカー，録音許可，スマートペン，試験中の休憩，別室受験，ひらがな解答許可，ホワイトノイズ・マシン，マインドフルネス瞑想，ノイズキャンセリング機器，環境調整	
言語系	文字・単語レベル	読み上げ，電子書籍，資料の電子ファイル提供，印刷物の電子ファイル化（読み上げツール）		PC（ワープロ）の使用，板書撮影許可，授業資料の提供，録音許可，スマートペン，ひらがな解答許可	
	文レベル		読解方略，コンセプトマップ等，図の利用		コンセプトマップ等，レポート・論文の書き方，校正の仕方，校正ツール（文法，表記のチェック機能），ライティング・センター
視覚系	視機能 / 視覚認知 / 視覚障害等	カラー・フィルター等[2]，サングラス，画面の調整，読み上げ機能，文字サイズ・フォントの調整		画面の調整，サングラスの使用，板書撮影許可，授業資料の提供，録音許可，スマートペン	
聴覚系				板書撮影許可，授業資料の提供，録音許可，スマートペン	
運動系	感覚入力 / 運動制御			PC（ワープロ）の使用，音声入力，試験時間延長，板書撮影許可，授業資料の提供，録音許可，スマートペン	
ASD 関連		カラー・フィルター等，サングラス，画面の調整	読解方略，コンセプトマップ等，図の利用		具体的な課題の設定，レポート・論文のひな形提示，レポート・論文作成の具体的ステップの提示，ライティング・センター
脳損傷		カラー・フィルター等，サングラス，画面の調整，ホワイトノイズ・マシン	読解方略，コンセプトマップ等，図の利用，ノイズキャンセリング機器	画面の調整，サングラスの使用，板書撮影許可，授業資料の提供	コンセプトマップ等，レポート・論文の書き方，校正の仕方，校正ツール（文法，表記のチェック機能），ノイズキャンセリング機器，時間管理指導，ライティング・センター

1）コンセプトマップ等：コンセプトマップやマインドマップなど，概念やアイディアを図式化するツール
2）カラー・フィルター等：カラー・フィルター，リーディング・ルーラー，アーレン・レンズ等，色つきのシートやレンズを通すことで見え方を調整するツール

ほしい。

1.1. 全般的能力と遂行（実行）機能

　全般的能力と遂行（実行）機能には，全般的知的能力や，その下位概念であり流動性知能と関連が強い推論能力，結晶性知能と関連が強い知識や長期記憶，認知機能全般に影響を及ぼす処理

速度，ワーキングメモリー，メタ認知能力，プランニング能力などが含まれる。また，文章作成の根幹となる，アイディアを生成する能力も含まれる。

1.1.1. 読字・読解

読字・読解において，漢字や言葉の知識不足が読み速度に影響している場合，単語の意味が素早くわかるような方法を考える。単語の意味を調べることに手間がかかると，文章全体の意味がとらえにくくなる。漢字の場合，読み方がわからないと意味を調べられないこともあるため，手書き入力で検索が可能な電子辞書があると便利である。

普及が進みつつある電子書籍には，辞書機能が使えるものもあり，わからない単語を選択するとすぐに意味が示される。学修に必要な資料が電子書籍として利用可能なら，電子書籍の利用を勧めるとよい。図書館で電子書籍が利用できる大学も増えている（2019年度実績で電子書籍が利用できる割合は大学全体で58.2％，国立大学は96.5％；文部科学省令和2年度学術情報基盤実態調査）。図書館における電子書籍の導入は，学修，研究環境の充実だけでなく，障害学生支援の視点でも有意義である。

読解に弱さがある場合は，読解方略，文章の読み方の指導が有効な場合もある。例えば，文章における重要なポイントの見つけ方，アンダーラインや付箋の活用法，メモを取りながら読む方法，そして読み取った内容をコンセプトマップやマインドマップなどの手法で視覚化，整理する方法などである。専門分野に固有の文章スタイルなどがあれば，それを具体的に教える。例えば，専門分野の論文は一定の形式に則って記述される場合が多いことから，形式を理解すればかなり効率的に必要な情報が得られる。

読むことに苦手意識がある人にとっては，訓練して読み速度の向上を目指すというより，読むことに関する負担をできるだけ小さくして，必要な情報を効率的に得る方法を考えるほうが生産的である。

1.1.2. 書字（綴字，ノートテイク）

日本語では，漢字の書字困難が多いが，高等教育では初等・中等教育と異なり，漢字の習得自体が学修の目標となるケースは少ないと思われる。そのため，「漢字は書けなくてもよい」くらいの割り切りが必要な場合もあるだろう。パソコンのワープロソフトを使用すれば，漢字が書けなくても文章を作成できる。ただし，スムーズな入力ができるよう，キーボードのタイピングを練習することは必要である。

試験では，解答欄に記入するような形式ならひらがなでの解答を認める，論述試験であればパソコンの使用許可などの配慮も考えられる。試験において全般的処理速度の問題があるようなら，試験時間延長も配慮の候補となる。ただし，書字の遅さがある場合，手書きの際に負担が大きく，結果として文章の質が影響を受ける可能性がある（Connelly et al., 2005）。タイピングに習熟しているのであれば，時間延長よりパソコン解答のほうが（もしくは，パソコン解答＋時間延長），能力評価という点では妥当な配慮と言える。

書字関連では，全般的能力の中でも処理速度やワーキングメモリーの弱さがノートテイクの困

難を生じさせる。支援としては，授業形態，学生の希望なども考慮し，板書撮影許可，授業資料の提供，録音許可，スマートペン（録音機能や，筆記内容を電子ファイル化する機能があるペン）の利用を検討する。パソコンでのノートテイクを認めるという配慮もある。障害の有無にかかわらず，特に禁止していることもなければ，特別に認めるかどうかという判断も必要ない。ただし，パソコンによるノートテイクは，手書きのノートに比べると成績にマイナスの影響があるという点にも留意する必要がある（Allen et al., 2020）。

1.1.3. 作文（レポート，論文作成）

　書くべき内容が思い浮かばない，考えられないということが文章を書けない理由である場合，コンセプトマップ，マインドマップ等のツールで，テーマに関連するキーワードを視覚化，整理することは助けになるだろう。その上で，アイディアを文章化する方法については，レポート・論文の書き方に関するワークショップ，書籍などを紹介する。さらに支援が必要な場合，個別指導が可能な学修支援センター，ライティング・センター等があればその利用を勧める。

　プランニングや時間管理の問題によって，レポートや論文作成がうまく進まない場合は，レポート提出期限の延長や，時間管理やタスク管理の方法を指導する。

1.2. 注意機能

　注意機能とその障害には，不注意や，注意の切り替え，持続的注意，選択的注意の弱さなどが含まれる。機能の弱さが，視覚的注意と聴覚的注意で差がある場合もある。また，遂行（実行）機能とも密接に関係しており，ADHD のある学生では，注意機能と遂行（実行）機能の両方で弱さがある場合も多い。

1.2.1. 読字・読解

　注意の持続に問題がある場合，つまり気が散りやすく読むことに集中するのが難しい場合は，まず環境調整によって少しでも集中しやすい場所，状況を見つけるようにする。例えば，学修に取り組む場所を決め，その周囲にはできるだけ余計なものを置かない，自室以外で集中しやすい場所（図書館，カフェなど）があるなら積極的にそこを利用する，などが考えられる。雑音があると気が散りやすい場合は，ノイズキャンセリング機器（イヤフォン，ヘッドフォン），イヤーマフ（防音を目的とした耳を覆う道具），耳栓を利用することが有効な場合もある。逆に，何らかの音があることで集中が高まる場合もある。特定の音楽を聴くことで集中できるのであれば利用すればよい。また，ホワイトノイズが ADHD のある子どもの機能を向上させるという報告もある（Baijot et al., 2016; Helps et al., 2014）。ホワイトノイズを発生させることで集中力を高めるホワイトノイズ・マシンという機器もある。動画サイトにおいてもホワイトノイズを流し続けるような動画がある。何が効果的かは個人によっても異なるので，いろいろ試した上で効果があるなら利用するとよい。

　注意の持続に困難があって試験で力が発揮できないということであれば，試験中に休憩を取ることの許可，別室受験なども配慮として検討する。ただし，別室受験は，人によっては成績を低

下させる場合もある点に注意が必要である（高橋, 2022）。

ADHD の診断があれば，医師と相談して薬物療法が用いられる場合もある。ADHD と読み障害が併存する子どもでは，読み書きの成績に及ぼす薬物療法の効果は一貫しておらず，限定的である。書字に関しては有意な改善，読字関連では一部の指標で有意な改善の報告がある一方，スペリングや読解では有意な改善は見られない（Froehlich et al., 2018）。読み書きへの影響因としての注意機能の障害が改善されることはあっても，読み書きの言語系認知機能への直接的な効果はあまりないと考えられる。

マインドフルネス瞑想やヨガが ADHD の症状を改善するとの報告もある（Chimiklis et al., 2018; Oliva et al., 2021; Poissant et al., 2019）。マインドフルネス瞑想は指導を受けてやり方を習得すれば日常的に自分で実施することも可能であり，コストもかからない。こちらも，言語認知機能への直接的な効果はないかもしれないが，注意機能の問題が学修にマイナスの影響を及ぼしている場合は，支援の選択肢として検討するとよいだろう。

1.2.2. 書字・作文

注意機能の弱さが書くこと全般に影響している場合の対応は，読字・読解で述べたことと同様である。それに加えて，書くことに特化して見られる影響として，誤字・脱字，スペルミスの多さなどがあげられる。ワープロソフトの校正ツールを積極的に使うことで，表記上の単純ミスの多くを修正することができる。試験においても，手書きにおけるそういった単純ミスが評価に影響を及ぼすようなら，校正ツールを含めたパソコン使用による解答を認める配慮を行う。

聴覚的注意の弱さや，注意資源の配分に問題がある場合，ノートテイクがうまくいかない。そのような場合は，本章 1.1.2.「書字（綴字，ノートテイク）」（pp.59-60）に示したノートテイクの配慮を行う。

1.3. 言語系：文字・単語レベル

文字・単語レベルの言語系の機能には音韻処理，デコーディング，正書法知識（言葉を正しく表記する方法の知識），単語レベルの意味処理，語彙などが含まれる。正書法知識は，全般的能力の中の「知識」とも関連するが，一般的な学習能力や知識量に問題がないにもかかわらず，言語に特化して弱さが見られる場合もある。文字・単語レベルの言語系の機能の弱さは，ディスレクシアの中核的な機能障害であると考えられている。

ディスレクシアと注意機能，視覚系，運動系の問題が複合的に存在するケースもある。行動面を見ると，読字・書字の正確さと流暢さに問題があるという点は共通しているが，ミスのパターンには違いも見られる。子どもを対象に機能の向上を目指す訓練を実施する場合などは，背景要因をある程度特定しないと的外れな支援になる。

大学生の場合は，機能向上ではなく，機能障害がある状況でいかに学修を成立させるかが支援の主眼となるため，子どもほど詳細な要因検討は必要ないかもしれない。しかし，注意機能や視覚系の問題では，それぞれに特徴的な支援法もあることから，やはり背景要因を検討することは必要である。

1.3.1. 読字・読解

　文字を言語音声と結びつけるデコーディングの正確さと流暢性に機能障害があるディスレクシアでは，学齢期を対象にした読みへの介入プログラムが開発され，有効性の根拠も示されている。しかし，成人期では介入効果は限定的とされている（Fletcher et al., 2019）。そのため，ディスレクシアによる読字の流暢さと正確さに困難がある場合，訓練等によりこれを改善させるのではなく，読字困難の学修への影響を最小限にする方法を考える。

　デコーディングの機能障害を中心とした純粋なディスレクシアの場合（文レベルの処理の機能障害がない場合），言語理解能力には問題がない。そのため，文字を音声化して聴覚的な情報として提示すれば理解できる。具体的には，パソコン，スマホ，タブレット端末等の読み上げ機能を利用する。電子書籍はもちろん，ウェブページの情報に加え，スキャンしたり写真撮影した印刷物を読み上げることもできる。

　紙の書籍の場合，裁断してスキャンするという方法もあるが，裁断しなくても効率的に電子ファイル化できるブックスキャナーも支援に有効なツールである。

　紙媒体で，量がそれほど多くない場合は，ウェブサイト経由で写真撮影した文字情報を音読するサービスも便利である。これは，スマホでも使えるので，気軽に利用できる。

　試験中に初見の文章を多く読まなければならないような場合，音声化ツールの使用を許可するだけでなく，試験時間延長もあわせて必要となることもあるだろう。また，レポート課題等でも多くの文献資料を読む必要がある場合には，資料の読解に時間がかかることも考慮に入れて，提出期限の延長が必要であれば認めるようにする。

1.3.2. 書字・作文

　言語的機能の障害が文字・単語レベルの書字困難として顕著にあらわれるのは，アルファベット言語圏ではスペリング（綴字）の問題である。日本語の場合は，漢字がそれに相当すると考えられる。

　漢字やスペリングの習得が大学での学修の目的となるケースはほとんどない。よって，テストではスペルミスや漢字の間違いを減点の対象としない，ひらがなでの解答を認める，まとまった文章を書く試験では，パソコンの使用を認めるといった配慮が考えられる。授業では，ノートテイクに影響が出ている場合，本章 1.1.2.「書字（綴字，ノートテイク）」（pp.59-60）に示したノートテイクの配慮を行う。

1.4. 言語系：文レベル

　文レベルの言語系の機能障害があると，複雑な構造の文を正確に理解することや，文法規則に則って正しい文を構成することが難しくなる。また，語用論障害では，個々の文レベルの理解が正しくても，社会的文脈中での適切な理解，表出に困難が見られ，コミュニケーションに制限が生じる。

　読解においては，文レベルの言語系機能障害がある場合，文字・単語レベルの機能障害のみの場合と異なり，音声化しても困難が解消しない。

言語能力全般の弱さがあっても，知能を含む全般的能力が低いとは限らず，視覚的な判断力や運動技能，芸術的能力等で高い能力を発揮する場合もある。一般的に学修は言語を手段として行われることが多いことから，言語機能に弱さがあると，全般的能力が過小評価されがちである。過去の学校での経験を通して，否定的な自己概念が形成されている可能性もあるため，アセスメントを通して強みを見つけることも，将来を見据えた重要な支援となる。

1.4.1. 読解

専門領域にもよるが，文献以外から学べる手段があればそれらを積極的に利用する。例えば，図が多い解説書，動画資料などである。文献を読む際も，コンセプトマップ，マインドマップ等，読んだ内容を図にすることで，読解の困難さをある程度補うことができる。なんらかのスキルを習得するような授業の場合，マニュアルを読んで理解するよりは，実技を通して経験を積むようなやり方のほうが効果的である。

1.4.2. 作文

レポート，論文を作成する際も，文章化する前に考えを図にまとめることで，書くべき内容を整理する。ワープロソフトやGoogleのサービスには，校正ツールも含まれていて，文法上の誤りについて指摘し，正しい表記の候補を提案してくれる機能もある。こういったツールの使い方を指導するとともに，試験等でもそういったツールの使用を認めるようにする。また，ライティング・センター等におけるレポート，論文作成支援，文章校閲の支援が学内で提供されているようであれば，それらの利用を勧める。

1.5. 視覚系

視覚系の機能障害のうち，盲，弱視，ロービジョンのある学生への支援については，視覚障害のある学生への支援についての資料（竹田, 2018; 日本学生支援機構, 2018）なども参考にしてほしい。

大学入学まで，視覚機能の障害に関して特に困っていなかった場合でも，大学入学後に読み書きへの影響が出ることもある。眼球運動，両眼視，調節（焦点合わせ），輻輳，コントラスト感度（グレア視力），視力，視野といった視機能の障害，より高次の脳の機能に関する視覚処理障害，視空間認知，視知覚，視覚的注意，視覚的記憶に関する機能障害などが，読み書きに影響する可能性がある。また，眼科疾患として確立していないものの，光の感受性障害，アーレンシンドロームなどと呼ばれる状態も学修に影響を及ぼす。

視覚系の機能障害が影響するのは読字，書字レベルで，読解や作文に直接影響するわけではない。ただし，読字や書字の負担が大きければ，それらが認知的資源を多く消費することで，結果として読解や作文が影響を受けることはある。

1.5.1. 読字

視覚系の機能障害がある場合に有効な支援として，カラー・フィルター，リーディング・ルー

ラー等の利用があげられる。印刷物の紙面に，色のついた透明シートをあてることで，読みやすくなるという道具であり，読んでいる場所をわかりやすくするために線が入ったものや，数行のみが見えるよう透明部分がスリット状になったものもある。第3章で述べたようにその効果に関しては否定的な研究結果も示されているが（Griffiths et al., 2016），有効だとする最近の研究もある（Stein, 2019）。これらの道具は比較的安価であることから，試してみて読みやすい，疲れにくいと感じるのであれば，使ってもよいのではないだろうか。

　近年はディスプレイ画面上で文字を読む機会も多いことから，画面の明るさ，色合い等を，見やすく疲れにくいものに調整することは，費用もかからず，すぐにできる工夫である。

　見る対象を問わずに光の状態をコントロールするための補助具として，ブルーライト・カットのサングラスやカラー・レンズ（アーレンシンドロームに関連してアーレン・レンズと呼ばれるものもある）等も市販されている。必要に応じて，眼科医に相談するとよいだろう。

　本章1.3.1.「読字・読解」（p.62）で紹介した読み上げ機能の利用や，試験，レポート等における配慮は，視覚系の機能障害がある学生にも有効である。

1.5.2. 書字

　書字の場合，カラー・フィルターは利用できないため，光の感受性に関連する困難がある場合は，カラー・レンズ等の利用を検討する。第2章で紹介したように，国内でも遮光眼鏡が書字を改善した事例が報告されている（田中他, 2011）。ノートテイクでは，文字を書くことだけでなく，書き写すべき情報を見ることも含まれる。視線移動を伴うことから，視機能の障害の影響を受けやすい活動である。支援としては，本章1.1.2.「書字（綴字，ノートテイク）」（pp.59-60）に示したノートテイクの配慮を行う。

1.6. 聴覚系

　大学で聴覚系の機能障害が読み書きに影響を及ぼす場面として，ノートテイクの困難があげられる。支援としては，本章1.1.2.「書字（綴字，ノートテイク）」（pp.59-60）に示したノートテイクの配慮を行う。

1.7. 運動系

　運動系の機能障害はスムーズでコントロールされた動作に影響を及ぼす，固有覚，位置覚，運動覚，触覚といった感覚入力系の問題と，筋緊張の弱さ，運動企図，微細運動，協調運動，視覚・運動の統合，筆圧のコントロールといった運動出力系の問題を含む。

　運動系の機能障害は主に書字に影響を与える。ノートテイクへの支援は本章1.1.2.「書字（綴字，ノートテイク）」（pp.59-60）に示したような配慮を行う。試験では，時間延長に加え，解答欄に記入するような試験の場合，解答欄を大きくする，論述試験の場合はパソコンでの解答を認める等が考えられる。タイピングにも制限がある場合は，音声入力機能を用いたパソコン解答を検討する。近年，特別なアプリ，ソフトウエアを使わなくても，Windows®, iOS, MacOS, Google, Android など，一般的な OS やオンラインサービスで気軽に音声入力ができるよう

になった。使い勝手や変換の正確さなどを比較し，使いやすいものの使用を認めるようにする。音声入力は，レポート作成にも使うよう勧めるとよいだろう。試験に関する配慮では，口述試験への変更という選択肢もある。

1.8. ASD 関連

ASD の主な症状に読み書き困難は含まれないが，ASD の中核的な機能障害は読み書きのさまざまな側面に影響を与える。「心の理論」障害，弱い全体的（中枢性）統合，社会常識の理解の弱さ，読み手のニーズの理解の弱さなどは，読解や作文に影響を与える。また，視覚過敏がある場合は視覚系の機能障害と同様の困難を生じさせる可能性がある。

1.8.1. 読字

視覚過敏が読字困難を生じさせている場合は，本章 1.5.1.「読字」（pp.63-64）と同様の支援を検討する。

1.8.2. 読解

個々の文を読んで理解する能力に問題がなくても，文章の全体的な構成，論理展開の理解，重要なポイントを捉えるのが難しい場合には，読み取った内容をコンセプトマップ，マインドマップなどの手法で図式化すると理解しやすくなる。

ASD のある学生で言語能力が高い人では，論理的な文章や，情報を読み取るような文章を読むことが得意な場合も多い。一方，読み取った内容から社会的な意味を考えたり，文学的な作品を読むことに苦手さがみられることもある。このような文章読解でも図式化の手法が助けになることもあるが，限界もある。

1.8.3. 書字・作文

ASD のある学生で，レポート課題に苦手さがあるケースでは，課題が抽象的で何を書いてよいかわからなくて困っている場合がある。授業担当教員は課題を出す際，求めている内容，形式，評価基準などを可能な限り具体的に提示する。表 4-2 に筆者が実際に授業で示している読書課題の説明を例として掲載した。ここでは，書くべき内容を具体的に示すようにしている。これは，ASD のある学生が受講しているかどうかにかかわらず使用している。学生によっては，必要ない情報かもしれないが，全体に向けて課題の内容を詳しく示すことで，個別対応をする必要性は低下する。

レポートや卒論では，書き方のひな型や例を示すことが有効である。レポート課題は高校時代にあまり経験がないことも多く，大学における一般的なレポートの形式や作成時の留意事項を 1 年生対象の授業で教示することは，多くの学生にとって助けになる。大学での学び方，課題への取り組み方などを初年次教育の中でアカデミック・スキルとして指導することは，多くの大学で取り組まれている。こうした初年次教育で足りない部分を補うのが，学修支援センターやラーニング・センターといった，学修支援施設である。関連の施設で，書くことの支援に特化している

表 4-2　具体的なレポート課題の例

課題図書の第 I 章を読んで，感想を 400 字程度で書いてください。

◆「感想」とは
　読んでいて「初めて知った」「より深く理解することができた」といったことがいくつかあるでしょう。その中でも，「特に考えさせられたこと」「驚いたこと」「意外に思ったこと」「つらい気持ちになったこと」「感心したこと」など，「気持ちの動きがあったこと」を取り上げてもらえるとよいと思います。
　最も印象に残った点をひとつあげることが課題ですが，もちろん複数の点をとりあげてもらってもかまいません。
　どのような点について，どのように感じた（考えた）のか，なぜそのように感じた（考えた）のかを書いてもらえればと思います。さらに，その中で疑問に思ったこと，納得できないと感じたこともあるかもしれません。そういった点を書いてもよいです。

のがライティング・センターで，ASD のある学生にとってもこれらは有効な支援になる。

　学問領域によっては，実験レポート，卒論など，ある程度形式が決まっていたり，その学問領域における書き方のルールがある場合もあるだろう。これらのひな型の提供，指導も，ASD のある学生に限らず必要なことである。

　ASD のある学生では，卒論のような大きな課題になると，どのように進めたらよいか見通しが持ちにくいこともある。そのような場合は，卒論を小さな課題に分割し，それに順次取り組ませるような指導が有効である。

　指導が難しいのは，事実を形式に沿って書くことができても，自分の考えや意見を書くことに困難さがあるケースである。文献資料を読み取った内容や，データを分析した結果をふまえ，何が言えるか，どう考えるか，の部分は課題の本質にあたり，支援者が代わりに行うというわけにはいかない。類似の論文なども参考にしながら，どのような「考え」が求められているか例示する，対話を通してアイディアを出しあってみるなど，ていねいな支援が必要となる。

1.9. 脳損傷

　外傷性脳損傷がどのような機能障害，活動制限につながるかは，損傷部位や程度により異なる。影響が出ている機能によって，これまで述べた方法を参考に支援内容を考える。主に全般的認知機能，視覚系，運動系に影響が出ることが多いことから，表 4-1 ではこれらの機能障害を想定した配慮内容を記載してある。

2　合理的配慮

　これまで示してきた支援の内容には，個人に焦点をあてた支援と，環境を変更・調整する支援の両方が含まれている。環境を変更・調整する支援は，合理的配慮として提供される場合だけでなく，一般的な教育的対応として提供される場合もある。ここでは，合理的配慮と教育的対応の違いを説明するとともに，読み書き困難がある学生への合理的配慮提供において考慮すべき点に

ついて説明する。

2.1. 合理的配慮と教育的対応

合理的配慮と教育的対応にはどのような違いがあるだろうか。それぞれの特徴を表 4-3 にまとめた。

障害者差別解消法によると，「障害者」からの「意思表明」があったときに，「社会的障壁を除去」するよう配慮することが求められている。これが，合理的配慮の提供義務である。学生は，合理的配慮を受けるために大学が定めたきまりに従って手続きを行う必要があるが，要件を満たせば，個々の教員の意向にかかわらず大学として提供義務を負う。

一方，教育的対応では，学生が「障害者」であることを示す必要はない。困っている学生がいて，配慮を求められたときに，教員の裁量で提供する。

授業の本質を損なうようなものでない限り，教員にとって負担にならず，公平性にも問題がなければ，教育的に対応すればよい。逆に言うと，教員や大学にある程度の負担が伴い，公平性の考慮が必要な支援を求められた場合には，合理的配慮としての手続きをふんだほうがよいということになる。

表 4-3　合理的配慮と教育的対応

	合理的配慮	教育的対応
対象	「障害者」である学生	すべての学生
意思表明	必須	原則として必要
実施の可否	要件を満たせば義務	教員の裁量・大学の方針
手続き	ルールに則って手続き必要	教員の判断

2.2. 合理的配慮の内容決定手順と留意事項

文部科学省（2017）の「障害のある学生の修学支援に関する検討会報告（第二次まとめ）」では，合理的配慮の内容決定手順，留意事項として，以下の点をあげている。

- ・障害のある学生から意思の表明がある
- ・根拠資料がある
- ・過重な負担でない
- ・教育の目的・内容・評価の本質（カリキュラムで習得を求めている能力や授業の受講，入学に必要とされる要件）を変えない

これらについて，読み書き困難への支援という文脈で，検討が必要になること，課題となりそうな点をあげる。

2.2.1. 障害のある学生からの意思表明

この項目には 2 つの検討点を含んでいる。ひとつは，学生本人が障害について認識しているかどうかという点で，もうひとつは学生が合理的配慮を提供してほしいと意思表明できるかとい

う点である。

　読み書きに困難があっても，大学入学までに医療機関を受診した経験や特別支援教育を受けた経験がない場合，障害があるという認識は持っていないと考えられる。発達障害のある大学生の中で，大学進学後に診断を受けるケースは少なくない。大学生活のつまずきを感じてから，その背景の読み書き困難が障害に該当する状況にあると気づき，配慮を受ける権利があるという認識に至るまで，かなり時間がかかる場合もある。

　支援，配慮の内容が教育的対応でカバーできる範囲であれば，あえて「障害者」であることを確認する必要はない。しかし，試験場面で能力が適切に評価されていないという状況があれば，障害学生への合理的配慮の枠組みについて学生と共通理解を持った上で，利用を検討する。とりわけ，就職，大学院進学に向け，資格試験，採用試験，大学院入試等で配慮がなければ不利になるということであれば，在学中に合理的配慮を利用する経験は，将来の可能性を広げることにもつながる。

　「意思表明」については，自身の権利主張をあまりしない日本社会全般の傾向もあり，慣れていない学生も多い。また，そもそも合理的配慮の仕組みを知らないという学生もいると思われる。そのような場合，学生との面接において，合理的配慮の制度や学生自身の権利について理解を深めることから始める。

2.2.2. 根拠資料

　その学生が合理的配慮の対象となるのか，どのような合理的配慮が妥当なのかを判断するための材料となるのが，学生の状態や求める配慮を記載した根拠資料である。根拠資料に含まれるべき内容は第3章5.3.「合理的配慮の根拠資料としてまとめる場合」（p.55）に記載した。まず「(a) 活動制限，機能障害の根拠」，すなわち読み書き困難の根拠が必要になる。しかし，それを示すための標準化された検査がないことが課題であった。本書で紹介するRaWFは，大学生の読み書き困難の直接的根拠として利用可能な国内初の検査となる。しかし，読み書きの構成要素のうち作文能力はRaWFで評価できない。そのため，作文に関する困難が中心となる場合，作文に影響を及ぼす認知機能に関する標準化された検査の結果や，本人，支援者の主観的な評価結果から総合的に根拠を準備する。

　次の課題は，診断の扱いである。大学入学共通テストや資格試験等では，配慮申請において診断書の提出が求められる。しかし，読み書きがかなり遅くても，全般的知的能力が平均以上の場合，日常生活で困る場面は少なく，なんらかの診断がつく可能性は低い。そうすると，各種試験で合理的配慮を受けられない。

　海外の根拠資料に関するガイドラインの例を見ると，イギリスの大学入学に必要な試験の配慮（イギリスでは「合理的調整」）では，医学的診断は必須となっていない。読み書きもしくはそれに関連した認知機能のうち，標準化された検査で平均より $1SD$ 低い値に満たないものがひとつでもあれば，配慮が認められる可能性がある。もちろん，それだけで自動的に配慮が受けられるわけではない。検査結果で示された機能障害に関連する，学校場面での学習困難などの状況を合わせて総合的に判断される。

試験等公平性が求められる状況でも，診断なしで合理的配慮が認められるよう，検討が進むことを期待したい。そのためには，検査結果や聴き取りの結果等をまとめ，合理的配慮の妥当性を示す説得力のある根拠資料を作ることができるかどうかが問われるだろう。

2.2.3. 過重な負担

過重な負担の判断基準について，文部科学省は学校法人等に向けた対応指針の中で，考慮すべき要素をあげている。それらをふまえると，事務・事業の目的・内容・機能を損なうレベルの負担，物理的・技術的制約，人的・体制上の制約により実現可能性が低い状況など，大学組織レベルの負担が想定されている。授業担当者が負担に感じるかどうか，ということではない。

本章で示した具体的支援内容の中で，比較的負担が大きいのは，別室受験や試験時間延長である。多くの試験が一斉に行われる試験期間に，多数の学生が別室受験や試験時間延長を希望した場合，試験室，試験監督の確保という物理的制約が生じがちである。授業時間割に沿って試験を実施している場合，学生側でも教員側でも，次の授業があれば，そのまま時間を延長して試験を続けることが難しい。対応方法としては，90分授業なら，すべての学生向けに60分制限の試験を作るという手もある。試験時間5割増まで授業時間内に対応できる。ただし，それでは十分な評価ができない場合は，評価の質を下げて時間を削るべきではない。

試験に関する配慮を利用する学生が多い状況が続くようなら，個別試験室を設定するのが理想的である。例えば，モニター用のカメラをつけた小さな個室が並んだような場所を作り，学期中は学習室として学生が使えるようにしておいて，試験期間は別室受験に利用する。学生の学修環境を充実させつつ，試験の配慮もやりやすくなる。

2.2.4. 教育の目的・内容・本質

授業や評価に関して変更・調整を行う場合，教育の目的・内容・本質を変えずに，いかに社会的障壁を取り除くかということが課題となる。何がどう社会的障壁となっているかは，学生の機能障害の状態と授業形態，評価方法によっても異なってくるので，個別性が高い。また，変更・調整が妥当かどうかの判断のためには，教育の目的・内容・本質が明確でなければならない。この部分は，教員が授業ごとに定め，シラバス等で公開することが求められる。

合理的配慮の内容の決定にあたっては，これらをふまえ，授業担当者，学生，支援担当スタッフが対話を通して合意形成する必要がある。

例えば，漢字やスペリングの習得が授業の本質でないなら，試験で誤字やスペルミスは減点対象としない，ワープロの校正ツールの使用を許可するといった配慮は妥当である。ある概念を記憶し，資料等を見なくても状況に応じて使えるようになることが授業の本質として含まれていれば，試験をレポートに置き換えることは妥当でないかもしれない。

卒業論文では，データを分析した結果から読み取れること，文献資料を読んで自分なりに解釈したり考えたことなどをまとめる必要がある。書き方の指導を丁寧にすることは合理的配慮になると思われるが，何が読み取れるか，どう解釈するかといった部分を免除することはできない。

読み書きの中でも読字や書字の困難は何らかの方法で補ったり，やらないですむ方法を考えた

りできるが，読解や作文の困難では，教育の本質に関わることも多く，合理的配慮による対応が難しくなる場合もある。

3 カウンセリング

　読み書き困難がある場合，困っていることを受け止めて共感したり，否定的な感情を変化させたりするだけでは，問題は解決しない。一方，読み書きの問題への対応だけで，すべてがうまくいくとも限らない。読み書き困難がある大学生では，心理面の問題が併存するケースは少なくないと考えられる。読み書き困難が主訴であったとしても，心理的問題が主訴で背景に読み書き困難がある場合でも，カウンセリングは有効な支援法のひとつである。

3.1. 読み書き困難とメンタルヘルスの問題
　読み書き困難があると，大学での学修はストレスフルなものとなる。苦痛を感じる状況を避けたくなるのは自然なことである。欠席が増える，集中できない，先送りする，課題が締め切りに間に合わない，準備が不十分なまま試験を受ける，といったことから成績が低下し，単位を落とすことも増えるだろう。そうした状況が続けば，気分が落ち込み，さらに大学から足が遠のくことにもつながる。

　読み書き困難や学修の問題が長期間続いている場合，それによって自尊感情，自己効力感が低下し，「自分はダメだ」という否定的な自己イメージが形成される場合もある。全般的能力が高いにもかかわらず，読字，書字に困難がある場合，「自分はもっとできる気がするのに，どうしてうまくいかないのだろう」といった不全感を感じるケースも多い。

　一方，メンタルヘルスの問題が，学修の問題を生じさせることもある。不安が強くて試験で力が発揮できない，気分の落ち込みや学修意欲の低下が学修への取り組みを阻害するといった状況である。

　読み書き困難とメンタルヘルスの問題とどちらが先かといった書き方をしたが，実際には両者がお互いに影響を及ぼし合うということもある。いずれにしても，まずはつらい気持ちを受け止める。そして，ていねいな聴き取りで学生の状態を理解することが第一歩となる。

　学内で学生相談と障害学生支援それぞれの専門スタッフが配置されているようなら，メンタルヘルスの問題への支援と学修支援や合理的配慮に関する支援の担当者を分けることも効果的である。それぞれ焦点をしぼった支援に集中することができる。その際，学生に許可を得た上で，支援者間が情報共有することが必要となる場合もあるだろう。複数の支援者が関わる場合，それぞれの方向性がズレることで学生が混乱する状況は避けなければならない。

3.2. 自己理解
　読み書き困難のある学生のカウンセリングにおいて，自己理解は重要なテーマとなる。ここで言う自己理解には，機能障害とそれが大学生活にどう影響するか，マイナスの影響を減らすためにできること，強みとその活かし方などを含む。

自身の弱み，強み等を理解する上で，検査の結果があれば，より具体的に話ができる。検査結果を通して読字，書字の機能障害がわかると，「うまくいかない理由がはっきりしてほっとした」「努力不足ではないとわかって良かった」という声が聞かれることもある。一方で，「なぜもっと早く気づけなかったのか」「今までの苦労はなんだったんだ」という怒りや悲しみの感情が生じる場合もある。

　こういったさまざまな感情をカウンセラーは受け止めつつ，弱み，苦手さが自分の一部としてあったとしても，それがすべてではないことを伝え，強み，得意なことも含めた自己理解ができるようにする。これが，大学生活をよりよいものにしていくための具体的な対応を考える第一歩となる。

3.3. 周囲との関係とセルフ・アドボカシー

　自己理解に加え，周囲との関係についてもカウンセリングのテーマとなる。障害について周囲に伝えるかどうか，伝えるとしたらどう伝えるかは，重要なテーマである。周囲に知ってもらうことで，自分が受けている合理的配慮について理解が得られやすくなる。外からわかりにくい障害の場合，配慮を受けている学生に気づいた別の学生が不公平感を訴えることもある。正当な理由があることをわかってもらうことで，困っているときにちょっとした配慮をしてくれたり，助けてくれたりすることもあるだろう。

　「障害があって困っている」ということを聞いた多くの学生は，肯定的に受け止め，支援もしてくれる。しかし，一部の学生で，偏見，無理解，心ない言動が見られることもある。障害のある学生にとって，社会的なスティグマ（負の烙印，差別的なネガティブ・イメージ）の問題をどう受け止め，対処していくかを支援者とともに考えることは貴重な経験となる。

　自己理解は，自身の権利主張であるセルフ・アドボカシーの前提条件にもなる。学生の中には，相談すること，支援を受けることに否定的イメージを持っている人もいる。必要な支援を受けることについて遠慮する必要はない。自身の権利を理解し，それを主張することは，卒業後，社会でやっていくためにも重要なスキルである。

3.4. 移行期としての大学時代とカウンセリング

　障害のある多くの学生にとって大学入学は，障害の開示の問題や，支援を受けるかどうかについて，初めて自分で考える機会になる。自分は将来何をやりたいのか，自分の能力を発揮して，充実した生活を送るためにどうしたらよいかについて，時間をかけて考えられるのも大学生ならではである。職業選択においても，障害があることを開示するかしないかは大きな選択となる。このような移行期としての大学時代に，カウンセリングを通して成長することができれば，その成果は読み書き困難のある学生にとって大きな財産となるだろう。

4　支援事例：アセスメント結果に基づいた支援

　アセスメントの結果をもとに，どのように支援の内容を検討するか，第3章で紹介した模擬

事例（pp.47-51）で考えてみよう。

　この事例は，多くの資料を読まなければならないレポート課題への取り組みに困難を感じて，先送りし，締め切りに間に合わずに単位を落とすことで困っているというものだった。友人関係は良好で，インフォーマルな社会的サポートがあり，心理面の健康度は比較的良好である。ただし，学修面での自信のなさや，先延ばししがちな傾向は，なんらかの対応が求められる状況である。これらについては，カウンセリングの利用を提案してみてもよいだろう。

　学修面での支援としては，レポート課題の有無，資料読解の必要性の程度など，履修中の授業の評価方法に関する情報を学生に確認する。課題の内容が明確に示されていない科目は，教員に質問し，レポート課題に関する情報が得られるよう促す。レポート締め切りのタイミングも確認し，資料読解が必要なレポートが複数重なるようであれば，提出期限の延長を合理的配慮として求めることを検討する。

　同時に，資料読解の負担を小さくするための工夫を考える。聴いて理解する力は強みなので，レポート課題や授業に必要な文献資料が，電子書籍，論文の電子ファイルで利用可能かどうか，情報収集する。それらが使えるようであれば，タブレット端末やパソコンの読み上げ機能の利用を提案する。

　集中力の問題もあるので，集中しやすい環境について聴き取り，自室の環境整備や，図書館の利用などを勧める。

　こうした個人でできる工夫によって，文献読解が必要なレポート課題の負担感が軽減するようなら，合理的配慮の申請自体が必要なくなるかもしれない。合理的配慮の申請は，学期末に急に行うことは難しいので，とりあえず申請はしておいて，不要であれば次の学期は申請しないということもできる。

　一方，試験に関しては現時点で困っていないが，今後履修する科目で，試験中に多くの文章を読まなければならないような場合，読むのに時間がかかり，時間が足りなくなる可能性もある。そのような場合は試験時間延長が認められる可能性があるということも伝え，必要があれば，合理的配慮の申請を検討する。

＊　　　　　　　　　　＊

　本章の冒頭に，背景の機能障害と読み書き困難の状態に応じた支援内容の表を提案した（p.58，表4-1）。しかし，実際の支援内容は，マニュアルに沿って決められるものではない。重要なのは，アセスメントを通して支援者が学生を理解し，対話を重ねて学生と共に支援のあり方を考えることである。その対話のプロセスが学生の自己理解を深めることにもなる。目の前の問題解決だけに終わらない，将来に向けた成長につながる支援になることを期待したい。

◆引用文献

Allen, M., LeFebvre, L., LeFebvre, L., & Bourhis, J. (2020) Is the pencil mightier than the keyboard? A meta-analysis comparing the method of notetaking outcomes. *Southern Communication Journal*, 85, 143-154.

Baijot, S., Slama, H., Söderlund, G., Dan, B., Deltenre, P., Colin, C., & Deconinck, N. (2016) Neuropsychological and neurophysiological benefits from white noise in children with and without ADHD. *Behavioral and Brain Functions*, **12**, Article 11.

Chimiklis, A. L., Dahl, V., Spears, A. P., Goss, K., Fogarty, K., & Chacko, A. (2018) Yoga, mindfulness, and meditation interventions for youth with ADHD: Systematic review and meta-analysis. *Journal of Child and Family Studies*, **27**, 3155-3168.

Connelly, V., Dockrell, J. E., & Barnett, J. (2005) The slow handwriting of undergraduate students constrains overall performance in exam essays. *Educational Psychology*, **25**, 99-107.

Fletcher, J. M., Lyon, G. R., Fuchs, L. S., & Barnes, M. A. (2019) *Learning disabilities : From identification to intervention* (2nd ed.). Guilford Press. pp. xiv, 418 p., [414] p. of plates.

Froehlich, T. E., Fogler, J., Barbaresi, W. J., Elsayed, N. A., Evans, S. W., & Chan, E. (2018) Using ADHD medications to treat coexisting ADHD and reading disorders: A systematic review. *Clinical Pharmacology & Therapeutics*, **104**, 619-637.

Griffiths, P. G., Taylor, R. H., Henderson, L. M., & Barrett, B. T. (2016) The effect of coloured overlays and lenses on reading: A systematic review of the literature. *Ophthalmic and Physiological Optics*, **36**, 519-544.

Helps, S. K., Bamford, S., Sonuga-Barke, E. J. S., & Söderlund, G. B. W. (2014) Different effects of adding white noise on cognitive performance of sub-, normal and super-attentive school children. *PLoS ONE*, **9**, 1-10.

文部科学省（2017）障害のある学生の修学支援に関する検討会報告（第二次まとめ）．[https://www.mext.go.jp/b_menu/shingi/chousa/koutou/074/gaiyou/1384405.htm]（2021 年 12 月 27 日）

日本学生支援機構（2018）合理的配慮ハンドブック——障害のある学生を支援する教職員のために．日本学生支援機構．

Oliva, F., Malandrone, F., di Girolamo, G., Mirabella, S., Colombi, N., Carletto, S., & Ostacoli, L. (2021) The efficacy of mindfulness-based interventions in attention-deficit/hyperactivity disorder beyond core symptoms: A systematic review, meta-analysis, and meta-regression. *Journal of Affective Disorders*, **292**, 475-486.

Poissant, H., Mendrek, A., Talbot, N., Khoury, B., & Nolan, J. (2019) Behavioral and cognitive impacts of mindfulness-based interventions on adults with attention-deficit hyperactivity disorder: A systematic review. *Behavioural Neurology*, **4**, 1-16.

Stein, J. (2019) The current status of the magnocellular theory of developmental dyslexia. *Neuropsychologia*, **130**, 66-77.

高橋知音（2022）発達障害のある大学生へのエビデンスに基づいたテスト・アコモデーション．教育心理学年報，**61**．

竹田一則（2018）よくわかる！　大学における障害学生支援——こんなときどうする？　ジアース教育新社．

田中佳子・小林幸子・関 保（2011）書字障害のある発達障害児に対して行ったアプローチ（遮光眼鏡の有効性と連携の必要性）．日本視能訓練士協会誌，**40**，137-144．

┌ 第Ⅱ部 ─────

RaWF（読字・書字課題）・
RaWSN（読み書き支援ニーズ尺度）
マニュアル

第Ⅱ部は RaWF（読字・書字課題）
と RaWSN（読み書き支援ニーズ
尺度）のマニュアルである。実施，
採点，解釈は第5章，第7章に，そ
れぞれの開発に関わる詳しい情報は
第6章，第8章にまとめられてい
る。

第5章 RaWF（読字・書字課題）実施・採点マニュアル

1 RaWF（読字・書字課題）の概要

1.1. RaWF は何を測定する課題か

　読み書きの能力は多くの要素から構成されている。読字・書字課題（Reading and Writing Fluency task: RaWF）では，全般的知的能力や背景知識に影響を受けにくい，視覚的な言語情報の入口と出口にあたる読字能力と書字能力を，黙読課題，音読課題，視写課題の３つの下位課題によって評価する。読字能力，書字能力は，ある程度の正確さを持って速く読み書きできる能力と定義づける。

　黙読課題では，視覚的記号である文字から意味情報にアクセスする速さと正確さを評価する。一般的に大学生は音読をする機会は少なく，学修では意味を理解しながら黙読することが求められる。しかし，黙読の場合，一般的な長文を黙読させても，字面を追ってできるだけ速く読むこともできるし，時間をかけて熟読することもできる。そこで，黙読課題の形式として，意味を理解しながらどれだけ速く読めるかを測定する「短文正誤判断」を採用することにした。これは，CARD 包括的領域別読み能力検査（奥村他, 2014）でも採用されている形式である。

　また，RaWF は限局性学習症（specific learning disorder: SLD）の診断を直接の目的としてはいないが，読み困難の背景に SLD がある可能性についての手がかりを得ることは重要である。そこで，ひらがな非単語の音読課題を作成した。非単語音読課題は，SLD の背景にある主要な機能障害のひとつである，音韻処理障害の程度を評価することができると考えられている（Herrman et al., 2006）。英語圏では，ディスレクシアのある人における読みに関連する検査の標準得点を比較すると，知能，読解，文章内の単語の読み，単語リスト内の単語の読みと比べ，非単語の読みの得点が最も低いとする報告もある（Uhry & Clark, 2005［Mather & Wendling, 2012 から引用]）。ディスレクシアと関連がある機能障害としては視覚系の障害もあるが，成人を対象とした視覚情報処理に関する検査は国内でも複数存在することから，RaWF では，音韻処理機能を評価する課題として，音読課題を含むことにした。

　書くことに関しては，手書きで文字を筆記する速さと正確さを評価するために，視写課題を採用した。大学でのノートテイクの状況も想定し，見本を見て書き写す課題とした。なお，その際に言語的な能力に左右されない書字能力を評価するために，無意味文の視写も含むことにした。無意味文と有意味文の視写を行わせるのは，URAWSS（河野他,

2013) でも用いられている形式である。

3つの下位課題の概要を表5-1にまとめた。

これら3課題で測定できると考えられる，読み書き能力の構成要素を図5-1に示す。視覚的な言語情報の入力過程である「読むこと」は，まず視覚的な記号である文字認識から始まる。文字のつながりのパターンから単語としての認識が成立する。ただし，非常に頻繁に目にする単語であれば，文字を一つひとつ認識しなくても，単語をひとつの塊として認識することは可能であろう。次に単語の語形やつながり方から，文としての意味理解が成立する。文の意味が理解できると，次に複数の文のつながりから，文章全体で伝えようとする概念，メッセージを理解することができる。この過程は完全にボトムアップ（文字→単語→文→文章：小さい単位から大きい単位）なのではなく，すでに読んで理解した部分（文脈）や，既有の知識にも影響を受ける。すなわち，知識や文脈を使った予測が，文字認識を促進したり，不完全な文字認識でも意味理解を可能にしたりする。

「書くこと」は，既有の知識もふまえつつ，思考し，書く内容を構想することから始まる。それを他者に伝わるようにするために，適切な単語を選択し，文法的に正しくなるように，文を構成する。文が構成されれば，あとはそれを手で文字として書いていく。その際，それぞれの言葉の正しい表記に関する知識（ひらがな・カタカナどちらが適切か，正しい漢字や送り仮名など）も活用する。

黙読課題では，文字・単語の認識から，意味的，統語的処理をして，文の意味を理解する機能を測定する。音読課題では，文字を認識して文字レベルの音韻情報にすばやくアクセスして音読する機能を測定する（音韻情報にアクセス後，意味情報へのアクセスを経ずに，運動出力として正確に発声する機能も含む）。視写課題では，全般的知能，長期記憶，言語能力の影響を受けにくい，作業としての書字の機能を測定する。とりわけ，無意味文の視写は言語能力の影響が小さいと考えられる。

これらのことをふまえ，この課題を利用するにあたっては課題の限界，すなわち測定できない機能についても把握しておく必要がある。とりわけ，視写課題は「書く」という活動の一部しか測定できていない点に注意する必要がある。書き写しはスムーズにできても，文章構成に苦手さがある場合や，見本が

表 5-1　読字・書字課題の概要

下位課題	集団実施の可否	概要
①黙読課題	集団実施可能	短文を黙読し，各文の意味的な正誤判断（○×の記入により解答）を行い，60秒間に解答できた問題数から，意味理解を伴う黙読速度を1分あたりの文字数として算出する。
②視写課題	集団実施可能	文字を見て書き写す作業を120秒間2セット行い，書いた文字数を測定する。書き誤りの数も記録する。 1セット目は言語能力や文章内容に関する予備知識の影響が入りにくい無意味文の視写を，2セット目は通常の文章の視写を行う。 出典は，中谷宇吉郎「冬ごもり」で，著作権の切れた題材として，青空文庫から借りてきている。
③音読課題	個別実施のみ	ひらがな表記4文字の非単語30語の音読時間を測定する。読み誤りの数もカウントする。材料は独自に作成した。

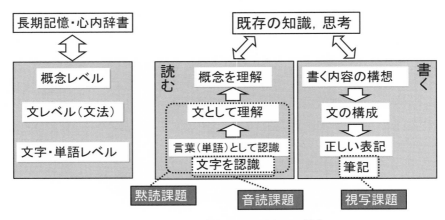

図5-1 読字・書字課題で測定する機能

なければ漢字を書けない場合などは，その弱さが視写課題の結果に反映されない可能性もある。

また，RaWFの成績が低いということは，読み書きに関して何らかの困難があることの根拠になるが，成績が平均以上という結果から読み書きに困難がないとは言えないことにも注意が必要である。例えば，文字認識や単語認識が速く正確にできない場合でも，言語理解能力の高さや判断の素早さなどで補っているため黙読速度は平均的，ということもあり得るだろう。高橋他（2019）は，読むことに困難を感じている大学生は感じていない大学生に比べ，前頭葉における脳血流が増加することを示した。これは，文字認識，単語認識に問題がない人においては処理が自動化されることで認知的負荷がかからないのに対し，読字困難がある人では，文字認識，単語認識に意識的な努力を強いられている可能性があることを示している。

このことをふまえ，RaWFの結果を読み書きに関する合理的配慮の根拠資料として用いる場合には，対象者の主観的な訴えを尊重し，関連の認知機能も含めた包括的な情報収集を行う必要がある。

1.2. 適用年齢と対象

RaWFは18歳から20代の学生を対象とする。101名の標準化データに含まれる協力者は，年齢が18歳から26歳であり，専門学校（専門課程を置く専修学校），大学，大学院に所属していた。このことから，専門学校に通う18歳以上の学生，高等教育機関（高専，短大，大学，大学院）に通う18歳以上の学生，18歳から20代で予備校生等高等教育機関等の受験を目指す者，18歳の高校生，所属がなくてもこの年齢範囲で各種試験を受験する者などが主な対象者として想定される。

1.3. 結果の解釈

RaWFでは，3つの下位課題のいずれにおいても，速さと正確さの指標が得られる。RaWFは診断を目的としたものではないため，いずれの指標においてもカットオフポイントは設定しないが，「遅さ」の目安を設定する。

どの程度読み書きが遅ければ「遅い」と言えるかについて明確な基準はないが，過去の研究で「読むことが遅い人（slow reader）」とされた基準の例としては，16パー

センタイル（平均−1SD：Hawelka et al., 2015），10パーセンタイル（平均−1.28SD：Gagl et al., 2014）などがある。SLDの診断，判断を目的に開発された検査を見ると，特異的発達障害の臨床診断と治療指針作成に関する研究チーム（2010）は音読に関して2種類以上の検査で2SDより遅い場合を異常，1.5SDより遅い場合を経過観察としている。奥村他（2014）はCARDにおいて，16パーセンタイル（1SD）から5パーセンタイルを「弱さがある可能性がある」，4パーセンタイル以下を「弱さを認める」としている。

　試験において合理的配慮が受けられる基準としては，英国の大学入学のために必要な資格試験である一般教育資格上級レベル試験（General Certificate of Education -Advanced level: GCE-A level）で，読み書きの遅さによる時間延長についての基準が示されている（Joint Council for Qualifications, 2019）。読み書き速度の標準得点が平均−1SD未満であれば25％の延長が認められる。また，読むこと，書くこと，認知機能の3つの指標のうち，2つ以上（2つの異なる領域の認知機能でも可）で，2SDより低い標準得点が示されると，25％以上最大50％の延長が認められる場合がある。

　これらをふまえ，RaWFでは，読み書きの遅さについて平均−1SDを「遅い傾向」，−1.5SDを「遅い」，−2SDを「極端に遅い」と判断する基準として設定する。この基準は絶対的なものではなく，課題実施の目的に合わせ，適宜判断基準を設定してほしい。

　「正確さ」については，信頼性が低めであること，分布の偏りが大きいことなどから，量的な判断には慎重さが必要である。課題によってさまざまな指標が得られるので，課題

ごとに説明する。

1.4. 結果の利用

　RaWFは，学生の読み書きに関する速さと正確さの情報が必要な時に利用できる。具体的な利用場面として想定されるものを以下にあげる。

1.4.1. 読み書きに関する合理的配慮のための根拠資料

　RaWFは教育機関で実施される試験や各種資格試験において，読み書きに関する合理的配慮を決定する際の根拠資料として利用できる。「障害を理由とする差別の解消の推進に関する法律（障害者差別解消法）」の施行以降，障害者からの意思表明があった場合に，合理的配慮の提供が義務づけられた。読み書きは大学での学修や試験に必要な基本的スキルであり，障害によって読み書きが制限される状況にあるときは，配慮が必要となる。対象となる障害は，SLDに限らない。例えば，ADHD，ASD，上肢の運動機能の障害，精神障害，病弱・虚弱であっても，読み書きに影響が及ぶ場合がある。その際，それらの診断があるだけでは，読み書きの配慮が必要であることの根拠にはならない。文部科学省（2017）の「障害のある学生の修学支援に関する検討会報告（第二次まとめ）」では，医師の診断書と並んで「標準化された心理検査」が挙げられている。2022年の時点で，RaWFは国内で唯一，18歳以上の読み書きの速さに関して合理的配慮の根拠資料となり得る課題である。

1.4.2. SLDの診断

　日本国内では，成人期にSLDの診断が受けられる医療機関が限られているし，診断に

必要な標準化された検査も十分ではない。RaWF は読み書きの速さに加え，SLD の背景要因のひとつである音韻処理障害の程度を示すことができる。RaWF だけで SLD の診断はできないが，18 歳から 20 代の人の SLD の診断に必要な情報を得るためのテスト・バッテリーを構成する課題としては必須のものと言えるだろう。

1.4.3. 学修支援・学生相談

大学生活における不適応やメンタルヘルスの問題で学生相談を利用する学生の中で，その背景要因のひとつとして，大学での学修の問題が含まれる場合がある。そのような場合，心理面，社会面へのアプローチだけでは状況が改善しない。学修面に関する効果的な支援を行うためには，認知機能のアセスメントが不可欠である。学修が成立するための基本的な要素である読み書きを含む RaWF の結果は，効果的な学修支援を行うための基本的情報として役に立つだろう。

1.4.4. 大学生を対象とした研究

大学生を対象とした心理学的研究においても，RaWF は利用可能である。例えば，海外では SLD の診断がある学生とない学生を比較する研究が多数あるが，日本国内ではそもそも SLD の診断のある大学生がきわめて少ないために，そのような研究を実施することは困難である。しかし，RaWF の結果を使えば「読み書きが遅い人（slow reader, slow writer）」の群を構成することができる。海外でも「読み書きが遅い人」とそうでない人を比較する研究は多数あり，同様の研究を行うことが可能となる。他にも，大学生を対象にした言語や学習に関するさまざまな研究に利用可能である。

1.5. 実施者の資格と責任

本課題の実施にあたり，なんらかの資格を持っていることを必須要件としてはいないが，公認心理師，臨床心理士，特別支援教育士，臨床発達心理士，学校心理士，言語聴覚士等，心理検査に関する資格を持っていることが望ましい。その理由は，正しい実施法，標準得点等結果の意味の理解，守秘義務等結果の取り扱いについて，適切な利用ができない場合，誤った判断や個人の権利の侵害につながるリスクが生じるからである。

研究目的で実施する場合は，所属機関や学会の研究倫理に関するルールに則って実施する。学部生や大学院生であっても，指導教員の指導を受けながら実施してかまわない。

実施にあたっては，所持する資格に関する団体，所属する職場，教育機関，研究機関，学協会の倫理綱領，規則等に従うことを原則としつつ，最低限以下の点に留意してほしい。

> ・課題の内容，課題用紙，集計用紙等を公開しない。
> ・課題用紙は複写しない。
> ・実施にあたっては，事前に実施方法に習熟しておく。
> ・実施はマニュアルの指示どおりに行う。

なお，結果を記載した集計用紙ページの複写に関しては，資格を持つ別の専門家に被検査者の記録を伝達することを目的としている場合のみ認められる。

また，黙読課題，視写課題，音読課題の実施順序は問わないが，視写課題を実施する場合は必ず無意味課題，有意味課題の順で実施する。また，実施目的によって，どれか 1 つ（または 2 つ）の課題のみを実施することは差し支えない。

2 課題の構成

2.1. 黙読課題

　黙読課題は，短文を黙読し，各文の意味的な正誤判断を行い，60秒間に読めた問題数から意味理解を伴う黙読速度を1分あたりの文字数として算出する。短文の最後のカッコ内に，文が正しければ○，正しくなければ×を記入する。正しくない文は「我が家は父，母，ぼくの7人家族だ。」のように，文法的には正しいが，意味的に正しくない要素を含んでいる。黙読文字数は○か×を記入できた文までの合計文字数とし，正誤判断が誤りであっても，読むことはできているので，読めた文字数としてカウントする。その際，句読点は音声化しないので，字数にはカウントしない。

　黙読課題は集団実施可能である。

【課題の構成】

- A4用紙2ページ（見開き），短文50文
- 1ページにつき25問
- フォント「MS明朝」，文字サイズ10.5pt

2.2. 視写課題（無意味・有意味）

　視写課題は，120秒間，見本の文章（文字列）をノート形式の記入欄に書き写す課題である。この課題は，書字の速さと正確さを測る。無意味文視写課題と有意味文視写課題を行うことで，書字における言語能力の影響を検討できる。

　有意味文の課題文には，漢字が適度に入り，ひらがなとカタカナも含み，同じ言葉が何度も出てこない文として中谷宇吉郎（1950,『霧退治——科學物語——』岩波書店）の随筆文「冬ごもり」の一節を用いた。無意味文は，有意味文視写課題と同じ一節を構成する文字を，漢字が連続することのないように無作為に並べ換えた。漢字が連続することを避けたのは，漢字が並ぶことで文字を熟語的に覚えさせないためである。なお，無意味文課題は有意味文課題の文を用いて作成しているため，影響を受けないように課題は無意味文視写を先に，続いて有意味文視写を行う。

　視写課題は大学生のノートテイクにおける書字を想定したため，記入欄はノートの罫線のような形式とした。

　書き間違いは，誤字，増字，修正，脱字，行飛ばしの5種類とし，一般的によく見られる略字や，単に読みにくい文字は書き間違いとしない。

　句読点は，筆記を伴うことから，文字数としてカウントする。

　視写課題は集団実施可能である。

【課題の構成】

課題文（左ページ）

- 32文字×6行，全175文字
- フォント「MS明朝」，文字サイズ14pt

記入欄（右ページ）

- 15行，1行15.5cm，行間約1.0cm

2.3. 音読課題

　音読課題は，4文字からなるひらがな非単語30語を音読する課題であり，音読時間とエラー数を測る。非単語の作成にあたっては，梅本（1950）の日本語無意味音節連想価表，梅本他（1955）の無連想価分類表を基に，

意味のある単語を想起しにくくなるように文字を組み合わせた。また，非単語には拗音や促音，濁音，半濁音も含まれるようにした。

　読み間違いは，言い間違い，濁音・半濁音，促音，拗音，入れ替わり，その他の 6 種類を設定し，読み間違いが 1 つでもあったらその単語はエラーとしてカウントする。あきらかな読み間違いのみをカウントし，判断が難しいと感じるレベルであればカウントしない。エラーについては瞬時の判断が難しいため，課題実施の際は IC レコーダー等で録音し，エラー数は録音を聴いてカウントする。

この課題は時間の測定が必要なので，集団実施はできない。

【課題の構成】
- 4 文字の非単語 30 語，1 行 3 単語×10 行
- フォント「MS 明朝」，文字サイズ 16pt
- 清音のみ：15 語／拗音あり：5 語／促音あり：2 語／濁音・半濁音あり：11 語（うち 2 語は拗音混じり，1 語は促音混じり）

3 　実施マニュアル

3.1. 個別実施

■用意するもの
- 課題用紙（株式会社千葉テストセンターから購入）
- 音読課題（教示シート，例題シート，問題シート；金子書房のウェブページからダウンロードして印刷）
- マニュアル（本書）
- ボールペン（油性，水性は問わない）
- ストップウォッチ
- IC レコーダー等の録音機器

■実施順序
① 黙読課題
② 視写課題（無意味・有意味）
③ 音読課題

■準備教示
▶ 課題用紙を被検査者の前に置く
▶「指示があるまでページをめくらないでください。この課題用紙には，黙読・視写の課題があります。表紙に氏名，年齢を書き，利き手に丸をしてください」

■①黙読課題教示
▶「黙読課題から始めます。課題用紙を 1 枚めくってください」（めくり終わるのを待つ）
▶「これから，さまざまな文を声に出さずに読んでもらい，文が正しいかどうかを○×で答えてもらいます。それぞれの文は，一般的に考えて内容が正しい文もあれば，間違っている文もあります。それぞれの文の横に（　）があるので，その中に，正しければ○，間違っていれば×を書き込んでください」
▶「（例文を指差しながら）例えば，『黒いインクで印刷された文字は黒い』これは一般的に正しいので○です。ですが，『イスは，人がリラックスして立っていられるための家具だ』これは，イスは人が座っているための家具ですので一般的に考えると間違っており，×をつけます。このように記入してください」
▶「制限時間は 60 秒です。できるだけ速く読んで正確に解答してください。（例

題2を指でなぞりながら）このように，文を指で追ったりはしないでください。『はじめ』と言ったら，課題用紙を1枚めくって課題を始めてください。『やめ』と言ったら読むのをやめて，ボールペンを置いてください。何か質問はありますか？」

▶「では，ボールペンを持ってください。よーい，『はじめ』」

▶ページをめくり，文を読み始めたらストップウォッチで計測を開始し，60秒測る。

▶「『やめ』。ボールペンを置いてください。これで黙読課題は終わりです」

■②視写課題（無意味文）

▶「次に視写課題を行います。課題用紙を1枚めくってください」（めくり終わるのを待つ）

▶「これから，左のページに書かれている文を右のページの空欄に書き写してもらいます。見慣れない文かと思いますが，気にせずできるだけ速く書き写してください。制限時間は120秒です。できるだけ正確に，丁寧に，速く書き写してください」

▶「（例題の解答例を指差しながら）もし，文章の最後まで来たら，また最初から書き写してください。間違えても，直さずにそのまま書き進めてください。全部書けなくても大丈夫です」

▶「（例題を指でなぞりながら）このように文を指で追ったりはしないでください。略字・つづけ字・くずし字などは使わないでください。『はじめ』と言ったら課題用紙を1枚めくって書き始め，『やめ』と言ったらボールペンを置いてください。何か質問はありますか？」

▶「それでは，ひとつめの課題を始めます。ボールペンを持ってください。よーい，『はじめ』」

▶ページをめくったらストップウォッチで計測を開始し，120秒測る。

▶「『やめ』。ボールペンを置いてください」

■②視写課題（有意味文）

▶「では2つめの課題を始めます。課題用紙を1枚めくってください」（めくり終わるのを待つ）

▶「もう一度，左のページに書かれている文を右のページの空欄に書き写してもらいます。さきほどと同じように書き写してください。制限時間は120秒です。できるだけ正確に，丁寧に，速く書き写してください」

▶もし，被検査者が十分に課題を理解し，同じ説明を繰り返す必要がないようであれば，以下の2つの説明は省略してよい。

▶「（例題の解答例を指差しながら）もし，文章の最後まで来たら，また最初から書き写してください。間違えても，直さずにそのまま書き進めてください。全部書けなくても大丈夫です」

▶「（例題を指でなぞりながら）このように文を指で追ったりはしないでください。略字・つづけ字・くずし字などは使わないでください。『はじめ』と言ったら課題用紙を1枚めくって書き始め，『やめ』と言ったらボールペンを置いてください。何か質問はありますか？」

▶「それでは，2つめの課題を始めます。ボールペンを持ってください。よーい，『はじめ』」

▶ページをめくったらストップウォッチで計測を開始し，120秒測る。

- ▶ 「『やめ』。ボールペンを置いてください。これで視写課題は終わりです」
- ▶ 課題用紙を回収する。
- ■③音読課題
- ▶ 「次は，音読課題を行います。これから，ひらがな4文字の単語を音読してもらいます。見慣れない単語かと思いますが，気にせず音読してください」
- ▶ 「(教示シートの例を指差しながら) 単語は3列に並んでいます。一番左端の単語から下に読み進め，一番下の単語まで来たら隣の列の単語を読み上げてください」
- ▶ 「(例の「あいうえ」をなぞりながら) このように単語を指で追ったりはしないでください。また，紙は手には持たず，机の上に置いたままで音読してください。もし読み間違えても，そのまま言い直さずに読み進めてください。では，例題をやってみます」
  「(例題シートを渡す) これは例題です。これを読んでください。どうぞ」
- ▶ 横に読んだり，手に持ったり，指で追う行為があったら「単語は縦に読んでください」「紙は机の上に置いて読んでください」などの教示をする。例題が終わったら例題シートと教示シートを回収する。
- ▶ 「それでは音読課題の本番を始めます。制限時間はありません。できるだけ速く，そして正確に，声に出して読んでください。『はじめ』と言ったら読み始めてください。何か質問はありますか？」
- ▶ <u>録音機器のスイッチを押す。</u>
- ▶ 問題のシートを被検査者の前に置く。
- ▶ 「それでは，よーい，『はじめ』」
- ▶ 「はじめ」と言ったらストップウォッチで

計測を開始し，「りまほに」を言い終わった瞬間にストップウォッチを止める。
- ▶ 計測した時間を集計用紙 (課題用紙の最後のページ) に記録する。
- ▶ 「これで読み書きに関する課題は終わりです」(課題を回収する)

3.2. 集団実施 (黙読課題，視写課題のみ)

■用意するもの
- ・課題用紙 (株式会社千葉テストセンターから購入)
- ・マニュアル (本書)
- ・ストップウォッチ

(被検査者の筆記用具を用いる場合，できるだけボールペンを使うよう指示する)

■実施順序
①黙読課題
②視写課題 (無意味・有意味)

■準備教示
- ▶ 課題用紙を配布する
- ▶ 「指示があるまでページをめくらないでください。この課題用紙には，黙読・視写の課題があります。時間を測って実施しますので，自分で進めるのではなく，指示に従って進めてください。表紙に氏名，年齢を書き，利き手に丸をしてください」
- ▶ 実施状況に応じて，研究の場合は研究への参加条件，学生支援で使う場合は実施目的など，注意事項等を適宜説明する。

■①黙読課題教示
- ▶ 「課題用紙を1枚めくってください」(めくり終わるのを待つ)
- ▶ 「指示があるまで，次のページを開かないでください。これから，さまざまな文を声に出さずに読んでもらい，文が正しいかどうかを○×で答えてもらいます。

それぞれの文は，一般的に考えて内容が正しい文もあれば，間違っている文もあります。それぞれの文の横に（かっこ）があるので，その中に，正しければ○，間違っていれば×を書き込んでください」

▶「例1を見てください。『黒いインクで印刷された文字は黒い』，これは一般的に正しいので○です。例2を見てください。『イスは，人がリラックスして立っていられるための家具だ』，これは，イスは人が座っているための家具ですので一般的に考えると間違っており，×をつけます」（実施状況に応じて，課題用紙を示しながらわかりやすいように説明する）

▶「制限時間は60秒です。できるだけ速く読んで正確に解答してください。（実施者の課題用紙の例題の部分を指でなぞりながら）このように，文を指で追ったりはしないでください。『はじめ』と言ったら，課題用紙を1枚めくって課題を始めてください。『やめ』と言ったら読むのをやめて，筆記用具を置いてください。何か質問はありますか？」

▶「では，筆記用具を持ってください。よーい，『はじめ』」

▶ストップウォッチで計測を開始し，60秒測る。

▶「『やめ』。筆記用具を置いてください。これで黙読課題は終わりです」

■②視写課題（無意味文）

▶「次に視写課題を行います。課題用紙を1枚めくってください」（めくり終わるのを待つ）

▶「これから，左のページに書かれている文を右のページの空欄に書き写してもらいます。見慣れない文かと思いますが，気にせずできるだけ速く書き写してください。制限時間は120秒です。声に出さずに読み，できるだけ正確に，丁寧に，速く書き写してください」

▶「もし文章の最後まで来たら，また最初から書き写してください。間違えても，直さずにそのまま書き進めてください。全部書けなくても大丈夫です」

▶「（例題を指でなぞりながら）このように文を指で追ったりはしないでください。略字・つづけ字・くずし字などは使わないでください。『はじめ』と言ったら課題用紙を1枚めくって書き始め，『やめ』と言ったら筆記用具を置いてください。何か質問はありますか？」

▶「それでは，ひとつめの課題を始めます。筆記用具を持ってください。よーい，『はじめ』」

▶ストップウォッチで計測を開始し，120秒測る。

▶「『やめ』。筆記用具を置いてください」

■②視写課題（有意味文）

▶「では2つめの課題を始めます。課題用紙を1枚めくってください」（めくり終わるのを待つ）

▶「もう一度，左のページに書かれている文を右のページの空欄に書き写してもらいます。さきほどと同じように書き写してください。制限時間は120秒です。声に出さずに読み，できるだけ正確に，丁寧に，速く書き写してください」

▶「もし文章の最後まで来たら，また最初から書き写してください。間違えても，直さずにそのまま書き進めてください。全部書けなくても大丈夫です」

▶「（例題を指でなぞりながら）このように文を指で追ったりはしないでください。

略字・つづけ字・くずし字などは使わないでください。『はじめ』と言ったら課題用紙を1枚めくって書き始め，『やめ』と言ったら筆記用具を置いてください。何か質問はありますか？」

▶「それでは，2つめの課題を始めます。筆記用具を持ってください。よーい，

『はじめ』」

▶ ストップウォッチで計測を開始し，120秒測る。

▶「『やめ』。筆記用具を置いてください。これで読み書きに関する課題は終わりです」

---

4 採点と解釈

採点にあたっては，金子書房のウェブページより集計用紙をダウンロードし，印刷して使用する（本書p.169「付録のダウンロードおよび使用に関して」を参照）。

4.1. 黙読課題

4.1.1. 採点法

【解答数，誤答数】

黙読課題正答と文字数の表（表5-2）を使って，○×の正誤を確認し，解答数，誤答数を集計用紙p.1（図5-2）のそれぞれの欄に記入する。

【文字数】

解答の正誤に関わらず，最後に解答した番号に対応した文字数を表5-2で確認し，集

計用紙p.1の記入欄に記入する。

【黙読指数】

指数換算表（表5-3）を使って，指数を求め，集計用紙p.1の記入欄に記入する。

4.1.2. 結果の解釈

【文字数・黙読指数】

解釈にあたり，換算した指数に加え，文字数も必要に応じて活用してかまわない。集団の中での相対的な位置である指数に加え，黙読課題では実際に1分間で何文字程度読めるのかという情報も意味がある。下位検査自体の得点に実質的な意味を持たない知能検査とは，生のデータである素点の意味が異なっている。

記入年月日＿＿＿＿＿＿＿　記入者＿＿＿＿＿＿＿

RaWF 読字・書字課題 集計用紙	氏名		年齢 歳	利き手 右・左

採点に際しては、高橋知音・三谷絵音『読み書き困難の支援につなげる 大学生の読字・書字アセスメント』(金子書房) を参照してください

● 黙読課題

解答数	文字数	誤答数	黙読指数

図5-2　集計用紙p.1の黙読課題関連部分

この課題では，全般的知的能力や背景知識に影響を受けにくい黙読の速さを測定する。黙読の速さは，文字認識から音韻情報や意味情報にアクセスし，文意を理解するまでの処理速度を反映していると考えられる。黙読の遅さの基準としては，平均値から−1.0*SD*，−1.5*SD*，−2.0*SD* を用いる（表5-4）。

【誤答数】

標準化データにおいて，誤答が1問以上あった人となかった人を比べると，読み書き支援ニーズ尺度では小学生時代の読むことに関する尺度得点に差があった。また，項目別に見ると，小学生時代の読解，苦手意識，音読，現在の読解や苦手意識に関する項目において，差があった。以上から，誤答は読解力

の低さ，読むことへの苦手意識との関連が示唆される。

黙読課題は大学生にとって難易度の低い課題である。標準化データにおいても，84.2％が全問正解であり，誤答は多くても2問（2.0％）であった。よって，誤答が多数の場合は，黙読速度の解釈において慎重さが求められる。

誤答が多い場合は，全般的知的能力や言語理解能力（とくに文法的な処理，意味理解）の低さ，不注意傾向，課題取り組みへの消極的態度などが考えられる。行動観察，他の検査の結果，面接による聴き取りの結果等を総合的に判断する必要がある（表5-5）。

表5-2　黙読課題正答と文字数

番号	問題文	正答	文字数	番号	問題文	正答	文字数
1.	照明の…	（○）	20	26.	パンダ…	（×）	501
2.	我が家…	（×）	34	27.	水曜日…	（○）	515
3.	チュー…	（○）	51	28.	小学校…	（×）	545
4.	ほとん…	（×）	67	29.	砂糖を…	（○）	561
5.	クジラ…	（×）	84	30.	まくら…	（○）	579
6.	マグカ…	（○）	106	31.	外へで…	（×）	596
7.	ネズミ…	（×）	124	32.	ヘビは…	（×）	610
8.	冷蔵庫…	（○）	140	33.	風が吹…	（○）	626
9.	花屋に…	（○）	156	34.	左利き…	（○）	650
10.	赤ペン…	（×）	173	35.	馬が走…	（×）	669
11.	「おめ…	（○）	201	36.	1000円…	（×）	704
12.	車はブ…	（×）	215	37.	たいて…	（○）	722
13.	夏の暑…	（×）	242	38.	日本か…	（×）	758
14.	一般的…	（×）	269	39.	横断歩…	（○）	788
15.	視力の…	（○）	293	40.	通常，…	（×）	807
16.	中学校…	（○）	308	41.	ぬれた…	（○）	824
17.	日本の…	（×）	330	42.	冬にか…	（×）	840
18.	やわら…	（×）	357	43.	スーパ…	（×）	871
19.	楽しい…	（○）	376	44.	立ち入…	（○）	890
20.	ヒツジ…	（×）	396	45.	雨が長…	（×）	913
21.	正確に…	（○）	418	46.	アイロ…	（○）	932
22.	消しゴ…	（×）	436	47.	祖母は…	（×）	941
23.	地球は…	（×）	452	48.	サンマ…	（×）	958
24.	卵を産…	（○）	472	49.	小学校…	（×）	982
25.	水は液…	（×）	486	50.	雨が降…	（○）	996

表 5-3　黙読文字数を指数に換算する表

黙読文字数	黙読指数	パーセンタイル順位	黙読文字数	黙読指数	パーセンタイル順位
20	47	< 0.1	501	93	32
34	49	< 0.1	515	95	37
51	50	< 0.1	545	98	45
67	52	0.1	561	99	47
84	53	0.1	579	101	53
106	55	0.1	596	102	55
124	57	0.2	610	104	61
140	59	0.3	626	105	63
156	60	0.4	650	108	70
173	62	1	669	109	73
201	64	1	704	113	81
215	66	1	722	114	82
242	68	2	758	118	88
269	71	3	788	121	92
293	73	4	807	123	94
308	75	5	824	124	95
330	77	6	840	126	96
357	79	8	871	129	97
376	81	10	890	131	98
396	83	13	913	133	99
418	85	16	932	135	99
436	87	19	941	136	99
452	89	23	958	137	99
472	90	25	982	139	>99
486	92	30	996	141	>99

表 5-4　文字数・黙読指数の解釈

文字数	指数	基準	解釈
357–418	79–85	−1.0SD	黙読が遅い傾向
269–330	71–77	−1.5SD	黙読が遅い
242 以下	68 以下	−2.0SD	黙読が極端に遅い

表 5-5　誤答数の解釈

誤答数	解釈
0	誤答なし
1	誤答あり
2	誤答がやや多い
3 以上	誤答が多い

4.2. 視写課題

4.2.1. 採点法

　視写課題集計シート（集計用紙 pp.2-3;図 5-3）を用いて，無意味文，有意味文それぞれで，指数を求めるために必要な各種文字数，エラー数を算出する。視写課題では句読点も文字数としてカウントする。

　1. 見かけ上の総文字数を記入

　視写課題文字数表（表 5-6）に書かれた

文字数を参照し，記入欄に書かれた最後の文字から「見かけ上の総文字数」を視写課題集計シート（1. の a 欄）に記入する。

　文章の最後の文字が書き途中のものや句読点，修正（黒く塗りつぶされたものを含む）されたものであっても 1 文字としてカウントする。

　2. 各エラー数のカウント

　表 5-7 に示すエラーの種類一覧と例を参

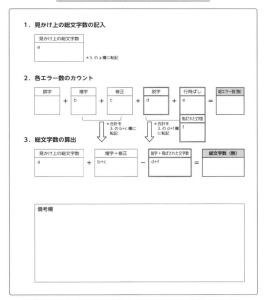

図 5-3　集計用紙 pp.2-3 の視写課題集計シート

表 5-6　視写課題文字数表

無意味

　　出にっド北　たパる観に　をし夏テ　、　の機あで小　ト々、グの　が崩そ向た　氷
け人び一　そき極モだ　冬たン日。　だそ果の、　続ん行リコ　無はにっ四　は残れ
さ塊　めん氷。パ　一越ので事　へし間ンう　再ラ切よ徐　を飛の、と動せ毎る、
よ打をて等　し行とあ年　ろ彼一観　の前な氷。　がこ所て測　はて、結ま　直と
たス壊　さく電のン　学の、へを　測ニ一漂そ　方る原の、　し者が救ま　の遂り出
に　し原た載に　た流にすと　翌い始れ。

有意味

　　北極に残っ　たパパーニ　ンの一行は　、無事に冬　を越し、そ　の間毎日観　測
結果をモ　スコーへ打　電し続けた　。ところが　、その氷原　が徐々に動　き出し
たの　である。観　測所のテン　トと四人の　学者とを載　せたまま、　氷原は切れ　て、
グリー　ンランドの　方向へ漂流　を始めた。　そして翌年　の夏、その　氷塊がだ
ん　だん小さく　なり、遂に　崩壊しよう　とする直前　に、彼等は　再び飛行機　に
よって救　い出された　のである。

表 5-7　エラーの種類一覧

エラーの種類	定義
❶誤字	課題とは異なる文字が書かれている
❷増字	課題に存在しない文字が書かれている
❸修正	誤字の直後に正しい文字が書かれている (誤字が複数連続している場合は誤字数をカウント)
❹脱字	課題に存在する文字が書かれていない
❺行飛ばし	1 行（もしくは，連続した複数の文字が）飛ばして書かれている

照しながらエラー数をカウントする。

基本的な採点方針として，エラーかどうか判断に迷う文字は粗雑であるだけの可能性も考えられるため，エラーとしてカウントしない（表 5-8）。

無意味，有意味それぞれでエラーを種類別にカウントし，視写課題集計シートの 2. の欄に記入する。

【エラーの種類の例】

❶誤字：課題とは異なる文字が書かれている。

文字間違い：異なる文字に置き換えられている。

正：北 → 誤：

パーツ間違い：文字の一部が本来の形と異なる（ただし，一般的な略字，自然な続け字はカウントしない）。

正：間 → 誤：　正：等 → 誤：

正：越 → 誤：

パーツ減：文字のパーツが欠けている。

正：間 → 誤：　正：越 → 誤：

正：測 → 誤：

パーツ増：文字に必要のないパーツが増えている。

正：間 → 誤：　正：無 → 誤：

正：さ → 誤：

漢字 ⇔ ひらがな ⇔ カタカナ：文字の種類が変わっている。

正：パ → 誤：　正：出 → 誤：

❷増字：課題に存在しない文字が書かれている。

正：北極に残ったパパーニン

誤：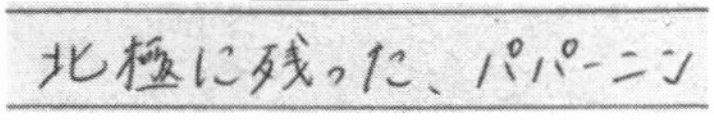

❸修正：誤字の直後に正しい文字が書かれている。

正：モスコー

表 5-8　エラーとしてカウントしない例

❶略字やミスのない粗雑な文字
❷句読点がピリオド（.）となっている場合
❸最後の文字がエラーである場合
（最後の文字は書いている途中で制限時間が来てしまった可能性が考えられ，エラーとは言えないため）

○エラーとしてカウントしない略字，続け字，粗雑な文字例

よ：　を：　ン：　向：　崩：　問：

観：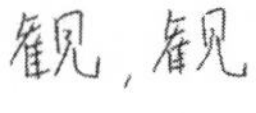　測：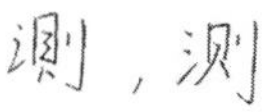

誤：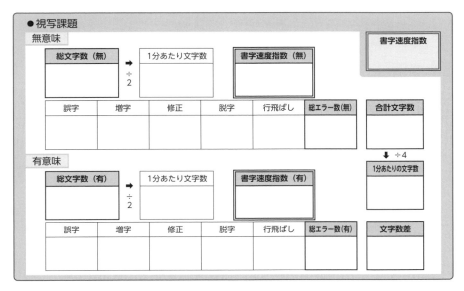（手書き：モススコー）　　　モ※スコー

❹脱字：課題に存在する文字が書かれていない。句読点の欠落も脱字であることに注意。

正：北極に残ったパパーニン

誤：（手書き：北極に残った パーニン）

❺行飛ばし：1 行（もしくは，連続した複数の文字が）飛ばして書かれている。

正：出にっド北たパる観にをし夏テ，の機あで小トタ，グのが崩そ向き氷け人びーそき極モだ冬たン日。だぞ果の，続ん行リコ無はにっ四は残れ

誤：（手書き：出にっド北たパる観にをし夏テ、続ん行リコ）

カウント方法　エラー数：1，総文字数算出：飛ばした文字数（この例では 35 文字）引く

3．総文字数の算出

1．で記入した「見かけ上の総文字数」と 2．でカウントした各エラー数をもとに，集計表を使って，総文字数を算出する。

エラーの種類によって文字数を増やすのか減らすのか異なるため，表 5-9 のエラー数のカウント方法と文字数の算出方法，集計シートの指示に従い算出する。最後にどんなミスがあったか，集計の上で気づいた点などを備考欄に記入する。

表 5-9　エラー数のカウント方法と文字数の算出方法

エラーの種類	カウント方法
❶誤字	間違っている文字数をエラー数とする……増減は行わない
❷増字	増えている文字数をエラー数とする……「見かけ上の総文字数」にエラー数を足す
❸修正	修正された正しい文字の直前にある誤字数をエラー数とする（誤字が 2 つ連続していれば「2」）……「見かけ上の総文字数」にエラー数を足す
❹脱字	抜けている文字数をエラー数とする……「見かけ上の総文字数」からエラー数を引く
❺行飛ばし	行飛ばしが行われた回数をエラー数とする……「見かけ上の総文字数」から飛ばされた文字数を引く

図 5-4　集計用紙 p.1 の視写課題関連部分

表 5-10　視写課題の総文字数（無）を書字速度指数（無）に換算する表

文字数	指数	パーセンタイル順位	文字数	指数	パーセンタイル順位	文字数	指数	パーセンタイル順位
11 以下	40	< 0.1	64-65	77	6	117-118	114	82
12-13	41	< 0.1	66	78	7	119	115	84
14	42	< 0.1	67	79	8	120-121	116	86
15-16	43	< 0.1	68-69	80	9	122	117	87
17	44	< 0.1	70	81	10	123-124	118	88
18	45	< 0.1	71-72	82	12	125	119	90
19-20	46	< 0.1	73	83	13	126-127	120	91
21	47	< 0.1	74-75	84	14	128	121	92
22-23	48	< 0.1	76	85	16	129	122	93
24	49	< 0.1	77-78	86	18	130-131	123	94
25-26	50	< 0.1	79	87	19	132	124	95
27	51	0.1	80	88	21	122-134	125	95
28-29	52	0.1	81-82	89	23	135	126	96
30	53	0.1	83	90	25	136-137	127	96
31	54	0.1	84-85	91	27	138	128	97
32-33	55	0.1	86	92	30	139-140	129	97
34	56	0.2	87-88	93	32	141	130	98
35-36	57	0.2	89	94	34	142	131	98
37	58	0.3	90-91	95	37	143-144	132	98
38-39	59	0.3	92	96	39	145	133	99
40	60	0.4	93	97	42	146-147	134	99
41-42	61	0.5	94-95	98	45	148	135	99
43	62	1	96	99	47	149-150	136	99
44	63	1	97-98	100	50	151	137	99
45-46	64	1	99	101	53	152	138	99
47	65	1	100-101	102	55	153-154	139	99.5
48-49	66	1	102	103	58	155	140	99.6
50	67	1	103	104	61	156-157	141	99.7
51-52	68	2	104-105	105	63	158	142	99.7
53	69	2	106	106	66	159-160	143	99.8
54	70	2	107-108	107	68	161	144	99.8
55-56	71	3	109	108	70	162-163	145	99.9
57	72	3	110-111	109	73	164	146	99.9
58-59	73	4	112	110	75	165	147	99.9
60	74	4	113-114	111	77	166-167	148	99.9
61-62	75	5	115	112	79	168	149	99.9
63	76	5	116	113	81	169 以上	150	> 99.9

4. 合計文字数と文字数差の算出

集計用紙 p.3 の指示に従って無意味課題と有意味課題の総文字数の合計と両文字数の差を求め，集計用紙 p.1（図 5-4）のそれぞれの欄に転記する。

文字数差については，有意味が先である点を間違えないよう注意する。

5. 書字速度指数，1 分あたり文字数の算出

視写課題集計シートの数値のうち，総文字数，総エラー数，合計文字数，文字数差の値を，集計用紙 p.1 の所定欄に記入する。

指数換算表（表 5-10〜表 5-12）を使って指数を求め，集計表 p.1 の記入欄に記入する。

表 5-11 視写課題の総文字数（有）を書字速度指数（有）に換算する表

文字数	指数	パーセンタイル順位	文字数	指数	パーセンタイル順位	文字数	指数	パーセンタイル順位
14 以下	40	< 0.1	70-71	77	6	127-128	114	82
15	41	< 0.1	72	78	7	129	115	84
16-17	42	< 0.1	73-74	79	8	130-131	116	86
18-19	43	< 0.1	75	80	9	132	117	87
20	44	< 0.1	76-77	81	10	133-134	118	88
21-22	45	< 0.1	78-79	82	12	135-136	119	90
23	46	< 0.1	80	83	13	137	120	91
24-25	47	< 0.1	81-82	84	14	138-139	121	92
26	48	< 0.1	83	85	16	140	122	93
27-28	49	< 0.1	84-85	86	18	141-142	123	94
29	50	< 0.1	86	87	19	143	124	95
30-31	51	0.1	87-88	88	21	144-145	125	95
32	52	0.1	89	89	23	146	126	96
33-34	53	0.1	90-91	90	25	147-148	127	96
35	54	0.1	92	91	27	149	128	97
36-37	55	0.1	93-94	92	30	150-151	129	97
38	56	0.2	95	93	32	152	130	98
39-40	57	0.2	96-97	94	34	153-154	131	98
41	58	0.3	98	95	37	155-156	132	98
42-43	59	0.3	99-100	96	39	157	133	99
44-45	60	0.4	101-102	97	42	158-159	134	99
46	61	0.5	103	98	45	160	135	99
47-48	62	1	104-105	99	47	161-162	136	99
49	63	1	106	100	50	163	137	99
50-51	64	1	107-108	101	53	164-165	138	99
52	65	1	109	102	55	166	139	99.5
53-54	66	1	110-111	103	58	167-168	140	99.6
55	67	1	112	104	61	169	141	99.7
56-57	68	2	113-114	105	63	170-171	142	99.7
58	69	2	115	106	66	172-173	143	99.8
59-60	70	2	116-117	107	68	174	144	99.8
61	71	3	118	108	70	175-176	145	99.9
62-63	72	3	119-120	109	73	177	146	99.9
64-65	73	4	121-122	110	75	178-179	147	99.9
66	74	4	123	111	77	180	148	99.9
67-68	75	5	124-125	112	79	181-182	149	99.9
69	76	5	126	113	81	183 以上	150	> 99.9

必要に応じて，総文字数を 2 で割って，1 分あたりの文字数を算出する。合計文字数については，4 で割ることで，1 分あたりの文字数となる。

4.2.2. 結果の解釈

【文字数・書字速度指数】

黙読課題同様，集団における相対的な位置を示す指数に加え，実際にどの程度の文字が書けるのかを知る手がかりとして，1 分あたりの文字数も必要に応じて算出する。

文字数・書字速度指数は，全般的知的能力

表 5-12　視写課題の合計文字数を視写速度指数に換算する表

文字数	指数	パーセンタイル順位	文字数	指数	パーセンタイル順位	文字数	指数	パーセンタイル順位
28 以下	40	< 0.1	135-137	77	6	244-246	114	82
29-31	41	< 0.1	138-140	78	7	247-248	115	84
32-34	42	< 0.1	141-143	79	8	249-251	116	86
35-37	43	< 0.1	144-145	80	9	252-254	117	87
38-40	44	< 0.1	146-148	81	10	255-257	118	88
41-42	45	< 0.1	149-151	82	12	258-260	119	90
43-45	46	< 0.1	152-154	83	13	261-263	120	91
46-48	47	< 0.1	155-157	84	14	264-266	121	92
49-51	48	< 0.1	158-160	85	16	267-269	122	93
52-54	49	< 0.1	161-163	86	18	270-272	123	94
55-57	50	< 0.1	164-166	87	19	273-275	124	95
58-60	51	0.1	167-169	88	21	276-278	125	95
61-63	52	0.1	170-172	89	23	279-281	126	96
64-66	53	0.1	173-175	90	25	282-284	127	96
67-69	54	0.1	176-178	91	27	285-287	128	97
70-72	55	0.1	179-181	92	30	288-290	129	97
73-75	56	0.2	182-184	93	32	291-193	130	98
76-78	57	0.2	185-187	94	34	294-296	131	98
79-81	58	0.3	188-190	95	37	297-298	132	98
82-84	59	0.3	191-193	96	39	299-301	133	99
85-87	60	0.4	194-196	97	42	302-304	134	99
88-90	61	0.5	197-198	98	45	305-307	135	99
91-93	62	1	199-201	99	47	308-310	136	99
94-95	63	1	202-204	100	50	311-313	137	99
96-98	64	1	205-207	101	53	314-316	138	99
99-101	65	1	208-210	102	55	317-319	139	99.5
102-104	66	1	211-213	103	58	320-322	140	99.6
105-107	67	1	214-116	104	61	323-325	141	99.7
108-110	68	2	217-219	105	63	326-328	142	99.7
111-113	69	2	220-222	106	66	329-331	143	99.8
114-116	70	2	223-225	107	68	332-334	144	99.8
117-119	71	3	226-228	108	70	335-337	145	99.9
120-122	72	3	229-231	109	73	338-340	146	99.9
123-125	73	4	232-234	110	75	341-343	147	99.9
126-128	74	4	235-237	111	77	344-346	148	99.9
129-131	75	5	238-240	112	79	347-349	149	99.9
132-134	76	5	241-243	113	81	350 以上	150	> 99.9

や背景知識に影響を受けにくい，単純作業の速さのような意味合いの書字速度を表している。とりわけ無意味視写課題はこの要素が強く，有意味視写課題では，漢字の知識や言語能力の影響も多少受けていると考えられる。

　この課題では，実際に論述試験等で求められる「文章構成も含めた書く能力」を測定し

ているわけではないが，文字を手書きする速度が遅い場合，単に考える時間が削られるだけでなく，書字に伴う認知的負荷によって，アイディアをまとめたり正しい文章を構成したりすることにあてられる認知的な資源に制限がかかると考えられる。よって，書字速度が遅い場合には，制限時間内に手書きで文章

表 5-13　文字数・書字速度指数の判断

総文字数（無）	総文字数（有）	合計文字数	指数	基準	解釈
66-76	72-83	138-160	78-85	−1.0SD	書字が遅い傾向
55-65	61-71	117-137	71-77	−1.5SD	書字が遅い
54 以下	60 以下	116 以下	70 以下	−2.0SD	書字が極端に遅い

表 5-14　有意味文と無意味文（有意味−無意味）の文字数差の解釈

文字数差	基準	解釈
−7 以下	−2.0SD	無意味文に比べ有意味文の文字数がかなり少ない
−6〜−3	−1.5SD	無意味文に比べ有意味文の文字数が少ない
−2〜1	−1.0SD	無意味文に比べ有意味文の文字数が相対的に少なめ
2〜16		無意味文と有意味文の差が平均的
17〜20	1.0SD	無意味文に対する有意味文のアドバンテージがやや大きい
21〜24	1.5SD	無意味文に対する有意味文のアドバンテージが大きい
25 以上	2.0SD	無意味文に対する有意味文のアドバンテージがかなり大きい

を書くような試験において，時間延長やパソコンの使用等の配慮を検討すべきであろう。どの程度書字が遅ければ思考や文章構成に影響を及ぼすかは，今後の研究を待つ必要がある。

書字の遅さの基準として，平均−1.0SD，−1.5SD，−2.0SD を示す（表 5-13）。

【無意味課題と有意味課題の文字数差】

有意味文の視写は，意味的なまとまりが書き写す際の助けとなるため，無意味文よりも容易であると考えられる。標準化データでは，85％の人で，無意味文より有意味文の視写文字数が多かった。5％の人は文字数が同数であり，10％の人は無意味文のほうが文字数が多かった。よって，文字数差が0もしくはマイナスの場合は，なぜそうなったのか検討する必要がある（表 5-14）。

有意味文の視写文字数から無意味文の文字数を引いた文字数差と読み書き支援ニーズ尺度 RaWSN の得点の相関を見ると，現在における「書くこと」尺度の得点と弱い負の相関（r=−.24）があった。つまり，無意味文と比較して有意味文で文字数が増えない人

は，書くことに関して困難を感じている傾向が強いということである。具体的に，項目レベルで文字数差との相関を見ると，文章を書くときに助詞を正しく使うのが難しく（項目 10：r=−.35），漢字を書くと大きくバランスの悪い形になる（項目 2：r=−.26）傾向がある。大学生（現在）の他の尺度項目で相関が見られたのは，「授業などを聞けば理解できるが，資料や教科書などを読むだけだと理解するのが難しい（項目 14）」「文を理解するために何度も読み返す（項目 19）」「漢字を見て，似たような形や意味の漢字と間違える（項目 28）」などであった。小学生時代では，「漢字の細かい部分をよく書き間違えていた（項目 49）」「習った漢字でも，読むことはできても書けない文字が多かった（項目 60）」「音読みと訓読みの区別がうまくできなかった（項目 77）」「順序立てて説明するのが難しかった（項目 82）」「何度も練習しても，漢字が覚えられなかった（項目 86）」など，漢字学習に関連する項目が多かった。

漢字学習の困難や文法的な弱さがあると，

表 5-15　視写課題エラー数の解釈

無意味	有意味	エラー数合計	解釈
0-2	0-2	0-4	ない・少ない
3	3	5-6	多い
4 以上	4 以上	7 以上	非常に多い

表 5-16　視写課題エラータイプ別エラー数

		誤字	増字	修正	脱字	行飛ばし	判断
無意味		0-1	0	0	0	0	ない・少ない
		2	1	1	1	1	ある
		3 以上	2 以上	2 以上	2 以上	2 以上	多い
有意味		0-1	0	0	0	0	ない・少ない
		2	1	1	1	1	ある
		3 以上	2 以上	2 以上	2 以上	2 以上	多い
合計		0-2	0	0	0	0	ない・少ない
		3-4	1	1	1	1	ある
		5 以上	2 以上	2 以上	2 以上	2 以上	多い

文脈から予測しながら書いていくことが難しく，有意味文であっても，無意味文のように1文字ずつ見ながら書き写しているために，有意味文における視写文字数が増えにくい可能性もある。

【エラー数】

視写におけるエラー数の解釈については，文字数にくらべると評価者間信頼性がやや低めであることから（本書第6章，pp.115-116），解釈には慎重さが求められる。

無意味文でエラーがなかったのは42％，有意味文でエラーがなかったのは37％，両課題合わせてまったくエラーがなかったのは23％であった。1〜2つのエラーは珍しいことではない。

無意味文の視写では，文字数とエラー数に弱い正の相関（$r=.27$）があることから，速さと正確さについてある程度トレードオフの関係があると言える。すなわち，速く書こうとするとエラーが生じやすくなるということである。有意味文では，無相関であり，そ のような関係性は見られなかった。

エラーが多い場合は，視知覚の問題，不注意などが疑われるが，背景要因についての仮説を検証するためには，他の検査や聴き取りを実施することが求められる。エラーの種類，漢字でのミスかひらがなカタカナのミスかなども含めて，質的な検討が必要である。

エラー数の多さの判断として，90パーセンタイル（エラーの多さとして上位10％）以上であればエラーが多めであり，95パーセンタイル（上位5％）を超える場合は，非常に多いと言ってよいであろう（表5-15）。

【エラーのタイプ】

エラーのタイプ別の生起頻度を見ると，「誤字」が最も多かった。それ以外のエラーの出現頻度は低い。特定のエラータイプのみが多くある場合は書き写しミスの特徴として質的に記述する（表5-16）。特定のエラータイプがなんらかの意味を持つかどうかは，今後の検討が必要である。

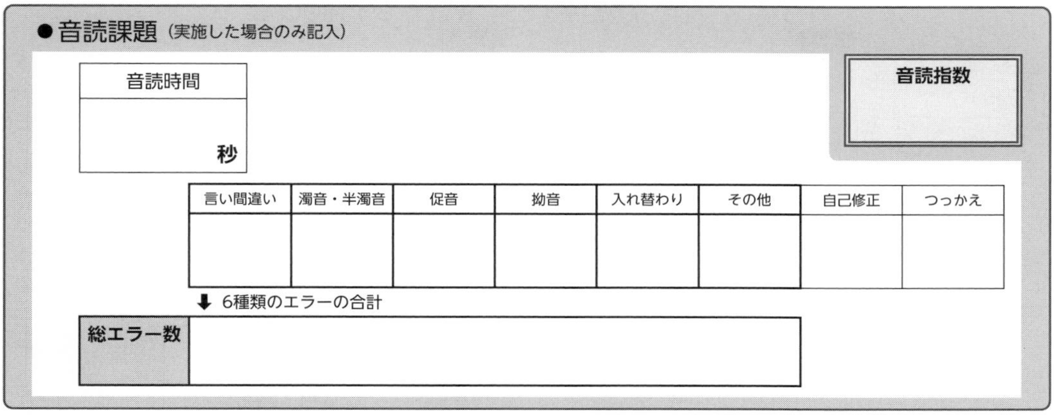

図 5-5　集計用紙 p.I の音読課題関連部分

4.3. 音読課題

4.3.1. 採点法

【音読時間】

声の出始めから最後の単語を言い終わるまでの時間を測定し，集計用紙 p.1（図 5-5）に 100 分の 1 秒まで記入する。

【音読指数】

指数換算表（表 5-17）を使って，指数を求め，集計用紙 p.1 の記入欄に記入する。

【エラー数】

音読課題採点表（集計用紙 p.4; 図 5-6）を用いて，該当する音読エラー数を集計する。音読エラーは，7 種類に分類した（表 5-18）。もし，これらに分類することが困難なエラーが生じた場合は「その他」としてカウントする。エラーがあった場合，各単語の該当するエラーの欄に数字を記入する（通常は「1」だが，1 単語で「2」以上の数字が入る場合もある）。エラーの内容についても，可能な限り記入する。エラータイプごとのエラー数を合計し，「計」の欄に記入，さらに，集計用紙 p.1 の音読課題の欄にそれを転記する。「言い間違い」「濁音・半濁音」「促音」「拗音」「入れ替わり」「その他」の合計値を足し合わせ，「エラー数」を算出する。

「自己修正」と「つっかえ」はエラー数に含めない。これは，「自己修正」は音読時間の遅さとして結果に反映されることからカウントしないという橋本他（2008）の集計法にならった。「つっかえ」は，読み方としては明確なミスとは言えないことから，エラー数としてはカウントしないことにした。

エラー数集計上の留意点：エラーについては判断に迷うケースも多いと思われるが，明確なエラーのみカウントし，判断に迷うレベルであれば，カウントしないということを原則とする。その他，試行段階での事例から，判断に迷いそうなケースの対応について以下に列挙する。反応例の表記中「・」は音が途切れたことを，下線は正しい反応を示す。

・明確なミスがあったが，正しく言い直した
　例：「そぬべめ・<u>そぬぺめ</u>」「へつちざ・<u>へっちざ</u>」
　→　自己修正：1（最終的に正確に読めていれば，どのようなミスでも，エラー数にカウントしない）

・正しく発音していたのに，間違って言い直した
　例：「<u>そぬぺめ</u>・そぬべめ」

表 5-17　音読時間を音読指数に換算する表

音読時間(秒)	指数	パーセンタイル順位	音読時間(秒)	指数	パーセンタイル順位	音読時間(秒)	指数	パーセンタイル順位
71.03〜	40	< 0.1	52.35-52.86	76	5	33.67-34.18	112	79
70.51-71.02	41	< 0.1	51.83-52.34	77	6	33.16-33.66	113	81
69.99-70.50	42	< 0.1	51.30-51.82	78	7	32.64-33.15	114	82
69.47-69.98	43	< 0.1	50.79-51.30	79	8	32.12-32.63	115	84
68.95-69.46	44	< 0.1	50.27-50.78	80	9	31.60-32.11	116	86
68.43-68.94	45	< 0.1	49.76-50.27	81	10	31.08-31.59	117	87
67.91-68.42	46	< 0.1	49.23-49.75	82	12	30.56-31.07	118	88
67.40-67.90	47	< 0.1	48.72-49.23	83	13	30.04-30.55	119	90
66.88-67.39	48	< 0.1	48.20-48.71	84	14	29.52-30.03	120	91
66.36-66.87	49	< 0.1	47.68-48.19	85	16	29.01-29.51	121	92
65.84-66.35	50	< 0.1	47.16-47.67	86	18	28.49-29.00	122	93
65.32-65.83	51	0.1	46.63-47.15	87	19	27.97-28.48	123	94
64.80-65.31	52	0.1	46.12-46.63	88	21	27.45-27.96	124	95
64.28-64.79	53	0.1	45.60-46.12	89	23	26.93-27.44	125	95
63.75-64.27	54	0.1	45.09-45.60	90	25	26.41-26.92	126	96
63.25-63.75	55	0.1	44.57-45.08	91	27	25.89-26.40	127	96
62.73-63.24	56	0.2	44.05-44.56	92	30	25.37-25.88	128	97
62.21-62.72	57	0.2	43.52-44.04	93	32	24.86-25.36	129	97
61.69-62.20	58	0.3	43.01-43.52	94	34	24.34-24.85	130	98
61.16-61.68	59	0.3	42.48-43.00	95	37	23.82-24.33	131	98
60.65-61.16	60	0.4	41.98-42.48	96	39	23.30-23.81	132	98
60.13-60.64	61	0.5	41.46-41.97	97	42	22.78-23.29	133	99
59.61-60.12	62	1	40.94-41.45	98	45	22.26-22.77	134	99
59.09-59.60	63	1	40.41-40.93	99	47	21.74-22.25	135	99
58.58-59.08	64	1	39.89-40.41	100	50	21.22-21.73	136	99
58.06-58.57	65	1	39.38-39.89	101	53	20.71-21.21	137	99
57.53-58.05	66	1	38.85-39.37	102	55	20.19-20.70	138	99
57.02-57.53	67	1	38.34-38.85	103	58	19.67-20.18	139	99.5
56.50-57.01	68	2	37.82-38.33	104	61	19.15-19.66	140	99.6
55.98-56.49	69	2	37.31-37.81	105	63	18.63-19.14	141	99.7
55.46-55.97	70	2	36.79-37.30	106	66	18.11-18.62	142	99.7
54.94-55.45	71	3	36.27-36.78	107	68	17.59-18.10	143	99.8
54.43-54.93	72	3	35.75-36.26	108	70	17.07-17.58	144	99.8
53.91-54.42	73	4	35.23-35.74	109	73	〜17.06	145	99.9
53.38-53.90	74	4	34.71-35.22	110	75			
52.87-53.38	75	5	34.19-34.70	111	77			

　　→　濁音・半濁音：1（最終的な反応におけるミスのエラータイプをカウントする）

・自己修正できたが，つっかえてしまった
　例：「ぬ・め・ちにょ」「いぬ・いめ・ろぬ」
　　→　自己修正：1，つっかえ：1

・1単語で複数回つっかえた
　例：「るれ・わ・ゆ」
　　→　つっかえ：1

・複数回間違えたが，最終的に正しく読めた
　例：「びみょな・ぴみょな・ぴょみな」
　　→　自己修正：1

	言い間違い	濁音・半濁音	促音	拗音	入れ替わり	その他	自己修正	つっかえ
1　るれわゆ								
2　そぬぺめ								
3　りねさの								
4　へっちざ								
5　あんへで								
6　れけうわ								
7　ぢゃたう								
8　つわねに								
9　ぴょみな								
10　けみっそ								
11　こさあふ								
12　ぬよんに								
13　ちしゅけ								
14　ぬずはぼ								
15　ぽみわお								
16　わぬどせ								
17　めちにょ								
18　なのゆせ								
19　みんけそ								
20　べさすつ								
21　やいめわ								
22　ゆぬなて								
23　ぞゆむえ								
24　ろみびぞ								
25　むおみへ								
26　きゅたさ								
27　にふこさ								
28　さもちあ								
29　いめろぬ								
30　りまほに								
計								

図 5-6　集計用紙 p.4 の音読課題採点表

・語頭音を繰り返した後，正しく読めた
例：「り・りねさの」「り・り・りねさの」
→　つっかえ：1（明確にミスがあるわけではないので）
・語頭音を繰り返した後，正しく読めなかった

例：「り・りわさの」「り・り・りわさの」（正しくは「りねさの」）
→　言い間違い：1，つっかえ：1（繰り返している部分は正しいので，カウントするのは最終的な言い間違いのみ）
・言い直したが，最終的に誤って読んだ

表 5-18　エラーの種類と採点

エラータイプ	エラー例			説明
言い間違い	りまほに	→	りまはに	・存在しない音を読む・存在する音を読まない。
				・濁音・半濁音，促音，拗音，入れ替わりに該当する場合はそちらをカウントする。
	そぬべめ	→	そぬめ	・濁音・半濁音の欠落は「言い間違い」でカウントする。
濁音・半濁音	そぬべめ	→	そぬへめ	・濁音・半濁音を清音で読む。
		→	そぬべめ	・濁音と半濁音の入れ替え。
	へっちざ	→	へっぢざ	・清音を濁音で読む。
促音	へっちざ	→	へつちざ・へちざ	・促音を「つ」として発音，もしくは促音の欠落。
拗音	ぢゃたう	→	ぢやたう・ぢゅたう	・拗音を通常のヤ行で発音，別の拗音を発音。
	ぢゃたう	→	ぢたう	・拗音におけるヤ行の欠落。
入れ替わり	りまほに	→	りほまに・りほにま	・構成要素はあるが，順番が違う。
				・濁・半濁音，促音，拗音，入れ替わりが併存する場合は，それぞれカウントする。
その他				・分類が困難なもの
自己修正				・間違えた（間違えかけた）が自分で直した。
つっかえ				・スムーズに読めなかった，途中でつまって間ができた。

　→　該当するエラーをすべてカウントする

　例：「びみょな・ぴみょな」（正しくは「ぴょみな」）

　→　濁音・半濁音：1，入れ替わり：2（拗音が入れ替わっているが，欠落，清音化，他の拗音になっているということではないので，「拗音」はカウントしない）

　例：「びみゅな・ぴみゅな」（正しくは「ぴょみな」）

　→　濁音・半濁音：1，入れ替わり：2，拗音：2

　例：「つわぬ・つわぬに」（正しくは「つわねに」）

　→　言い間違い：2（不完全なものでも，明確なミスが含まれていればそれをカウント）

・拗音や促音が付加された

　例：「ぽみゅわお」（正しくは「ぽみわお」）

　→　言い間違い：1（もとの単語には拗音が含まれていないので，拗音表記の読み間違いではないから，「拗音」はカウントせず，「言い間違い（存在しない音を読む)」をカウントする）

　例：「ぢゃったう」（正しくは「ぢゃたう」）

　→　言い間違い：1（もとの単語に促音は含まれていないので，「促音」はカウントしない。「ぢゃ」は正しく読めているので，「拗音」もカウントせず，「言い間違い（存在しない音を読む)」をカウントする）

　例：「ぢゅったう」（正しくは「ぢゃた

表 5-19　音読指数の判断

音読時間（秒）	指数	基準	解釈
47.68-51.82	78-85	+1.0SD	音読が遅い傾向
51.83-55.45	71-77	+1.5SD	音読が遅い
55.46 以上	70 以下	+2.0SD	音読が極端に遅い

表 5-20　音読課題総エラー数

総エラー数	判断
0-5	少ない～平均的
6-7	多い
8 以上	非常に多い

う」）

→　拗音：1，言い間違い：1（もとの単語に促音は含まれていないので，「促音」はカウントせず「言い間違い（存在しない音を読む）」をカウントする。「ぢゃ」を正しく読めていないので，「拗音」をカウントする）

4.3.2. 結果の解釈

【音読時間・音読指数】

音読時間は，ひらがなの認識から音声化までが自動化されスムーズに行えるか，言葉の音韻処理を素早くできるかを表していると考えられる。音読の遅さの基準として，平均－1.0SD，－1.5SD，－2.0SD を示す（表5-19）。

音読時間は，黙読課題や視写課題の速さの指標と中程度の相関があり，読み書きの速さに共通する全般的な処理速度の速さの影響を受けていると考えられる。RaWSN との関連を見ると，読むこと，書くことに関する尺度得点と弱い相関（現在の読み書きとr=.20台，小学生時代の読み書きとr=.30台）がある。項目レベルで見ると，読むことの困難

さに加え，漢字を書くことに関する項目とも相関が見られる。非単語の音読の速さで測定される機能の弱さは，読み書き全般に影響を及ぼす可能性がうかがえる。

【総エラー数】

標準化データにおいて，総エラー数が 0 の人は 12 ％で，30 語の非単語を完全にミスなく読むことは容易でないことがわかる。エラー数の多さの判断としては，90 パーセンタイル（エラーの多さとして上位 10 ％：多い），95 パーセンタイル（上位 5 ％：非常に多い）の値を表 5-20 に示した。

音読の総エラー数と音読時間は無相関であり，速く読もうとすることでエラーが増えるわけではない。

エラーが多い場合は，視知覚の問題，不注意，音韻処理の問題，滑舌の問題などが疑われるが，背景要因についての仮説を検証するためには，他の検査や聞き取りを実施することが求められる。エラーの種類も含めて，質的な検討が必要である。

【エラータイプ】

エラータイプ別のエラー数の多さの判断基準を表 5-21 に示した。生起頻度を見ると，「言い間違い」が最も多く，それ以外は「拗

表 5-21　エラータイプ別エラー数

言い間違い	濁音・半濁音	促音	拗音	入れ替わり	自己修正	つっかえ	判断
0-4	0	0	0	0	0-1	0-3	ない・少ない
5-6	1	1	1	1	2	4-5	ある・多い
7 以上	2 以上	2 以上	2 以上	2 以上	3 以上	6 以上	非常に多い

音」や「入れ替わり」がやや多い。特定のエラーが特別な意味を持つかどうかについては，今後検討が必要である。

「自己修正」は発音してからエラーに気づく場合，不適切な反応を抑制できなかった場合などが考えられる。「つっかえ」はミスに気づいて反応を止めた場合や，滑舌の問題などが影響してくると考えられる。

◆引用文献

Gagl, B., Hawelka, S., & Hutzler, F. (2014) A similar correction mechanism in slow and fluent readers after suboptimal landing positions. *Frontiers in Human Neuroscience*, **8**, 355, 1-10.

橋本竜作・柏木 充・鈴木周平 (2008) 小児の単語速読検査の作成の試み——小学 3 年生男児を対象とした信頼性と妥当性の検討. 脳と発達, **40**, 363-369.

Hawelka, S., Schuster, S., Gagl, B., & Hutzler, F. (2015) On forward inferences of fast and slow readers. An eye movement study. *Scientific Reports*, **5**, 8432, 1-8.

Herrman, J. A., Matyas, T., & Pratt, C. (2006) Meta-analysis of the nonword reading deficit in specific reading disorder. *Dyslexia*, **12**, 195-221.

特異的発達障害の臨床診断と治療指針作成に関する研究チーム (2010) 特異的発達障害 診断・治療のための実践ガイドライン——わかりやすい診断手順と支援の実際. 診断と治療社.

Joint Council for Qualifications (2019) Adjustments for candidates with disabilities and learning difficulties: Access arrangements and reasonable adjustments. [https://www.jcq.org.uk/exams-office/access-arrangements-and-special-consideration/regulations-and-guidance/access-arrangements-and-reasonable-adjustments-booklet] (2019 年 2 月 14 日)

河野俊寛・平林ルミ・中村賢龍 (2013) URAWSS. atacLab.

Mather, N. & Wendling, B. J. (2012) *Essentials of dyslexia assessment and intervention*. John Wiley & Sons.

奥村智人・川崎聡大・西岡有香・若宮英司・三浦朋子 (2014) CARD 包括的領域別読み能力検査. ウィードプランニング.

文部科学省 (2017) 障害のある学生の修学支援に関する検討会報告 (第二次まとめ). [https://www.mext.go.jp/b_menu/shingi/chousa/koutou/074/gaiyou/1384405.htm] (2021 年 12 月 27 日)

高橋知音・川崎聡大・川田 拓・篠田晴男 (2019) 大学生における読み困難のアセスメント. 日本教育心理学会第 61 回総会発表論文集, 126-127.

Uhry, J. K. & Clark, D. B. (2005) *Dyslexia: Theory and practice of instruction* (3rd ed.). PRO-ED.

梅本堯夫 (1950) 日本語無意味音節の連想価. 心理学研究, **21**, 23-28.

梅本堯夫・森川弥寿雄・伊吹昌夫 (1955) 清音 2 字音節の無連想価及び有意味度. 心理学研究, **26**, 148-155.

第6章 RaWF の開発と信頼性・妥当性

RaWF では，全般的知的能力や背景知識に影響を受けにくい，視覚的な言語情報の入口にあたる読字能力を黙読課題と音読課題で，出口にあたる書字能力を視写課題で評価する。本章では，これら3つの下位課題における，課題作成，標準化の手続き，記述統計，年齢と課題成績の関連，換算表の作成，信頼性，妥当性について述べる。

1 黙読課題の作成手続きと妥当性の検討

1.1. 黙読課題の概要

書字のプロセスや音読の様子は観察可能であるが，黙読は読み手の中で何が起きているか直接観察することができない。そのため，黙読をどのように測定するか，その方法で適切に測定できているかについて，慎重な検討が必要である。

RaWF の黙読課題では，背景知識の影響を受けにくく，意味を理解しないと先に進めない課題形式として，短文正誤判断課題を採用した。文法的には正しいが，意味的に誤っている文（例：「イスは，人がリラックスして立っていられるための家具だ」）を，意味的にも正しい文とまぜて被検査者に提示する。文の最後にカッコを置き，文が正しければ〇，正しくなければ×を記入するようにした。1分間で〇×の記入ができた文の総文字数を1分間で読める文字数とした。

1.2. 黙読課題の項目作成

課題作成に当たり，予備実験を実施した。70問の問題文案を作成し，50名の大学生を対象に，「できるだけ速く正確に」という指示で解答してもらった。その際，最初の60秒間で解答できた問題文に印をつけてもらい，続いて最後まで解答してもらった。誤答が多かった問題文について表現を検討するとともに，言語学を専門とする大学教員の意見もふまえ，文を修正した。最終的に，1分間では完答できない程度の量として50問（996文字）を選んだ。

1.3. 黙読課題の妥当性の検討

1.3.1. 一般的な長文黙読速度との相関

課題の作成後，一般的な長文を黙読する速さと黙読課題の関連から妥当性を検討した。長文の材料として随筆文と論説文を用意し，それぞれ2分以内に読めた文字数をカウントした（以下，この課題を「長文黙読」とする）。随筆文は加能作次郎の「早稲田神楽坂」（初出：東京日々新聞, 1927）を，論説文は倉田百三の『青春をいかに生きるか』（角川文庫, 1953）より「学生と読書——いかに書を読むべきか——」を用いた。黙読課題が横書きであることからこれらの長文は横書きで，A4サイズの用紙1ページにつき40文

字×36 行，各 3 ページ，フォントは MS 明朝，文字サイズ 10 ポイントで印刷した。黙読の材料として準備した文字数は「早稲田神楽坂」が 3,500 文字，「学生と読書――いかに書を読むべきか――」が 3,515 文字だった。実験参加者は，大学生 99 名（平均年齢 20.0 歳，SD＝2.5，男性 32 名，女性 67 名）で，データ収集は，授業終了後の時間を利用して，集団実施により行われた。これらの文章を読む際，文の内容を理解しながら読んでもらうために，参加者には本文を読んだ後に短い感想文を書くよう教示した。また，2 分間で読めた分量を記録するために，「やめ」と言ったら読んでいたところに斜線を入れるよう指示した。

分析の際，黙読課題と長文黙読の文字数の平均値と SD を求めたところ，1 名の長文黙読の文字数が平均値より 3 SD 多く，実験者の意図どおりに課題に取り組んでいなかった可能性があると考え，外れ値として分析から外した。また，RaWF は対象としておおむね 20 代までの大学生，大学院生を想定しているが，年齢が 40 代の参加者がいたため，その 1 名のデータも分析から除外した。

分析に先立ち，長文黙読の取り組み状況について確認するために，感想の記述内容を検討した。分析対象となった 97 名の中で，感想が未記入の参加者はいなかった。また，まったく文章を読んでいないような的外れな感想も見られなかった。

両課題の文字数の記述統計の結果を表 6-1 にまとめた。長文黙読の文字数は，2 種類の長文の黙読文字数を合計した上で，1 分あたりの文字数を算出したものである。また，両課題間の関連を検討するために，散布図を作成した（図 6-1）。散布図では，黙読課題の誤答と文字数の関連も検討するために，誤答数ごとに異なる記号を用いた。

1 分あたりの文字数の平均値を見ると，黙読課題より長文黙読のほうがやや多いが，長文黙読の SD は黙読課題に比べ大きかった。黙読課題の文字数が多い参加者は，長文黙読の文字数も多くなる傾向があり，両者の相関は r＝.59 であった。

散布図を見ると，黙読課題の文字数が増えるにつれ，長文黙読文字数の分布の範囲が大きく広がっていく様子が見られる。これは，両課題の読み速度に関連はあるものの，一般的な長文を黙読する場合には読み方の統制が難しいことを示している。長文黙読後の感想を見ると，論説文では「難しかった」という記述が多くみられたが，「論説文のほうが読みやすかった」という感想もあり，日頃の読書経験，予備知識，読者の興味によっても文章の読みやすさには違いが出ることがうかがえた。

「黙読」するという点は共通であるが，大学生にとって容易に意味理解が可能な短文の正誤判断と，対象者の予備知識によっても読みやすさが異なる長文の黙読では，課題で求められる能力の質がかなり異なっている。それをふまえると，r＝.59 という相関は，大

表 6-1　黙読課題と長文黙読の記述統計（1 分あたりの文字数）

	平均値	SD	95 % 信頼区間	最小値	最大値	尖度	歪度
長文黙読	674.1	319.8	607.9－736.8	240	1641	0.45	1.05
黙読課題	611.3	133.1	584.5－638.1	376	958	−0.17	0.72

n＝97，高橋・三谷（2019）より引用

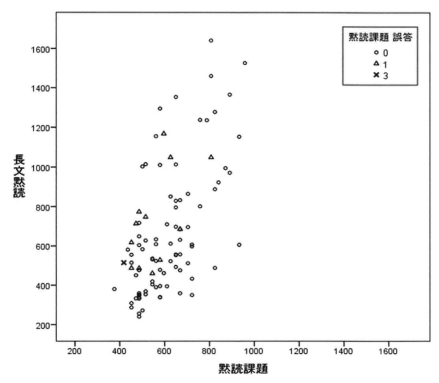

図 6-1　黙読課題と長文黙読の散布図（1分あたりの文字数）

高橋・三谷（2019）より引用

学生の黙読速度の指標として黙読課題は妥当であることを示していると言える。また，対象者の背景知識や興味に影響を受けにくく，「意味理解ができるレベルでできるだけ速く」という読み方の統制を行いやすいという点で，一般的な長文を黙読するより，短文正誤判断形式の黙読課題のほうが，黙読速度の指標として適切であると言えるだろう。

1.3.2. 課題の難易度

次に，課題の難易度について検討した。黙読課題は一般的な言語理解能力があれば容易に正誤判断できるような文を選んで作成したが，実際の検査状況でどの程度の正答率となるだろうか。また，ゆっくり読めばわかる問題でも，急ぐあまり十分に理解しないまま解答することも考えられる。そこで，黙読課題における文字数と誤答数の関係を検討した。誤答数の出現率をみると，84名（86.6 %）が全問正解，12名（12.4 %）が1問のみ不正解であった。1名（1.0 %）は3問の不正解があった。散布図から，1問不正解であった者の黙読課題の文字数は全問正解であった者とくらべて特に目立った偏りはみられなかった。3問不正解だった者も，黙読文字数としては少ないほうであった。全問正解者（84名，平均＝621.39，SD＝134.32）と誤答があった者（13名，平均＝546.35，SD＝108.37）で文字数を比較した結果，その差は有意でなかった（t（95）＝1.92，p＝.058，標準化平均値差d＝0.57）。よって，速く読もうとすることでミスが増えるというトレードオフは生じていなかったと言える。

このことから，黙読速度の指標としては，数問の誤答までであれば誤答も含めてカウントすることが妥当であると考えられる。3問を超えて誤答が見られるような場合は，全般的な言語理解能力の低さや文法理解能力の問題，課題に取り組む態度，不注意の問題などを考慮する必要がある。

2 RaWF 標準化の手続き

RaWF は18歳以上の人の読字，書字の速さと正確さを評価するために開発した。そのため，標準化サンプルとして，大学生に加え，専門学校生や大学院生も含むことにした。標準化サンプルの数としては，WAIS™-Ⅲ，WMS™-R（ウエクスラー記憶検査）における，各年齢群（学生年代では5年区切り，成人期は10年区切り）別のサンプル数（WAIS-Ⅲ：52〜122人，WMS-R：50〜56人）を参考に，100人を超えることを目指し，最終的に101名の協力を得た。2018年に刊行されたWAIS-Ⅳの年齢群別サンプル数も36〜102人であり，認知機能を評価する課題の標準化のためのデータ数としては十分であると考えられる。

標準化サンプルの対象者はできるだけ多様な学生となるよう心がけた。対象者の母国語は，全員日本語であった。大学の学部と大学院を別組織とカウントした場合，対象の教育機関は11となる（大学院2校，大学8校，専門学校1校）。学部は教育系が最も多く，人文系，理工系などさまざまであった。

年齢別人数は表6-2にまとめた。年齢は18歳から26歳で，平均は21.5歳（SD は1.4）であった。性別は，男性53人，女性48人，利き手は右利きが96人，左利きが5人であった。

RaWF は知的能力や背景知識の影響を受けにくい課題として開発したが，標準化サンプルの知的能力の分布に偏りがないほうが望ましい。そこで，WAIS-Ⅲ簡易版「日本語版 WAIS-Ⅲ刊行委員会が推奨する方法」（大六，2011）に含まれる下位検査「知識」と「行列推理」を実施し，推定 FIQ を算出した。推定 FIQ は平均が101.96，SD が17.71であり，偏差知能指数の分布である平均＝100，SD＝15に近い値となっている（表6-3）。歪度，尖度を見るとやや正に歪んでいて，やや尖った分布となっているがいずれも0.5以下であり，全般的知能という点で，偏りの少ない集団であった（図

表6-2　年齢別人数

年齢	18	19	20	21	22	23	24	25	26	合計
度数	3	1	14	34	33	6	6	3	1	101

表6-3　標準化サンプルにおける推定 FIQ の記述統計

平均値	SD	最小値	最大値	歪度	尖度
100.96	17.71	59	156	0.46	0.45

高橋・三谷（2019）より引用し抜粋

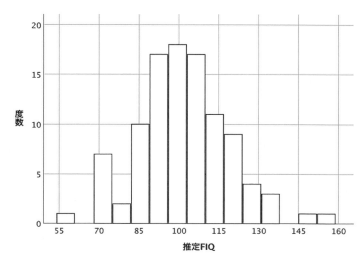

図 6-2　標準化データにおける推定 FIQ のヒストグラム

6-2)。

標準化データの収集は，個別実施で行われた。研究の概要を説明し，同意が得られた協力者に対し，黙読課題，視写課題，音読課題，知能検査の順で実施した。

3 RaWF 各指標の記述統計

RaWF の記述統計を表 6-4 に，速度指標のヒストグラムを図 6-3 に，エラー指標の度数分布を表 6-5〜表 6-8 に示した。

3.1. 黙読課題

黙読速度 571.23 字／分を先行研究と比較すると，平均年齢 40.5 歳（$SD=11.7$）の成人 45 名を対象に URAWSS の 6 年生課題を実施した結果得られた 528.86 字／

表 6-4　読字・書字課題記述統計

			平均値	SD	最小値	最大値	歪度	尖度
黙読課題	文字数		571.27	156.51	106	982	0.24	0.18
	解答数		29.23	7.78	6	49	0.06	−0.07
	誤答数		0.18	0.43	0	2	2.43	5.48
視写課題	無意味	文字数	97.28	21.61	29	159	−0.08	0.88
		総エラー	1.14	1.30	0	6	1.31	1.85
	有意味	文字数	106.06	23.16	28	174	−0.19	1.07
		総エラー	1.15	1.36	0	8	2.06	6.33
	文字数差（有−無）		8.78	7.68	−17	29	−0.00	0.50
音読課題	時間（秒）		40.50	8.49	21.43	75.12	0.73	1.77
	総エラー		3.18	2.54	0	12	1.22	1.90

高橋・三谷（2019）より引用し一部改変

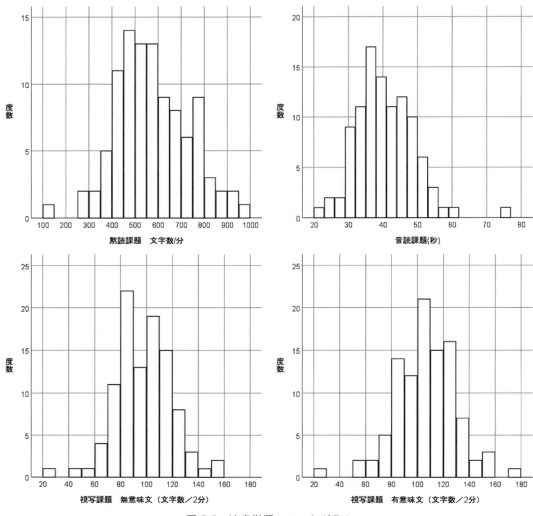

図 6-3　速度指標のヒストグラム

分と同等の値であり（河野, 2014），20〜
30 歳代 10 名を対象に書見台上で片眼のみ
使用した課題で得られた 402 字／分（三輪
他, 1998）や，大学生 12 名を対象として
パソコンの画面上の文字を読ませることで得
られた 352 字／分（高橋・清河, 2013）と
いう値より速かった。三輪他（1998）の研
究では片眼で読むという状況であったこと，
高橋・清河（2013）の研究ではモニター画
面上の文字を読むという状況であったことな
どが，時間がかかった理由として考えられ
る。

　黙読課題の誤答数を見ると，多くの協力者
が全問正解であり，平均値は小さい値になっ
ている。全問正解が 85 名（84.2 ％），誤答
数が 1 問だったのが 14 名（13.9 ％），2 問
が 2 名（2.0 ％）であった。全問正解者の割
合は，妥当性検証のために集団実施した際に
得られた結果と同様の値だった。また，3 問
以上の誤答は見られず，能力の分布が幅広い
集団においても，容易に正解可能な難易度の
低い課題であると言える。

3.2. 視写課題

　記述統計において，書字速度は2分間の筆記文字数が示されている（表6-4）。これを1分あたりの文字数に換算すると，無意味文で48.64字／分，有意味文では53.03字／分となり，有意味文のほうが1分あたりの文字数が多かった（$t(100) = 11.49, p<.001$，標準化平均値差 $d=0.39$，課題間の相関は $r=.94$）。有意味文では，言語的知識によって，書き写すべき情報を記憶に保持する単位が大きくなることで，書字速度が速くなるのではないかと考えられる。この文字数を先行研究と比較すると，田井中

（1979）の成人を対象として得られた47.5字／分と同様の値であり，河野他（2013）の高校3年生を対象として得られた41.52字／分よりはやや多かった。材料や形式の違いはあるが，高校生よりも大学生のほうが，書字スピードが速い可能性も考えられる。有意味文と無意味文の文字数差は平均8.78文字だが，5％の人は文字数が同数で，10％の人は無意味文のほうが文字数が多かった（図6-4）。

　視写課題のエラー数の平均値（表6-5）は，無意味文でも，有意味文でもほぼ同じであった（$t(100) =0.07, p=.947$，標準

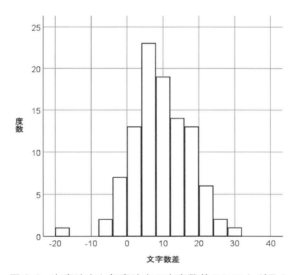

図6-4　有意味文と無意味文の文字数差のヒストグラム

表6-5　視写課題エラーの記述統計

	無意味文		有意味文	
	平均	SD	平均	SD
総エラー	1.14	1.30	1.15	1.36
誤字	0.74	0.99	0.70	1.00
増字	0.11	0.31	0.11	0.42
修正	0.17	0.43	0.15	0.41
脱字	0.11	0.42	0.18	0.50
行飛ばし	0.01	0.10	0.01	0.10

化平均値差 $d=0.01$）。エラー数を見ると無意味文でエラーがなかったのは 42 ％，有意味文でエラーがなかったのは 37 ％であった（表 6-6）。黙読課題と異なり，1，2 個のエラーは珍しくない。エラーのタイプ別に見た場合，比較的多いのは「誤字」であり，「行飛ばし」は 1 人に見られただけであった。

3.3. 音読課題

　30 個の非単語音読時間の平均は 40.5 秒であり，同様の非単語音読課題で得られた小学 6 年生の結果である 35.0 秒より遅くなっている（特異的発達障害の臨床診断と治療指針作成に関する研究チーム，2010）。特異的発達障害の臨床診断と治療指針作成に関する研究チーム（2010）の非単語は 2 文字，3 文字単位で見ると意味を想起しやすい文字列を含む単語が混在している。本研究の非単語は，意味を想起しにくい文字列を慎重に選択したため，大学生であっても読みにくく，より時間がかかったと考えられる。

　音読課題の総エラー数の平均は 3.18 で，総エラー数が 0 の人は 12 ％と，30 個の非単語を間違えずに音読することは容易でないことがわかる（表 6-7，表 6-8）。エラーとしてカウントしていない「自己修正」や

表 6-6　視写課題におけるエラー種類別度数分布

	個数	無意味文			有意味文		
		度数	%	累積%	度数	%	累積%
総エラー	0	42	41.6	41.6	37	36.6	36.6
	1	25	24.8	66.3	36	35.6	72.3
	2	21	20.8	87.1	17	16.8	89.1
	3	8	7.9	95.0	4	4.0	93.1
	4	2	2.0	97.0	4	4.0	97.0
	5	2	2.0	99.0	2	2.0	99.0
	6	1	1.0	100.0			
	8				1	1.0	100.0
誤字	0	55	54.5	54.5	55	54.5	54.5
	1	25	24.8	79.2	31	30.7	85.1
	2	15	14.9	94.1	9	8.9	94.1
	3	4	4.0	98.0	2	2.0	96.0
	4	2	2.0	100.0	4	4.0	100.0
増字	0	90	89.1	89.1	94	93.1	93.1
	1	11	10.9	100.0	3	3.0	96.0
	2				4	4.0	100.0
修正	0	86	85.1	85.1	88	87.1	87.1
	1	13	12.9	98.0	11	10.9	98.0
	2	2	2.0	100.0	2	2.0	100.0
脱字	0	93	92.1	92.1	87	86.1	86.1
	1	6	5.9	98.0	11	10.9	97.0
	2	1	1.0	99.0	2	2.0	99.0
	3	1	1.0	100.0	1	1.0	100.0
行飛ばし	0	100	99.0	99.0	100	99.0	99.0
	1	1	1.0	100.0	1	1.0	100.0

表 6-7　音読課題誤答の記述統計

	平均	SD
総エラー	3.18	2.54
言い間違い	2.25	2.08
濁音・半濁音	0.21	0.43
促音	0.02	0.14
拗音	0.23	0.72
入れ替わり	0.49	0.78
自己修正	0.77	1.11
つっかえ	1.87	2.04

表 6-8　音読課題における誤答類別度数分布

	個数	度数	%	累積%		個数	度数	%	累積%
総エラー数	0	12	11.9	11.9	拗音	0	88	87.1	87.1
	1	15	14.9	26.7		1	8	7.9	95.0
	2	21	20.8	47.5		2	2	2.0	97.0
	3	14	13.9	61.4		3	1	1.0	98.0
	4	15	14.9	76.2		4	2	2.0	100.0
	5	9	8.9	85.1	入れ替わり	0	65	64.4	64.4
	6	6	5.9	91.1		1	27	26.7	91.1
	7	2	2.0	93.1		2	6	5.9	97.0
	8	3	3.0	96.0		3	2	2.0	99.0
	9	1	1.0	97.0		4	1	1.0	100.0
	10	1	1.0	98.0	自己修正	0	50	49.5	49.5
	12	2	2.0	100.0		1	35	34.7	84.2
言い間違い	0	18	17.8	17.8		2	10	9.9	94.1
	1	24	23.8	41.6		3	5	5.0	99.0
	2	23	22.8	64.4		8	1	1.0	100.0
	3	16	15.8	80.2	つっかえ	0	27	26.7	26.7
	4	10	9.9	90.1		1	26	25.7	52.5
	5	5	5.0	95.0		2	20	19.8	72.3
	7	1	1.0	96.0		3	11	10.9	83.2
	8	2	2.0	98.0		4	11	10.9	94.1
	10	1	1.0	99.0		5	1	1.0	95.0
	11	1	1.0	100.0		6	2	2.0	97.0
濁音・半濁音	0	81	80.2	80.2		7	1	1.0	98.0
	1	19	18.8	99.0		10	1	1.0	99.0
	2	1	1.0	100.0		12	1	1.0	100.0
促音	0	99	98.0	98.0					
	1	2	2.0	100.0					

「つっかえ」も，半数以上の協力者に見られた。エラーのタイプ別に見ると「言い間違い」が最も多く8割以上の人に1回はある。

以下，「入れ替わり」「濁音・半濁音」と続く。

4 年齢と課題成績の関連

RaWFの標準化データをもとに標準得点への換算表を作成するにあたっては，上述の18〜26歳のデータをひとつの年齢区分として扱ってよいかどうかについて，検証が必要である。そこで，この年齢範囲で，年齢と課題成績に関係があるかを検討した。

成人を対象とした知能検査であるWAIS-IVの理論・解釈マニュアルには，認知能力が年齢によって変化することが示されている（Wechsler, 2018）。言語能力は50歳でピークを迎え，視覚認知，視空間能力，流動性推理能力に関連した知覚課題の成績は，30代中頃から低下，ワーキングメモリーに関する課題成績は45歳以降で低下，処理速度の低下は20歳から始まるとされている。このことをふまえ，WAIS-IV（Wechsler,

2018）では，年齢群ごとに標準得点を算出するようになっている。例えば，10代は2年ごと（16〜17歳，18〜19歳），20代から30代前半は5年ごと，30代後半から50代前半は10年ごとに区切っている。

もし，読字・書字課題でも，今回の対象年齢範囲の中で年齢によって課題成績が変化するとしたら，標準得点を算出する際，年齢群別の換算表が必要となる。そこで，課題成績が年齢によって変化するかどうかを検討するために，年齢と各指標との相関を検討することに加え，直線的ではない関係があることも想定し，対象者を3群（18〜20歳，21〜22歳，23〜26歳）に分けて平均値を比較した（表6-9，表6-10）。

その結果，速さ，正確さの指標のうち，群

表6-9 年齢と課題成績との相関

	黙読	視写						音読	
		無意味		有意味		計			
	文字数	文字数	エラー	文字数	エラー	文字数	エラー	時間	エラー
年齢	−.12	−.18	−.12	−.21*	−.11	−.20	−.14	.15	.05

*$p<.05$

表6-10 年齢群別の各課題の平均値と標準偏差

年齢群	黙読		視写										音読			
			無意味				有意味				計					
	文字数		文字数		エラー		文字数		エラー		文字数		エラー		時間		エラー	
	M	SD	M	SD	M	SD	M	SD	M	SD	M	SD	M	SD	M	SD	M	SD
18-20	573.2	145.0	102.2	21.2	1.3	1.1	110.5	20.8	1.1	0.9	212.7	41.3	2.4	1.8	39.7	7.9	3.7	2.0
21-22	585.4	162.5	98.4	22.3	1.2	1.4	108.0	24.1	1.3	1.5	206.3	45.7	2.5	2.4	39.9	7.8	2.8	2.3
23-26	509.9	135.6	87.1	16.3	0.8	1.0	93.1	17.6	0.6	0.7	180.2	33.6	1.4	1.2	43.9	11.3	4.0	3.6

間で有意な差（5％水準）があった指標は1つだけ（有意味文の視写課題）であり，23〜26歳の群が他の群より視写速度が遅かった。視写課題の速さの指標は，作業的な処理速度の要素が強く，WAIS-IVのマニュアルに示された20歳頃からの処理速度の低下と関係している可能性がある。また，大学生の中でも1，2年目の時期は，大学受験から時間がたっていなかったり，大学でも筆記試験があったりする時期である。それに対し，大学4年生や大学院生は，手書きで多くの文字を書く機会は少ないかもしれない。そういった環境の変化が，有意味文の視写速度に関係している可能性も考えられる。

しかし，RaWFの主要なターゲットである大学生の年代（18〜22歳）の中では差がなかったこと，唯一統計的な有意差が見られた視写課題（有意味，文字数）でも相関 r ＝.21，分散分析における効果量も中程度（η^2＝.06）であったこと，他の指標では有意な差がなかったことなどから，最終的に年齢群別に基準を作成することはせず，全体としてひとつの基準で評価することは妥当であると判断した。

以上をふまえ，RaWFの適用範囲としては，年齢18歳から20代の学生全般（専門学校や大学院生を含む）とすることができるだろう。ただし，知的能力や背景知識に影響を受けにくい課題であることから，18歳未満の高校生や学校等に在籍していない人においても，参考値として読字，書字の速さと正確さについて評価することが可能であると考えられる。一方，年齢が上がるにつれて読み書きの速度は低下する可能性があることから，30代以降の成人に実施した場合の結果も参考値にとどめることが望ましい。

5 換算表の作成

5.1. 分布の正規性

RaWFにおいて読字，書字の速さを評価するために，黙読課題と視写課題については時間あたりの文字数を，音読課題については読むのにかかった時間を，平均100，SD＝15の指数に換算できるようにした。換算表を作成するにあたり，標準化データの分布が，正規分布とみなせるかどうか確認した。

まず分布の偏りについて，歪度を見ると，黙読：0.24，視写（無意味）：−0.08，視写（有意味）：−0.19，音読：0.73となり，音読のみやや正に歪んでいた。正規分位点（Q-Q）プロットを見ると，音読課題では，もっとも時間がかかっている1名のデータが，正規分布から大きく逸脱してことがわかる（図6-5〜図6-9）。

正規性についてShapiro-Wilkの検定を実施したところ，音読のみ有意となった。以上から，音読のみ，正規分布とは見なせないことがわかった（表6-11）。

音読課題において，最も遅い1人のデータを削除すると，歪度は0.18となった。正規性についてShapiro-Wilkの検定を実施したところ，統計量.993で，p＝.880となった。よって，音読課題においては，この100名のデータによる分布に基づいて，換算表を作成することにした。

表6-11　速度指標における正規性の検定

	黙読	視写（無）	視写（有）	音読
統計量	.981	.986	.987	.970
有意確率	.165	.381	.446	.023

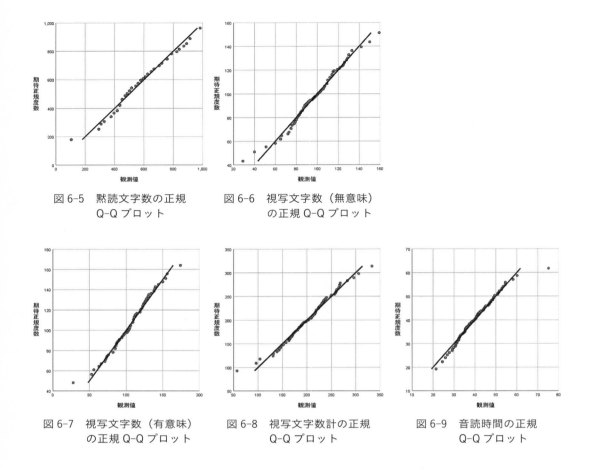

図 6-5　黙読文字数の正規　　　　図 6-6　視写文字数（無意味）
　　　　Q-Q プロット　　　　　　　　　　の正規 Q-Q プロット

図 6-7　視写文字数（有意味）　　図 6-8　視写文字数計の正規　　図 6-9　音読時間の正規
　　　　の正規 Q-Q プロット　　　　　　　Q-Q プロット　　　　　　　　Q-Q プロット

5.2. 換算表の作成

　標準化データにおける平均と *SD* をもと
に，平均 100，*SD*＝15 となるような指数
の換算表を作成した。黙読文字数において
は，文単位の文字数となるため，指数の整数
値に対応する文字数を算出後，出現しうる文
字数にもっとも近い値を指数として対応させ
た。視写では，1 文字ごとの文字数をもっと
も近い指数の整数値に対応させた。音読は，

外れ値を除いた 100 名のデータを用い，
100 分の 1 秒単位で見たときに，もっとも
近い指数の整数値に対応させて換算表を作成
した。
　黙読と視写は，いずれも文字数が多いほど
（読字や書字が速いほど）指数の値が大きく
なるようにした。音読は，時間の数値が小さ
ければ小さいほど（音読が速いほど）指数の
値が大きくなるようにした。

6 RaWF の信頼性

　RaWF の信頼性は，再検査信頼性によっ
て検討した。また，視写課題の文字数のカウ
ント，エラー数のカウント，音読課題のエ

ラー数のカウントには評価者の判断の要素が
含まれることから，評価者間信頼性を求め
た。

6.1. 再検査信頼性

　再検査信頼性を検討するために，大学生・大学院生 26 名（男性 9 名，女性 17 名，平均年齢 22.9 歳，$SD=1.3$）の協力を得た。2 週間の間隔をおいて実施した RaWF の各指標について相関を求めたところ，文字数や時間等，速度指標では高い値を示し，信頼性の根拠が得られた（表 6-12）。一方，誤答数やエラー数については低めの数値となった。相関が低くなった理由は，誤答やエラーの少なさがあげられる。比較的値が大きい無意味文の視写や音読のエラーについては，高め（.60 前後）の値を示している。

　1 回目と 2 回目の平均値を比較すると，黙読課題と音読課題では，有意に速度が増していた。音読課題ではエラー数も減っている。音読課題では読みにくく見慣れない非単語を用いているが，わずか 1 回の経験であっても，練習効果が生じている可能性がある。黙読課題も，意味的に成立しない不自然な文を読んで判断する課題であることから，練習効果が生じている可能性がある。読字の速度自体は変化しないと考えると，意味判断については，1 回読んだ経験が判断を促進している可能性がある。黙読課題の誤答数は，平均値を見ると上昇しているように見えるが，統計的に有意な変化は見られなかった。誤答の有無でクロス集計しても，誤答の出現率が有意に増えるとは言えなかった。一方，視写課題については，文字数，エラー数とも変化がなかった。見慣れない無意味文であっても，練習効果はほとんど生じない課題であるといえる。

　読み書きについて，条件を変えて速さが変化するかを検証するような目的で使用する場合，視写課題は反復実施の影響が出にくい一方，黙読課題と音読課題については練習効果によって読みが速くなる，という点に留意する必要がある。

6.2. 評価者間信頼性

　視写課題の文字数および総エラー数，音読課題のエラー数について評価者間信頼性を求めるため，3 人の臨床心理学を専攻する大学院生の協力を得て，視写課題については 20 人分のデータを評価してもらった。二元配置変量モデル，単一測定値，絶対一致で級内相関（intraclass correlation: ICC）を求めたところ，無意味文では文字数 ICC（2, 1）＝1.00，総エラー ICC（2, 1）＝.72，有意

表 6-12　再検査信頼性データにおける，1 回目と 2 回目の平均，SD，相関

		1 回目		2 回目		1 回目と 2 回目の差の検定			再検査信頼性	
		平均値	SD	平均値	SD	検定統計量	p	効果量	相関	p
黙読課題	文字数	673.81	158.43	745.96	156.47	$t=5.86$	.000	$d=0.46$	.92	.000
	誤答数	0.19	0.48	0.50	1.04	$Z=1.19$	.236	$r=.16$	.04	.853
視写	無意味　文字数	98.46	15.17	101.12	13.52	$t=1.58$	.126	$d=0.19$	.83	.000
	総エラー	0.46	0.86	0.27	0.53	$Z=1.22$	.221	$r=.17$	.59	.001
	有意味　文字数	105.73	15.67	107.04	13.16	$t=0.94$	.357	$d=0.09$	.89	.000
	総エラー	0.04	0.20	0.15	0.37	$Z=1.08$	.281	$r=.15$	−.09	.679
音読	時間（秒）	37.08	8.26	33.27	7.35	$t=3.89$	.001	$d=0.49$	.80	.000
	エラー数	2.73	2.57	1.62	1.53	$Z=2.42$	.015	$r=.34$	.60	.001

$n=26$，速度指標は対応のある t 検定，エラー指標はウィルコクソンの符号順位検定

味文では文字数 ICC（2, 1）＝1.00，総エラー ICC（2, 1）＝.66 であった。音読課題のエラー数は 3 人の評価者に 42 名分のデータを評価してもらったところ，ICC（2, 1）＝.87 であった。Cicchetti（1994）の基準に従ってこの値を評価すると，2 つの視写課題の総エラーの評価者間信頼性は good，視写課題の文字数，音読課題のエラー数は excellent であった。

以上の結果をまとめると，RaWF の速度指標については十分な信頼性の根拠が得られたと言える。正確さの指標については，音読課題は安定性，評価者間の一致度ともにある程度の信頼性の根拠はあるものの，速度指標に比べると，やや弱い。また視写課題は，エラー数が少ないこともあり，信頼性という点ではやや弱い。量的な指標としては限界をふまえて利用し，どのようなミスがあったかについて，質的に検討していくような使い方が推奨される。

7　RaWF の妥当性

7.1. RaWF と知的能力との関連

RaWF は，全般的知的能力や背景知識に影響を受けにくい，視覚的な言語情報の入口と出口にあたる読字能力と書字能力を測定するという仮説を検証するために，RaWF の各指標と知能の指標との相関を検討した（表 6-13）。

各指標と知能との相関をみると，黙読課題の文字数と推定 FIQ との間に弱い相関がみられた。黙読課題は，背景知識の影響をあまり受けずに，読字と文理解の流暢性を測定する課題として開発した。しかし，黙読は学習に必須のスキルであり，この能力が高ければ知識の習得は進みやすいと考えられ，知能の中でも結晶性知能の要素との関連が想定される。WAIS-III の下位検査レベルでみると，結晶性知能との関連がある「知識」では弱い相関がみられる一方，流動性知能との関連がある「行列推理」とは無相関であり，この解釈を支持する結果となった。

表 6-13　IQ および読字・書字課題間の相関

			黙読課題	視写課題					音読課題		WAIS-III	
				無意味		有意味						
			文字数	文字数	エラー	文字数	エラー	時間	エラー	FIQ	行列
視写	無意味	文字数	.54 ***								
		エラー	.08	.27 **							
	有意味	文字数	.47 ***	.94 ***	.29 ***						
		エラー	.13	.06	.35 ***	.03					
音読		時間	−.47 ***	−.52 ***	−.19	−.50 ***	−.11				
		エラー	.02	.16	.35 ***	.17	.05	−.08			
WAIS-III		推定 FIQ	.23 *	.13	.14	.08	.15	−.15	.05		
		行列推理	.02	−.06	.09	−.08	.07	−.02	.03	.79 ***	
		知識	.35 ***	.27 **	.12	.24 *	.17	−.22 *	.05	.69 ***	.10

* *p*<.05, ** *p*<.01, *** *p*<.005., 高橋・三谷（2019）より引用し一部改変

表 6-14　黙読課題の誤答の有無による推定 FIQ と下位検査評価点

	誤答なし (n=85)		誤答あり (n=16)		t 値	p 値	d
	平均	SD	平均	SD	df=99		
推定 FIQ	101.04	18.16	100.56	15.65	0.10	.923	0.03
知識	11.08	2.97	11.50	3.01	−0.52	.608	0.14
行列推理	9.20	3.47	8.63	3.56	0.61	.546	0.16

高橋・三谷（2019）より引用

視写文字数や音読時間は，推定 FIQ との相関はなかったが，下位検査レベルでは黙読課題と同様，いずれも「知識」と弱い相関が見られた。書字も学習において重要なスキルであり，知識の習得に影響があった可能性がある。ただし，知能検査の下位検査レベルの解釈には慎重さが求められることから，読字・書字能力と知能，学力の関係については今後さらに検討が必要である。

視写や音読のエラー数は，推定 FIQ，下位検査のいずれとも無相関であった。黙読課題は誤答数が少なかったため相関は求めず，誤答の有無で，知能関連の指標に差があるかを検討したが，差はみられなかった（表6-14）。

まとめると，RaWF の速度指標の中でも黙読については知的能力，とりわけ結晶性知能と弱い関連が示唆されるが，視写や音読は知的能力との関連はほとんどないと言える。また，RaWF の各課題におけるエラーの多さは，知的能力とは無関係であると言える。以上の結果から，RaWF の各課題は，全般的知的能力から影響を受けにくい読字や書字の効率を測定する課題として妥当であったと言える。

7.2. RaWF における速度指標と正確さ指標の関連

一般に，課題遂行において速く反応しよう

とすればミスが増え，正確さを重視すれば速度は遅くなる。この関係を速さと正確さのトレードオフと呼ぶ。RaWF は言語能力ではなく，対象者の言語情報処理の速さを測定することを主たる目的としている。そのため，いずれの課題でも「できるだけ速く」と教示している。しかし，速さを追求した結果，正確さが犠牲になるトレードオフが生じていたとすると，速度指標として適切とは言えない。そこで，課題ごとに，速さと正確さの指標の関連について検討した。

黙読課題は，誤答が少ない課題であることから，全問正解者（85 名，平均＝579.55，SD＝163.00）と誤答があった者（16 名，平均＝527.25，SD＝109.86）で文字数を比較した結果，その差は有意でなかった（t（99）＝1.23，p＝.222，標準化平均値差 d＝0.34）。これは妥当性検証の際に集団実施した場合と同様の結果であり，速く読もうとすることで誤答が増えることはなかったと言える。

視写課題において文字数と総エラーの関連を見ると，無意味文では弱い相関（r＝.27）が見られたのに対し，有意味文では無相関（r＝.03）であった（表 6-13）。無意味文の視写は単純作業の要素が強くなることから，速さと正確さのトレードオフがある程度生じていると考えられる。無意味文と有意味文では総エラーの平均値に差が無いにもかかわら

ず，有意味文ではこのトレードオフが見られないことから，それぞれの課題でエラーの意味が若干異なっているかもしれない。言語的な知識を使って文字を意味的なまとまりとしてとらえる過程で，思い込みなどからエラーが生じていた可能性も考えられる。

音読課題において音読時間とエラー数はほぼ無相関（$r=-.08$）だった（表6-13）。非単語の音読では，急いで読もうとすることで読み間違いが増える傾向はないと言える。

7.3. 視写課題における有意味文と無意味文の文字数差

無意味文は有意味文と比べると，漢字，単語の知識や文脈を利用することができない。そのため，無意味文は言語能力に影響を受けにくい，作業としての筆記速度を測定していると考えられる。無意味文と有意味文の文字数を比較すると，有意味文のほうが有意に文字数が多かった（表6-4; $t(100)=11.49$，$p<.001$，$d=0.39$）。この差は，言語的な知識や文脈情報を利用して，書き写す際に言語的なまとまりとして情報を認識し，筆記することによる時間的な短縮を表していると考えられる。しかし，視写速度を表す文字数の指標間の相関は$r=.94$と非常に高い（表6-13）。これは，筆記の速さの多くの部

分は純粋な文字筆記のスピードによって決まり，知識や文脈で変動する部分はさほど大きくないためであると考えられる。

7.4. RaWF 各指標間の関係

各速度指標間，正確さ指標間の関係から各指標で測定される能力について検討する。

黙読課題，視写課題，音読課題の速度指標同士の相関を見ると，すべて.50前後の値となっている（$|r|=.47\sim.54$）。言語に関係する課題とはいえ，黙読では意味的判断を求められるのに対し，無意味文の視写や音読課題では意味処理は関与しない。また視写課題では持続的に上肢の運動を求められるのに対し，音読課題は上肢の運動をまったく伴わない。さらに，いずれも全般的知能との関連は弱く，課題間の相関は知的能力によって説明することもできない。これらのことから，3つの課題の速度指標は，情報の入力，出力を含む文字情報の処理速度によって説明される部分が大きいのではないかと考えられる。

正確さ指標間の関係については，視写課題と音読課題ではエラーの数同士の相関を求め，黙読課題では誤答が少ないため，誤答の有無で協力者を分け，視写課題と音読課題のエラー数を比較した。まず，黙読課題の誤答の有無別に他の課題のエラー数を見ると（表

表6-15　黙読課題における誤答の有無別，視写課題と音読課題のエラー数

		黙読誤答	度数	平均値	SD	t $df=99$	p	d
視写	無意味	なし	85	1.18	1.28	0.67	.502	0.18
		あり	16	0.94	1.39			
	有意味	なし	85	1.16	1.38	0.27	.784	0.07
		あり	16	1.06	1.29			
音読		なし	85	3.25	2.62	0.63	.533	0.17
		あり	16	2.81	2.10			

6-15)，いずれも有意な差はなかった。続いて，視写課題の総エラーと，音読課題のエラー数の相関（表6-13）を見ると，音読課題のエラー数は無意味文の総エラーと相関が見られる（r=.35）一方，有意味文では見られなかった（r=.05）。無意味文の視写と

非単語音読に共通に関わると考えられる処理であり，有意味文に含まれないものとして，意味処理を伴わない文字認識の正確さ（ミスの少なさ）があげられる。今回見られた弱い相関は，それを反映したものである可能性も考えられる。

8 RaWF の検査器具としての特性のまとめ

　本章では，RaWF の検査器具としての特性について，さまざまな視点から分析した。RaWF は読解を伴う黙読の速さ，ひらがなの文字を音に変換して発声する流暢さ，文字を認識して書き写す書字の速さの指標として，妥当性と信頼性の根拠を持った課題であると言える。被検査者が課題に真剣に取り組む限り，その人の速さの上限に近い値を測定することが可能であり，速さを求められることで正確さが損なわれる可能性は低い。ただし，正確さの指標については，いずれの課題もやや信頼性が低くなることから，量的な評価は慎重に行うべきである。エラーが多い場合は，速度指標の解釈についても慎重さが求められることに加え，なぜ多くのエラーが生じたか，課題の実施状況や，被検査者からの聴き取り，他の検査結果等もふまえた検討が必要になる。黙読，音読，視写それぞれで求められる活動は大きく異なっているが，速さという点においては相互に関連があり，文字に関する入出力，情報処理の速度を規定する認知機能の存在がうかがわれる。なお，RaWF の対象年齢としては18歳から20代の，学業に取り組む人たちとすることができるが，視写については20代で速度の低下が始まる可能性がある。この課題で示される標準得点は成人期全般に適用できるわけではないという点にも留意する必要である。

◆引用文献

Cicchetti, D. V. (1994) Guidelines, criteria, and rules of thumb for evaluating normed and standardized assessment instruments in psychology. *Psychological Assessment*, 6, 284-290.

大六一志（2011）簡易実施法．藤田和弘・大六一志・山中克夫・前川久男（編）日本語版 WAIS-Ⅲの解釈事例と臨床研究．日本文化科学社，183-195.

加能作次郎（1999）早稲田神楽坂．毎日新聞社（編）大東京繁昌記．毎日新聞社（東京日々新聞，1927）.

河野俊寛（2014）学齢期に読み書き困難のエピソードがある成人8例の読み書き流暢性及び認知特性──後方視的研究．LD 研究，23，466-472.

河野俊寛・岡部康英・嶋 美紀（2013）高校生の書字速度及び読みの流暢性──A 県立高校3校の1年生の書字速度測定課題及び単語探索課題の結果から．LD 研究，22，476-483.

倉田百三（1953）青春をいかに生きるか．角川書店．

三輪まり枝・林 弘美・管野和子・久保明夫・石田みさ子・築島謙次（1998）正常者の読み速度について──ロービジョン者との比較において．日本視能訓練士協会誌，26，263-267.

田井中秀嗣（1979）筆写作業時間について──漢字仮名混りとひらがなの比較．大阪府立公衆衛生研究所研究報告，17，39-44.

高橋麻衣子・清河幸子（2013）読解活動における眼球運動の役割──黙読時と音読時の比較から．認知科学，20，470-480.

高橋知音・三谷絵音（2019）大学生のための読字・書字課題と読み書き支援ニーズ尺度の開発．高等

教育と障害，**1**，1-11.

特異的発達障害の臨床診断と治療指針作成に関する
　研究チーム（2010）特異的発達障害　診断・治
　療のための実践ガイドライン――わかりやすい診
　断手順と支援の実際．診断と治療社.

Wechsler, D.（日本版 WAIS-Ⅳ刊行委員会翻案）
　（2018）日本版 WAIS-Ⅳ知能検査 理論・解釈マ
　ニュアル．日本文化科学社.

第7章 RaWSN（読み書き支援ニーズ尺度）マニュアル

1 読み書き支援ニーズ尺度と短縮尺度

日本国内では SLD が見過ごされている例が多いと思われる。そのため，大学での学修における困難の背景に未診断の SLD がある可能性を探る方法がなければ，適切な支援に結びつけることができない。そこで，現在や過去の学習上の困難を自己報告する「読み書き支援ニーズ尺度（Reading and Writing Support Needs scale: RaWSN, ロースン）」を開発した。この尺度の項目は，事例報告や当事者の手記に書かれた，SLD やディスレクシアのある人が経験しがちな困難や，既存の尺度に含まれる項目を参考に作成された。この尺度の結果のみから SLD があると言うことはできないが，その結果を手がかりとして詳しい検査を行うことで，学生への効果的な支援法の提案や，合理的配慮の提供につなげることが期待される。

この自己報告型尺度は，大学生を対象に，現在および小学生時代における，学修（学習）に関する困難経験を問う 93 項目から構成されている。項目数が多いことから，利用目的に応じて選択可能な複数の短縮尺度も作成した（表 7-1）。短縮尺度は，大学生の学修困難に関する研究への利用や，多数の学生を対象にスクリーニング調査として実施することを想定している。最も項目数が少ない短縮尺度は 7 項目であり，教育機関が学生対象に実施する各種調査の一部として利用することも可能である。下位尺度も含めた全体構成を図 7-1 に示す。

表 7-1　読み書き支援ニーズ尺度と短縮尺度の概要

名称	略称	項目数	想定される利用方法
読み書き支援ニーズ尺度	RaWSN	93	学修（学習）に関するどのような点に困難を感じているか，どのような背景要因が考えられるかを網羅的に把握する。
大学生学修困難尺度	LDSP28	28	学修を支える 5 つの領域のどこで困難が大きいかを評価する。研究利用にも適している。
小学生時代の学習困難尺度	SCLD41	41	SLD に関連があると思われる 9 つの領域について，小学生時代にどの程度経験していたか評価する。研究利用にも適している。
大学生学修困難尺度短縮版	LDSP7	7	実際の読み書きの遅さと関連が強い 7 項目で，学修困難の可能性を短時間で評価する。支援対象学生のスクリーニングに適している。
小学生時代の学習困難尺度短縮版	SCLD10	10	実際の読み書きの遅さと関連が強い 10 項目で，潜在的な SLD の可能性を短時間で評価する。支援対象学生のスクリーニングに適している。

高橋（2021）より引用し一部改変

読み書き支援ニーズ尺度 RaWSN (93)				大学生学修困難尺度 LDSP28	読解苦手	7	大学生学修困難尺度短縮版 LDSP7
	大学生	書くこと	13		聴覚処理の弱さ・不注意	6	
		読むこと	16		読字困難	6	
		その他	15		書字・書き取り苦手	5	
					記憶・学習苦手	4	
	小学生	書くこと	19	小学生時代の学習困難尺度 SCLD41	読解苦手	7	小学生時代の学習困難尺度短縮版 SCLD10
		読むこと	17		漢字学習困難	6	
		その他	13		文字の視覚処理エラー	4	
					読み書きルール学習困難	7	
					記憶・聴覚的注意の弱さ	5	
					説明苦手	3	
					書き取り苦手	3	
					書字困難	3	
					計算苦手	3	

図7-1　読み書き支援ニーズ尺度と短縮版の全体構成（数字は項目数）

　なお，本書では大学での学びを指す「学修」と，高校までの学びや一般的な知識やスキルの習得を指す「学習」を使い分けている。大学での学びを「学修」とするのは，文部科学省における用語の使用にならったものである（第2章，p.7）。本章では学修と学習を意図的に使い分けている点にも留意して読んでほしい。

1.1. RaWSN の概要

　RaWSN は，三谷・高橋（2016）が作成した大学生の読み書き困難に関する質問項目を尺度として構成したものである。支援のために学修の困難状況を網羅的に把握する目的での使用を想定している。

　項目は SLD やディスレクシアがある人の手記，事例研究論文，既存の尺度をもとに作成され，大学生としての現在と小学生時代の困難経験をたずねるものが含まれる。小学生時代のことも問うのは，大学は専門分野に

よって求められる読み書きの量や水準が異なる一方，小学校では誰でも同じような学習活動を経験していると考えたからである。

　例えば，SLD のある人は音読がスムーズにできないことがあるが，大学で音読を求められる場面はほとんどないだろう。このような場合，小学生時代に困っていたとしても，大学生活の中では困難経験として出てこない。一方，全般的知的能力が高く，SLD の傾向がそれほど強くない場合，学習内容が比較的簡単な小学生時代は，読み書きの苦手さを理解力で補ったり，学習方法の工夫をしたりすることで，困難が目立たないこともある。そのような場合でも，大学で学修内容が高度になり，読み書きを含む課題の量が増えると，補いきれずに困難を経験する場合もある。実際に，学齢期の早期に SLD と診断される人が多い米国でも，ロー・スクールやメディカル・スクール（法律の専門家，医師になるための大学院レベルの高等教育機関）に

進学して初めて診断を受け，合理的配慮を利用する学生もいる。これらのことから，小学生時代と現在の両方について，学修（学習）に関する困難経験を問うことは重要である。

　この尺度で困難経験を問う基本的学習技能としては，「書くこと」と「読むこと」を主な対象とした。文部科学省の学習障害の定義では聞く，話す，読む，書く，計算する，推論するの6領域があげられているが，SLDの研究は読み書きを中心に進められ，学修に関する合理的配慮も読み書きに関するものが多い。

　以上をふまえ，RaWSN の項目は，内容面から6つの下位尺度に分類された（下位尺度ごとの項目リストは pp.129-130, 表7-3）。「書くこと」「読むこと」「その他」それぞれで，現在と小学生時代の困難経験をたずねる。下位尺度ごとの項目数は図7-1に示した。書くことついては，書字，メモ（ノート）取り，文章作成，文法，書くことへの態度に関する項目を含む。読むことについては，読字，音読，読解，読書，読むことへの態度などの項目を含む。その他には，聞くこと，話すこと，記憶，計算などの項目を含む。いずれも「あてはまる」から「あてはまらない」までの4件法で，高得点ほど困難を多く感じていることを表している。項目作成の詳細は，第8章に記載した。

　この尺度は項目数が多く，読むことに苦手さがある場合は回答者にとって負担が大きいことから，実施の際は回答者の希望に応じて読み上げ実施を行う。

　下位尺度は項目内容による分類によって構成されたものであり，因子分析等の統計的検討によって作成されたものではない。よって，尺度得点から読むこと，書くことに関する全体傾向をつかむことができるが，より具体的な困難状況や背景要因を検討する際は，以下に示す短縮版の下位尺度得点を算出するか，項目レベルでの検討が必要となる。

1.2. LDSP28 の概要

　大学生学修困難尺度（Learning Difficulty Scale for Postsecondary students: LDSP28）は，大学生が経験する学修困難を5つの側面から検討するための尺度である。大学生（現在）の学修困難に関する44項目を因子分析した結果に基づいて作成した（詳細は第8章）。因子分析の結果，いずれの因子にも負荷量が高くならなかった項目を削除し，最終的に28項目を残し，5つの下位尺度（読解苦手，聴覚処理の弱さ・不注意，読字困難，書字・書き取り苦手，記憶・学習苦手）を構成した。RaWSN 全体に比べると項目数が少ないことから，他の調査等と組み合わせても実施しやすい。「書くこと」「読むこと」といった大きなくくりでなく，学修に関わる個別の要素について，幅広く検討することが可能であるため，研究目的にも利用可能である。RaWSN 全93項目を実施した上で，この短縮版用に構成された下位尺度得点を算出してもよい。

　なお，英語名の postsecondary students は「中等教育（中学校，高校）後の学生」という意味である。本尺度の対象が，専門学校生や大学院生も含むことから，この単語を用いた。本マニュアルには略称が多く出てくるが，postsecondary の「P」が入っているのが大学生向けの尺度であると覚えてほしい。

1.3. SCLD41 の概要

　小学生時代の学習困難尺度（Scale for Childhood Learning Difficulties:

SCLD41）は，回答者が小学生時代に経験した学習場面での困難経験について，9つの側面から検討するための尺度である。この尺度は，SLDやディスレクシアのある小学生が経験することの多い困難を項目化している。そのため，この尺度における高得点は，読み書き困難の背景にSLD等がある可能性を示唆する。ただし，尺度得点のみから障害の有無等に言及することはできない。

本尺度は，小学生時代の学習困難に関する49項目を因子分析した結果に基づいて作成した（詳細は第8章）。因子分析の結果，いずれの因子にも負荷量が高くならない項目を削除し，41項目で9つの下位尺度（読解苦手，漢字学習困難，文字の視覚処理エラー，読み書きルール［正書法］学習困難，記憶・聴覚的注意の弱さ，説明苦手，書き取り苦手，書字困難，計算苦手）を構成した。大学生における学修困難は，環境要因（例えば，所属する学科，専攻）に大きく影響を受ける一方，小学生時代はほとんどの人が同様の学習経験をしていると考えられ，学習困難は学習スキルや認知機能の状態を反映しやすい。下位尺度は最も項目が少ないものでも3項目から構成されており，信頼性も確認されていることから，研究目的にも利用可能である。RaWSN全93項目を実施した上で，この短縮版用に構成された下位尺度得点を算出してもよい。なお，本尺度はchildの「C」が入っているから子ども時代の尺度であると考えると，覚えやすい。

1.4. LDSP7とSCLD10の概要

2つの短縮版は，より少ない項目で，実際の読み書きの困難さを予測することを目指して作成された。RaWFの速度指標と関連の強い項目を，内容のバランスも加味し，大学生学修困難尺度短縮版（LDSP7）として7項目，小学生時代の学習困難尺度短縮版（SCLD10）として10項目選択した。いずれの短縮版も，黙読，音読，視写のすべての速度指標と「弱い」から「中程度」の相関が見られる尺度となった。現在の学修困難状況の把握のためには，LDSP7を用いるとよいだろう。潜在的なSLDのある学生を支援に結びつけたいという目的であれば，SCLD10を用いるとよい。いずれも現在の読み書きの遅さによる学修困難を予測することができる尺度ではあるが，学修関連技能を幅広く評価するものではない。そのため，この尺度で高得点を示す学生については，RaWSN全項目もしくはLDSP28，SCLD41を組み合わせて実施し，より具体的に困難状況を把握することが求められる。また，項目数が限られているため，短縮尺度に含まれなかった項目に関して困難を感じている可能性は否定できない。これらの尺度で得点が低いからといって，「読み書きに困難がない」とは限らないことに注意してほしい。

2　適用年齢と対象

RaWSNは，RaWFと同時に標準化データを収集しており，協力者の構成は18〜26歳の，専門学校（専門課程を置く専修学校），大学，大学院に所属する学生101名である。尺度構成にあたっては，さらに110名の大学生に集団実施したデータを追加して分析を行っている。これは，自己報告型尺度は集団実施する機会が多いことと，因子分析を

行うにはデータ数が不十分と考えたからである。ただし，RaWF と同じ基準で評価するために，得点の評価基準（パーセンタイル値）の算出は，RaWF と同じ 101 名のデータによるものである。

　以上から，この尺度の主たる適用年齢は，18 歳から 20 代までの学生ということになる。ただし，この尺度は年齢と共に変化する能力を評価する検査ではないこと，大学生活に特化したような項目は非常に少ないことから，高校生や社会人に実施しても，読み書きや学ぶことに関連する困難の傾向を見る上で意味のある情報が得られると考えられる。と

くに小学生時代の経験を問う尺度については，小学生時代を振り返って評価可能な人であれば，18 歳未満の高校生や，30 代以降の成人であっても，支援への手がかりとして意味のある情報が得られるだろう。

　ちなみに，教育機関に所属していないと答えにくい項目としては，項目 14「授業などを聞けば理解できるが……」，大学等以外ではあまり使わない用語として項目 20「本や論文等の要点を……」がある。大学生以外の対象者に実施する場合は，補足説明が必要となる。

3　尺度使用にあたっての注意事項

　学生支援や研究目的での尺度利用にあたって，著者の許諾を得る必要はない。尺度の実施者がなんらかの資格を持っていることを必須要件としてはいないが，公認心理師，臨床心理士，特別支援教育士，臨床発達心理士，学校心理士，言語聴覚士等の資格を持っていることが望ましい。その理由は，結果の意味が十分に理解できない場合や，守秘義務等結果の取り扱いについて適切な利用ができない場合に，誤った判断や，個人の権利の侵害につながるリスクが生じるからである。

　研究目的で実施する場合は，所属機関や所属学会の研究倫理に関するルールに則って実施する。学部生や大学院生であっても，指導

教員の指導を受けながら実施してかまわない。

　実施にあたっては，所持する資格に関する団体，所属する職場，教育機関，研究機関，学協会の倫理綱領，規則等に従うことを原則としつつ，以下の 3 点を厳守する。

> ・本書をよく読み，利用方法や結果の意味を理解した上で利用する。
> ・質問項目を出版物やインターネット等で公開しない。
> ・質問項目や回答の選択肢を改変しない。

4　尺度の準備

　この尺度は，専用の用紙に印刷されたものを使用する形式ではないため，実施状況に応じて適宜実施者が必要な要素を組み合わせて用いる。紙に印刷して実施する場合，見やす

いフォントを利用する，色のついた用紙に印刷するなどによって，読みに苦手さを感じている人にとって回答しやすくなる場合がある。個別実施の場合は，印刷した質問紙また

はタブレット端末等に質問を画面提示しながら実施者が読み上げる，質問紙なしで口頭でのやりとりで実施することも可能である。質問項目を視覚提示しない場合でも，一部の質問では，例示カードを提示する。

集団実施の場合は，回答にマークシートを用いたり，オンライン調査フォームを使って実施してもよい。

尺度に構成した例は【資料】（本書 pp. 170-184）に掲載した。また，金子書房のウェブページよりダウンロードして用いることもできる（本書 p.169「付録のダウンロードおよび使用に関して」を参照）。ダウンロードして利用する場合は，サイトの利用規約を読んで利用する。

「必ず含む構成要素」については，原則としてそのまま用いる。追加の説明文や尺度項目以外の質問等は，使用目的に応じて適宜追加する。

4.1. 必ず含む構成要素

●教示文

以下の教示は，原則として表現を変えずに用いる。とりわけ，大学生項目と小学生項目の両方を実施する場合は，下線を引く，文字サイズを大きくする，太字にするなど，目立つように強調する。以下は，紙に印刷して実施する場合の教示文の例である。

【大学生項目に関する教示】

「現在の学生生活の中で，自分に最もあてはまると思うものに○をつけてください」

【小学生項目に関する教示】

「あなたの小学生時代の中で，自分に最もあてはまると思うものに○をつけてください」

オンライン実施等で回答方法が異なる場合は，文末を適宜変更する（例「あてはまる選択肢をクリックしてください」「あてはまる選択肢をマークしてください」など）。

●回答例

集計の対象とならない例示項目を示し，実施方法に合わせて，回答例を記載する。紙に印刷して実施する場合は，選択した数字に○をつけた例を示す。

標準化の際は，例示項目として「小学生時代はよく本を読んでいた」を用いた。

●項目

項目の言葉は変更しない。また，質問だけでは意味がわかりにくいものがあるため，例示があるものは例を必ず含む。例の一部では，本尺度用に合成した文字（誤字の例）を用いている。

合成文字を含む項目（項目 1，項目 45）は可能な限りダウンロードしたファイルの合成文字を用いる。

カード提示できない状況で読み上げ実施を行う場合等，合成文字を利用できない場合は，表 7-2 のように例を変更する。

表7-2 合成文字を使用できない場合の例示の変更

項目 1	（例：「自虐的」等の熟語で使われる「虐」の漢字において，下の部分のアルファベット大文字の E に似た部分を，カタカナの「ヨ」にしてしまう。「短い」という漢字の「矢」と「豆」が左右逆になってしまう。）
項目 45	（例：ひらがなの「し」をアルファベット大文字の「J」のように書いた）

●選択肢

各選択肢の言葉は変更せず，以下のものを用いる。

```
┌─────────────────────────────────────┐
│  1  あてはまらない                    │
│  2  どちらかといえばあてはまらない    │
│  3  どちらかといえばあてはまる        │
│  4  あてはまる                        │
└─────────────────────────────────────┘
```

4.2. 目的に応じて適宜含む要素

●調査のタイトル

「学生生活調査」「困りごと調査」「学修に関するアンケート」「大学生の学修に関する研究」など，実施目的に応じてつける。

●実施責任者，実施機関（連絡先）

実施する組織，部署名，個人で実施する場合は実施者の名前と連絡先などを記載。

●実施目的

実施の目的（学生支援，研究）に応じて記載する。また，他の尺度等と併用する場合，この尺度で評価しようとすることの概要を記載してもよい（例：これは学修場面での困りごとに関する調査です）。ただし，障害の有無の判断を目的とした尺度ではないので，「障害について調べる」といった書き方はしない。

●個人情報の扱いや回答者の権利についての説明

得られた情報をどのように扱うか，回答者の権利保障など，実施の文脈に応じて記載す

る。

●氏名，年齢，所属，学籍番号（学生番号）等，背景情報についての設問

目的に応じて，回答者自身の背景情報についてたずねる。

●その他の質問項目等

他の尺度等と同時に実施することはかまわないが，選択肢や教示を他の尺度とまとめるのではなく，前述の「必ず含む構成要素」については，そのまま用いる。

●クレジットタイトル

実施用の印刷物等には，「RaWSN」「SCLD41」「LDSP7」等，使用した項目セットがわかるような記載を入れる。

4.3. 個別実施における回答カードと例示カード

個別実施において，回答者が読むことに困難を感じている場合は，実施者が質問を読み上げて実施する。その際，選択肢は「回答カード」を印刷して利用する。一部の項目は視覚的な例示が含まれているため，例を拡大印刷した「例示カード」を用いて実施する。カードは金子書房のウェブページからダウンロードして利用する（本書 p.169 参照）。標準化の際は，各カードを A5 サイズで印刷し，厚紙に貼り付けて利用した。タブレット端末等で提示してもよい。

5 実施法

5.1. 教示

個別実施する場合には，実施形式の希望を回答者にたずね，読み上げ実施の希望があれば，実施者が質問を読み上げ，回答を記入する。もしくは，質問紙を回答者に渡した上で読み上げを実施し，回答者が自身で回答して

もよい。教示は厳密に以下の教示文に従わなければならないというわけではない。また、印刷された質問紙以外の方法で実施する場合（タブレット端末等），回答方法等は状況に応じて指示する。

　いずれの場合も，<u>現在の大学生活についてたずねているのか，小学生時代についてたずねているのかを強調する</u>。

　各短縮版もこれに準じて実施する。

5.2. 質問紙（紙に印刷されたもの）で個別実施する場合の実施マニュアル

■準備するもの

- ・質問紙
- ・回答カード（4つの選択肢を拡大印刷したもの）
- ・例示カード（質問項目に含まれる例を拡大印刷したもの）

■実施手続き

▶ 質問紙を置く

▶「これから，現在と過去の読むこと・書くことについてお聞きしたいと思います。現在の学生生活の中でのこと，小学生の頃のことについてお答えください」

▶「回答は，ご自分で質問を見てペンで答えていただく回答方法と，私が質問を読み上げ，口頭で答えていただく回答方法のいずれかをお選びいただけます」

①回答者が自分で読む場合

▶「（例を指差しながら）回答は，このように自分にあてはまると思うものに〇をつけてください」

▶「途中で読むのに疲れたら，途中から私による読み上げ方式に切り替えることもできます。気軽に言っていただければと思います」（回答者の様子も見ながら柔軟に対応する）

▶「問題は，全部で93問（短縮版の場合は実施する項目数）あります。ありのままにお答えください。何か質問はありますか？」

▶「では，どうぞ，ページをめくって始めてください」

②実施者が音読する場合

▶「（「回答カード」を提示）例えば，「小学生時代はよく本を読んでいた」，これが，自分にあてはまるのなら『4』とお答えください。あてはまらないのであれば『1』とお答えください」

▶「回答カード」を回答者の前に置く。

▶ 項目1から読み上げを開始する。

▶ 例示を含む項目（1, 9, 10, 11, 22, 26, 27, 28, 29, 31, 42, 44, 45, 54, 55, 56, 57, 58, 71, 73, 78, 79, 83, 93）では「例示カード」を提示する。

▶ 口頭で言ってもらった回答を記録する。

6　集計法

　各項目において，選択した数字を得点とし，実施した尺度に応じて下位尺度ごとに尺度得点を算出する。エクセルの集計表（ダウンロード付録）を使う場合，該当する項目の緑色のセルに回答の数字を入力すると，自動

的に尺度得点が算出される。手計算をする場合には，集計表（表7-3，表7-4）の各項目の空欄に数字を記入する。縦方向に数字を合計し，表上部の「合計」の欄に合計の値を記入する。それを，回答の記入がある項目数

表 7-3　尺度得点集計表（大学生［現在］：項目 1〜44）

各項目の回答を記入
→　合計欄に合計を記入
→　項目数で割って尺度得点を算出
　　（無回答の項目がある場合，回答した項目数で割る）

	RaWSN			LDSP28						LDSP7
	書くこと	読むこと	その他	読解苦手	聴覚処理の弱さ・不注意	読字困難	書き取り苦手	書字・書き苦手	記憶・学習	
平均	1.91	1.97	2.19	2.46	2.34	1.47	2.05	2.32		1.99
SD	0.50	0.47	0.51	0.66	0.67	0.46	0.68	0.72		0.50
85 % ile	2.46	2.50	2.73	3.14	3.17	2.00	2.80	3.00		2.42
90 % ile	2.62	2.56	2.80	3.43	3.17	2.00	3.00	3.50		2.71
95 % ile	2.77	2.69	3.07	3.57	3.50	2.50	3.20	3.75		2.86
尺度得点										
合計										

1. 漢字の左右が逆になる　　1
2. 漢字を書くと大きくバランスの悪い形になる　　2
3. 読みにくい文字を書く　　3
4. 正しい書き順で書けない漢字が多い　　4
5. 送り仮名の表記ミスが多い　　5
6. 聞いたものを書き取ると，書き誤る　　6
7. 聞いたものを整理して書くのが苦手である　　7
8. 自分の考えを整理して文章にするのが苦手である　　8
9. 文章を書く時に句読点を適切に打つのが苦手である　　9
10. 文章を書く時に，助詞を正しく使うのが難しい　　10
11. 長い単語では，誤って文字を入れ替えて書くことがある　　11
12. 決められた枠の中への書き込みが苦手である　　12
13. 文字を書くことを避ける　　13
14. 授業などを聞けば理解できるが，資料や教科書などを読むだけ…　　14
15. 読み書きのある仕事や課題はなるべく避ける　　15
16. 文章を読むことをなるべく避ける　　16
17. 文章を読むのに時間がかかる　　17
18. 厚い本を読むのが苦手である　　18
19. 文章を理解するために何度も読み返す　　19
20. 本や論文等の要点をとらえるのが難しい　　20
21. 文章を目で追うことはできるが，書かれている内容が頭に入らない　　21
22. ひらがなやカタカナの単語を見ると，その言葉の区切りがわか…　　22
23. 音読が難しい　　23
24. 文章を読んでいると，行を飛ばしたり逆戻りしたりしてしまう　　24
25. どこを読んでいるのかがわからなくなる　　25
26. 文末を勝手に読みかえてしまう　　26
27. 文字の形が似たひらがな・カタカナ・数字を読み間違えてしまう　　27
28. 漢字を見て，似たような形や意味の漢字と間違える　　28
29. 漢字の勝手読みがある　　29
30. 内容をわかりやすく簡潔にまとめて伝えることが難しい　　30
31. 似た音を聞き間違える　　31
32. 口頭での指示の理解が難しい　　32
33. 聞きもらしがよくある　　33
34. 会議や議論，講義で話されている内容が頭に入ってこない　　34
35. 物の名前がなかなか思い出せないことがある　　35
36. 新出用語や授業で習った言葉がなかなか覚えられない　　36
37. 読書後や，その途中でも内容を思い出すのが難しい　　37
38. 固有名詞がなかなか覚えられない　　38
39. ある場面でのエピソードを思い出そうとしても，思い出しにくい　　39
40. 人が何を言っていたかを思い出せない　　40
41. 暗算が苦手である　　41
42. 計算記号をよく間違えて計算する　　42
43. 地図を読むのが苦手である　　43
44. ものの名前をよく間違える　　44

表 7-4　尺度得点集計表（小学生時代：項目 45〜93）

各項目の回答を記入
→　合計欄に合計を記入
→　項目数で割って尺度得点を算出
　　（無回答の項目がある場合，回答した項目数で割る）

	RaWSN			SCLD41									SCLD10	
	書くこと	読むこと	その他	読解苦手	漢字学習困難	文字の視覚処理エラー	読み学習スキル	記憶・注意の弱さ	記憶・聴覚的	説明苦手	書き取り苦手	書字困難	計算苦手	SCLD10
平均	1.83	1.70	2.00	2.06	1.88	1.18	1.45	1.91	2.84	1.75	2.35	1.78	1.87	
SD	0.61	0.52	0.55	0.77	0.67	0.39	0.55	0.67	0.84	0.84	0.96	0.72	0.59	
85 % ile	2.36	2.24	2.62	3.00	2.83	1.50	2.60	2.60	3.67	2.67	3.33	2.67	2.50	
90 % ile	2.68	2.35	2.77	3.14	3.17	1.50	2.14	2.80	4.00	3.00	3.67	2.67	2.70	
95 % ile	3.00	2.65	3.00	3.43	3.33	1.75	2.71	3.20	4.00	3.67	4.00	3.00	2.90	
尺度得点														
合計														

45.	小学校高学年になっても，鏡文字のひらがなを書いて…	45
46.	字のパーツのバランスが悪かった	46
47.	正しい書き順で書けない文字が多かった	47
48.	送り仮名の表記ミスが多かった	48
49.	漢字の細かい部分をよく書き間違えていた	49
50.	視力には関係なく，黒板や教科書に書かれた文字を…	50
51.	聞いたものを書き取ると，書き誤りが多かった	51
52.	授業で先生の言ったことを書きとめるのが苦手だった	52
53.	自分の考えを整理して文字にするのが苦手だった	53
54.	句読点（、。）を正しく打つのが苦手だった	54
55.	文を書く時，「〜は」「〜へ」を，「〜わ」「〜え」…	55
56.	文を書く時，「〜は」「〜に」「〜を」などを正しく…	56
57.	促音，拗音，長音のある語をよく書き間違えていた	57
58.	長い言葉では，誤って前後の文字を入れ替えて書いて…	58
59.	ひらがなやカタカナは，読むことはできるが書くのが…	59
60.	習った漢字でも，読むことはできても書けない文字が…	60
61.	文字をまっすぐに書くのが苦手だった	61
62.	決められた枠の中への書き込みが苦手だった	62
63.	文字を書くことを避けた	63
64.	文字を読むことを避けた	64
65.	本を読むのが苦手だった	65
66.	文章を読むのが遅かった	66
67.	同じ文を何度か読まないと理解できなかった	67
68.	文章の要点を正しく読み取ることが難しかった	68
69.	教科書やプリントにふりがなをふって読んでいた	69
70.	文を読んでいると，行を飛ばしたり逆戻りしたりして…	70
71.	漢字の勝手読みがあった	71
72.	習った漢字でもなかなか読むことができなかった	72
73.	ひらがなやカタカナの単語を見ると，その言葉の区切…	73
74.	黙読だけでは文の意味が理解できなかった	74
75.	音読しても内容が頭に入ってこなかった	75
76.	音読をするとつっかえ，たどたどしく読んでいた	76
77.	音読みと訓読みの区別が上手くできなかった	77
78.	漢字を見て，似たような形や意味の漢字と間違えた	78
79.	文字の形が似たひらがな・カタカナ・数字を読み間違…	79
80.	視力には関係なく，文字に焦点を合わせようとすると…	80
81.	話す時に，内容をわかりやすく伝えるのが難しかった	81
82.	順序立てて説明するのが難しかった	82
83.	似た音の聞き間違いが多かった	83
84.	人の話を聞いている時に，聞きもらしがよくあった	84
85.	物の名前をなかなか思い出せなかった	85
86.	何度も練習しても，漢字が覚えられなかった	86
87.	授業で習った用語がなかなか覚えられなかった	87
88.	先生や友達の名前がなかなか覚えられなかった	88
89.	ある場面でのエピソードを思いだそうとしても，思い…	89
90.	周りの音に集中が乱された	90
91.	暗算が苦手だった	91
92.	九九がなかなか覚えられなかった	92
93.	計算記号をよく混乱させていた	93

で割り，尺度得点を算出する。

RaWSN の 93 項目すべてを実施した場合，各短縮版の下位尺度得点を算出することもできる。

7　結果の解釈

7.1. 尺度得点の評価基準

　尺度得点は，困難経験の強さが標準化サンプルにおいてどの程度の位置にあるかによって評価する。その際，この尺度は困難の程度を評価するものであることから，「困難の無さ」について細かく評価する必要はないと考えた。よって，尺度得点が上位 5 ％，10 ％，15 ％，すなわち 95，90，85 パーセンタイル（％ ile）を困難度の判断の目安とした。85 ％ ile は，正規分布の場合，平均＋1 標準偏差（SD）を少し超えた位置となる。

　これらのパーセンタイル値を超えた得点について，それぞれ「著しい困難がある（あった）」「かなり困難がある（あった）」「困難がある（あった）」という判断の言葉をつけた。これらは，評価の目安として利用してほしい。実際にどの程度の困難を感じているかは回答者の主観的なものであり，数字で明確に分けられるものではない。支援の必要性は，さらに環境要因，すなわち大学等でどの程度読み書きが求められるかによっても異なってくる。そのため，主観的には読み書きに著しい困難を感じていても，実際にはそれなりに課題をこなしている場合もあれば，尺度得点としては「困難」のレベルに達していなくても，学修に支障が出ている場合もあるだろう。下位尺度を構成する項目が多いので，尺度得点は低くても少数の項目で「3」「4」と回答していて，それが学修に大きな影響を及ぼすこともある。以上もふまえ，支援ニーズの評価という点においては，数値で機械的に判断するのではなく，常に対象者からの聴き取りを重視してほしい。

　評価基準として平均と SD から換算する標準得点ではなくパーセンタイルとしたのは，低い値（困難の少なさ）の得点化が尺度の趣旨に合わないことに加え，短縮版の一部の下位尺度で分布の偏りが大きかったという理由もある（標準化データにおける尺度得点の分布は第 8 章，図 8-1〜図 8-4 参照）。また，この尺度は診断を目的としたものではないことから，カットオフポイントは設定していない。

7.2. 読み書き支援ニーズ尺度（RaWSN）

7.2.1. 尺度得点の解釈

　RaWSN における下位尺度は，内容によって項目を分類したものであり，項目数も多い。そのため，尺度得点からそれぞれの領域の全般的な困難さを評価すると同時に，個別の項目の回答から，具体的にどのような点に困難を感じているかを読み取るようにする。尺度得点の評価基準は，表 7-5 に示した。

【書くこと】

　書くこと尺度が高得点の場合，書字，話を聞いてメモやノートを取ること，大学でのレポートや論文の作成（大学生の書くこと尺度），小学生時代の作文（小学生の書くこと尺度），文章を書く際の文法等に困難を感じ，書くことに対して消極的，否定的な態度を持っている（持っていた）と考えられる。書くことに関する幅広い項目を含むことか

表 7-5　下位尺度得点の解釈

解釈	パーセンタイル	大学生（現在）			小学生時代		
		書くこと	読むこと	その他	書くこと	読むこと	その他
困難がある（あった）	85 % ile	2.46〜	2.50〜	2.73〜	2.36〜	2.24〜	2.62〜
かなり困難がある（あった）	90 % ile	2.62〜	2.56〜	2.80〜	2.68〜	2.35〜	2.77〜
著しい困難がある（あった）	95 % ile	2.77〜	2.69〜	3.07〜	3.00〜	2.65〜	3.00〜

ら，具体的にどの領域に困難を感じている（いた）かは，個々の項目への反応や，短縮尺度における下位尺度の得点も参照して，検討する。

【読むこと】

読むこと尺度が高得点の場合，読字，音読，読解，読書に困難を感じ，読むことに対して消極的，否定的態度を持っている（持っていた）と考えられる。読むことに関する幅広い項目を含むことから，具体的にどの領域に困難を感じている（いた）かは，個々の項目への反応や，短縮尺度における下位尺度の得点も参照して，検討する。

【その他】

その他尺度が高得点の場合，聞くこと，話すこと，記憶すること，計算することに困難を感じている（いた）と考えられる。学修（学習）に関わる幅広い領域の活動が含まれることから，具体的にどの領域に困難を感じている（いた）かは，個々の項目への反応や，短縮尺度における下位尺度の得点も参照して，検討する。

7.2.2.　項目別の解釈

RaWSN は，SLD やディスレクシアのある人が経験しやすい困難を網羅的にまとめたものである。そのため，これを学生の学修困難について包括的に理解するためのチェックリストとして活用することもできる。具体的には，「3：どちらかといえばあてはまる」

「4：あてはまる」を選択した項目の内容から，どのような点で困っている（いた）か，そしてその背景要因について検討する。個別相談の場面で，学生と一緒に回答を見ながら，実際の様子についてさらに聴き取るとよいだろう。項目ごとの平均，*SD*，各選択肢の出現率，RaWF との相関を表 7-6 にまとめた。

同じ「3」の回答であっても，平均値が低く 3 以上の出現率が非常に小さいような項目（項目 1, 22, 28, 42, 45, 55, 59, 72, 73, 77, 78, 79, 80, 93；表 7-6 の選択肢別出現率で□をつけた項目）であれば，一般的な学生が感じないような困難を感じている（いた）と解釈できる。3, 4 の回答者が多い項目（8, 17, 19, 20, 21, 30, 33, 35, 41, 53, 61, 68, 81, 82, 91；表 7-6 の選択肢別出現率で下線を引いた項目）であれば，同様な困難を感じている（いた）学生が多いと言える（ただし「支援ニーズがない」という意味ではない）。

それぞれの項目に示されるような困難がある場合に想定される，背景要因についての仮説を表 7-7 にまとめた。これらは，文献や筆者の経験を踏まえて作成したものなので，あくまで解釈仮説の候補として用いてほしい。複数の項目であてはまることに加え，聴き取りの結果や，他の検査結果から仮説を支持する根拠が得られたら，それを採択するようにする。もちろん，ここにあげた仮説がす

表 7-6　各項目の記述統計，RaWF 各指標との相関

項　目	平均	SD	選択肢別出現率 (%) 1	2	3	4	黙読 文字数	音読 時間	エラー	無意味文視写 文字数	エラー	有意味文視写 文字数	エラー	文字数差	
大学生・書くこと															
1. 漢字の左右が逆になる	1.2	0.5	88.1	8.9	2.0	1.0	−.29	−.05	.39	−.02	−.06	−.03	.03	−.03	1
2. 漢字を書くと大きくバランスの悪い形になる	2.1	0.9	30.7	39.6	19.8	9.9	.06	.03	−.14	−.29	−.02	−.36	.08	−.28	2
3. 読みにくい文字を書く	2.4	1.0	24.8	28.7	30.7	15.8	.02	.13	.01	−.24	−.05	−.27	.20	−.14	3
4. 正しい書き順で書けない漢字が多い	2.2	1.0	30.7	36.6	18.8	13.9	−.39	.25	−.08	−.34	−.29	−.33	−.09	.00	4
5. 送り仮名の表記ミスが多い	1.7	0.8	50.5	32.7	12.9	4.0	−.36	.29	−.02	−.43	−.15	−.45	−.04	−.15	5
6. 聞いたものを書き取ると，書き誤る	2.0	0.8	31.0	46.0	19.0	4.0	−.29	.34	.01	−.53	−.11	−.56	.06	−.22	6
7. 聞いたものを整理して書くのが苦手である	2.2	1.0	26.7	34.7	26.7	11.9	−.12	.16	.02	−.34	−.13	−.38	.11	−.19	7
8. 自分の考えを整理して文章にするのが苦手である	2.7	1.0	15.8	27.7	30.7	25.7	−.01	.14	−.07	−.27	.04	−.29	−.12	−.12	8
9. 文章を書く時に句読点を適切に打つのが苦手である	1.9	1.0	47.5	25.7	16.8	9.9	−.10	.10	−.15	−.24	.00	−.24	.01	−.04	9
10. 文章を書く時に，助詞を正しく使うのが難しい	1.6	0.8	55.4	29.7	11.9	3.0	−.04	.10	−.06	−.14	−.17	−.27	−.01	−.41	10
11. 長い単語では，誤って文字を入れ替えて書くことがある	1.5	0.7	65.3	21.8	11.9	1.0	.14	.13	.11	−.08	.08	−.11	.17	−.11	11
12. 決められた枠の中への書き込みが苦手である	1.9	1.1	49.5	19.8	19.8	10.9	.03	.13	.05	−.19	−.10	−.20	.04	−.07	12
13. 文字を書くことを避ける	1.6	0.9	58.4	27.7	6.9	6.9	−.03	.11	−.19	−.27	.02	−.29	.23	−.13	13
大学生・読むこと															
14. 授業などを聞けば理解できるが，資料や教科書などを読むだけだと理解するのが難しい	2.2	0.8	20.8	43.6	30.7	5.0	−.06	.16	−.10	−.12	.00	−.22	.16	−.32	14
15. 読み書きのある仕事や課題はなるべく避ける	1.8	0.9	49.5	29.7	16.8	4.0	−.07	.16	.19	−.39	−.10	−.42	.20	−.17	15
16. 文章を読むことをなるべく避ける	1.6	0.9	57.4	26.7	11.9	4.0	.03	.04	.18	−.12	.00	−.13	.21	−.06	16
17. 文章を読むのに時間がかかる	2.7	1.1	17.8	22.8	29.7	29.7	−.19	.28	−.14	−.26	.06	−.24	−.08	.01	17
18. 厚い本を読むのが苦手である	2.5	1.1	24.8	26.7	21.8	26.7	−.09	.07	.03	.00	.01	−.01	−.09	−.03	18
19. 文章を理解するために何度も読み返す	3.0	0.8	4.0	16.8	51.5	27.7	−.13	.15	.06	−.03	.01	−.10	−.18	−.22	19
20. 本や論文等の要点をとらえるのが難しい	2.6	0.8	5.9	41.6	35.6	16.8	−.21	.23	.18	−.29	.09	−.30	−.12	−.08	20
21. 文章を目で追うことはできるが，書かれている内容が頭に入らない	2.5	0.9	16.8	32.7	35.6	14.9	.15	−.11	.18	.12	.02	.09	.02	−.07	21
22. ひらがなやカタカナの単語を見ると，その言葉の区切りがわからない	1.3	0.6	80.2	15.8	2.0	2.0	−.10	.00	.14	−.10	−.11	−.17	.23	−.28	22
23. 音読が難しい	1.7	1.0	57.4	20.8	14.9	6.9	−.14	.25	.01	−.27	.09	−.26	−.03	−.03	23
24. 文章を読んでいると，行を飛ばしたり逆戻りしたりしてしまう	1.9	0.9	44.6	27.7	23.8	4.0	−.19	.19	.04	−.15	.04	−.15	.13	−.03	24
25. どこを読んでいるのかがわからなくなる	1.8	0.8	42.6	34.7	19.8	4.0	−.02	.24	−.19	−.04	−.07	.00	.05	.10	25
26. 文末を勝手に読みかえてしまう	1.6	0.8	53.5	32.7	10.9	3.0	−.01	.02	.04	−.13	−.13	−.13	.09	−.12	26
27. 文字の形が似たひらがな・カタカナ・数字を読み間違えてしまう	1.5	0.8	63.4	24.8	8.9	3.0	.18	.15	.20	−.08	.19	−.14	.05	−.20	27
28. 漢字を見て，似たような形や意味の漢字と間違える	1.2	0.5	84.2	13.9	1.0	1.0	.03	.01	.06	−.12	.03	−.22	.06	−.42	28
29. 漢字の勝手読みがある	1.5	0.8	67.3	18.8	10.9	3.0	−.16	.19	−.03	−.19	−.20	−.22	−.17	−.13	29
大学生・その他															
30. 内容をわかりやすく簡潔にまとめて伝えることが難しい	2.9	0.9	5.0	28.7	40.6	25.7	−.01	.05	−.05	−.26	−.08	−.30	−.03	−.15	30
31. 似た音を聞き間違える	2.2	1.1	30.7	30.7	22.8	15.8	.17	.11	−.05	−.14	−.14	−.15	.00	−.05	31
32. 口頭での指示の理解が難しい	2.1	1.0	31.7	32.7	27.7	7.9	.05	.05	.08	−.09	−.03	−.08	.10	.01	32
33. 聞きもらしがよくある	2.6	0.9	13.9	30.7	39.6	15.8	−.05	.22	.03	−.34	−.11	−.31	.15	.01	33
34. 会議や議論，講義で話されている内容が頭に入ってこない	2.2	0.9	24.8	37.6	29.7	7.9	.18	.03	.06	−.05	−.13	−.09	.07	−.12	34
35. 物の名前がなかなか思い出せないことがある	2.7	1.0	13.9	28.7	31.7	25.7	−.09	.20	.06	−.18	−.13	−.19	−.05	−.08	35
36. 新出用語や授業で習った言葉がなかなか覚えられない	2.3	0.9	19.8	40.6	26.7	12.9	−.14	.25	−.02	−.22	−.28	−.20	−.11	.03	36
37. 読書後や，その途中で内容を思い出すのが難しい	2.0	0.9	38.6	33.7	21.8	5.9	.05	−.11	.02	−.04	.15	−.03	−.10	.01	37
38. 固有名詞がなかなか覚えられない	2.1	1.0	34.7	31.7	20.8	12.9	−.14	.18	.12	−.08	−.20	−.11	−.19	−.10	38
39. ある場面でのエピソードを思い出そうとしても，思い出しにくい	1.8	0.8	42.6	37.6	15.8	4.0	.03	.04	−.19	−.08	−.02	−.10	−.09	−.07	39
40. 人が何を言っていたかを思い出せない	2.1	0.9	32.7	36.6	22.8	7.9	.12	.11	−.05	−.07	.03	−.06	−.12	.01	40
41. 暗算が苦手である	2.6	1.1	19.8	29.7	20.8	29.7	−.07	.02	.14	.09	.03	.10	−.02	.04	41
42. 計算記号をよく間違えて計算する	1.3	0.6	77.2	15.8	5.9	1.0	.32	−.26	.02	.28	.10	.28	.11	.06	42
43. 地図を読むのが苦手である	2.5	1.2	29.7	21.8	16.8	31.7	.04	−.15	−.03	.17	−.07	.17	−.15	.43	43
44. ものの名前をよく間違える	1.5	0.8	65.3	20.8	9.9	4.0	.06	.08	−.04	.03	−.09	−.01	.01	−.14	44

注：選択肢別出現率の内，□で囲まれているのは 3,4 の出現率の合算が 10％ 未満。下線は 50％ 以上。相関はポリコリック相関。斜体は絶対値 .20 以上，下線は絶対値 .40 以上。

べてということではない。他の理由で，ここに示されるような困難が生じる可能性があることにも留意してほしい。

　個別の項目への回答は，尺度得点にくらべると信頼性，妥当性は低くなる。ひとつの項目への回答だけから何らかの結論を導いてはいけない。他の情報を合わせた総合的な解釈は必須である。

7.3. 大学生学修困難尺度（LDSP28）

　LDSP28 は，主に下位尺度の尺度得点から解釈する。この尺度のみを実施する場合は，RaWSN に準じて各項目への回答について検討してもよい。ただし，項目レベルで

表 7-6　各項目の記述統計，RaWF 各指標との相関（続き）

項　目	平均	SD	選択肢別出現率（%） 1	2	3	4	黙読 文字数	音読 時間	音読 エラー	無意味文視写 文字数	無意味文視写 エラー	有意味文視写 文字数	有意味文視写 エラー	文字 数差	
小学生・書くこと															
45. 小学校高学年になっても，鏡文字のひらがなを書いてしまうことがあった	1.1	0.4	95.0	2.0	2.0	1.0	−.42	.33	−.32	−.23	−.17	−.19	−.15	.01	45
46. 字のパーツのバランスが悪かった	2.3	1.1	33.7	22.8	23.8	19.8	−.09	.14	−.19	−.40	−.14	−.42	.05	−.15	46
47. 正しい書き順で書けない文字が多かった	2.1	1.1	44.6	18.8	21.8	14.9	−.33	.23	−.12	−.33	−.21	−.33	−.06	−.09	47
48. 送り仮名の表記ミスが多かった	1.8	1.0	51.5	24.8	14.9	8.9	−.34	.32	−.06	−.46	−.20	−.48	−.05	−.15	48
49. 漢字の細かい部分をよく書き間違えていた	2.0	1.1	44.6	24.8	17.8	12.9	−.34	.31	−.07	−.39	−.23	−.46	.01	−.31	49
50. 視力には関係なく，黒板や教科書に書かれた文字をノートに書き写すのが苦手だった	1.5	0.9	66.3	20.8	5.9	6.9	−.20	.38	−.02	−.42	−.05	−.43	−.04	−.11	50
51. 聞いたものを書き取ると，書き誤りが多かった	1.7	1.0	50.5	31.7	10.9	6.9	−.15	.35	−.18	−.40	−.15	−.42	.11	−.12	51
52. 授業で先生の言ったことを書きとめるのが苦手だった	2.0	1.0	41.6	33.7	10.9	13.9	−.24	.35	−.10	−.42	−.20	−.44	−.14	−.10	52
53. 自分の考えを整理して文字にするのが苦手だった	2.6	1.1	19.8	27.7	29.7	22.8	−.32	.39	.01	−.39	−.14	−.42	−.06	−.15	53
54. 句読点（、。）を正しく打つのが苦手だった	2.1	1.1	40.6	25.7	19.8	13.9	−.28	.21	−.09	−.26	−.03	−.24	.03	.03	54
55. 文を書く時，「〜は」「〜へ」を，「〜わ」「〜え」と間違えて書いていた	1.3	0.6	82.2	10.9	5.0	2.0	−.22	.31	−.10	−.40	−.18	−.44	.04	−.24	55
56. 文を書く時，「〜は」「〜に」「〜を」などを正しく使うのが難しかった	1.6	0.9	63.4	16.8	14.9	5.0	−.31	.30	−.08	−.42	−.15	−.47	−.13	−.25	56
57. 促音，拗音，長音のある語をよく書き間違えていた	1.4	0.8	71.3	17.8	6.9	4.0	−.22	.28	−.13	−.23	−.22	−.23	.08	−.06	57
58. 長い言葉では，誤って前後の文字を入れ替えて書いていた	1.5	0.8	68.3	19.8	8.9	3.0	.06	.08	.15	−.01	−.04	−.05	.17	−.14	58
59. ひらがなやカタカナは，読むことはできるが書くのが難しかった	1.2	0.5	83.2	11.9	3.0	2.0	−.20	.25	−.21	−.45	−.27	−.46	.01	−.12	59
60. 習った漢字でも，読むことはできても書けない文字が多かった	2.1	1.2	43.6	20.8	14.9	20.8	−.34	.34	−.03	−.29	−.09	−.34	.06	−.25	60
61. 文字をまっすぐに書くのが苦手だった	2.5	1.1	24.8	21.8	27.7	25.7	−.14	−.14	−.06	−.37	−.18	−.40	.02	−.15	61
62. 決められた枠の中への書き込みが苦手だった	2.2	1.1	36.6	18.8	30.7	13.9	.03	.10	.12	−.20	−.10	−.20	.12	−.05	62
63. 文字を書くことを避けた	1.6	0.9	59.4	24.8	8.9	6.9	−.26	.35	−.15	−.33	−.15	−.37	.16	−.20	63
小学生・読むこと															
64. 文字を読むことを避けた	1.7	1.0	57.4	22.8	10.9	8.9	−.18	.19	.19	−.11	.10	−.10	.18	.00	64
65. 本を読むのが苦手だった	1.9	1.2	54.5	19.8	6.9	18.8	−.22	.17	.15	−.05	.16	−.02	−.09	.08	65
66. 文章を読むのが遅かった	2.4	1.2	32.7	20.8	22.8	23.8	−.31	.33	.11	−.26	.16	−.26	−.08	−.03	66
67. 同じ文を何度か読まないと理解できなかった	2.4	1.0	22.8	28.7	32.7	15.8	−.29	.19	.05	−.20	.02	−.18	−.07	.03	67
68. 文章の要点を正しく読み取ることが難しかった	2.5	1.0	15.8	32.7	32.7	18.8	−.45	.32	−.03	−.34	−.02	−.35	−.17	−.08	68
69. 教科書やプリントにふりがなをふって読んでいた	1.5	0.9	71.3	11.9	10.9	5.9	−.30	.22	−.08	−.02	−.03	.02	−.09	−.10	69
70. 文を読んでいると，行を飛ばしたり逆戻りしたりしてしまっていた	1.9	1.0	45.5	23.8	23.8	6.9	−.24	.29	−.05	−.32	−.08	−.31	.12	−.01	70
71. 漢字の勝手読みがあった	1.5	0.9	66.3	19.8	7.9	5.9	−.16	.30	.01	−.28	−.30	−.32	−.10	−.19	71
72. 習った漢字でもなかなか読むことができなかった	1.4	0.7	66.3	27.7	4.0	2.0	−.13	.34	−.11	−.22	.00	−.25	.06	−.15	72
73. ひらがなやカタカナの単語を見ると，その言葉の区切りがわからなかった	1.2	0.5	85.1	10.9	3.0	1.0	−.13	.14	.13	−.34	−.17	−.33	.09	−.19	73
74. 黙読だけでは文の意味が理解できなかった	1.6	0.8	54.5	32.7	10.9	2.0	−.32	.20	−.13	−.23	−.19	−.20	−.25	.05	74
75. 音読しても内容が頭に入ってこなかった	1.9	0.9	43.6	30.7	18.8	6.9	−.22	.13	.21	−.03	.05	−.02	−.17	.05	75
76. 音読をするとつっかえ，たどたどしく読んでいた	2.0	1.1	46.5	20.8	20.8	11.9	−.35	.36	.12	−.31	.04	−.30	−.05	.04	76
77. 音読みと訓読みの区別が上手くできなかった	1.4	0.8	74.3	16.8	4.0	5.0	−.27	.30	−.13	−.26	−.13	−.34	−.15	−.31	77
78. 漢字を見て，似たような形や意味の漢字と間違えた	1.2	0.5	88.1	8.9	2.0	1.0	−.07	.23	−.05	−.34	−.11	−.39	.03	−.31	78
79. 文字の形が似たひらがな・カタカナ・数字を読み間違えていた	1.2	0.6	81.2	12.9	5.9	0.0	−.13	.21	.16	−.29	.05	−.31	.05	−.16	79
80. 視力には関係なく，文字に焦点を合わせようとするとぼやけたり，ゆがんだりすることがあった	1.1	0.5	90.1	6.9	1.0	2.0	−.20	.42	.08	−.27	−.34	−.32	.01	−.19	80
小学生・その他															
81. 話す時に，内容をわかりやすく伝えるのが難しかった	3.0	0.8	5.9	17.8	47.5	28.7	−.11	.15	.05	−.25	−.05	−.30	.13	−.18	81
82. 順序立てて説明するのが難しかった	3.0	0.9	6.9	19.8	43.6	29.7	−.13	.16	−.01	−.23	−.02	−.30	.09	−.26	82
83. 似た音の聞き間違いが多かった	1.9	1.0	46.5	28.7	16.8	7.9	−.03	.09	−.01	−.19	−.20	−.21	.09	−.12	83
84. 人の話を聞いている時に，聞きもらしがよくあった	2.4	1.0	23.8	31.7	26.7	17.8	.04	.16	−.14	−.25	−.08	−.25	−.05	−.04	84
85. 物の名前をなかなか思い出せなかった	1.8	0.9	47.5	35.6	9.9	6.9	−.11	.23	.06	−.16	.02	−.18	.02	−.08	85
86. 何度も練習しても，漢字が覚えられなかった	1.6	1.0	64.4	21.8	7.9	5.9	−.17	.27	−.17	−.35	−.33	−.39	.19	−.22	86
87. 授業で習った用語がなかなか覚えられなかった	1.7	0.8	50.5	29.7	16.8	3.0	−.25	.30	−.09	−.33	−.24	−.31	−.04	−.01	87
88. 先生や友達の名前がなかなか覚えられなかった	1.6	1.0	63.4	17.8	9.9	8.9	.10	.02	.04	.04	−.04	.03	.01	−.02	88
89. ある場面でのエピソードを思いだそうとしても，思い出しにくかった	1.6	0.8	53.5	30.7	13.9	2.0	−.05	.14	−.08	−.22	−.15	−.29	−.19	−.13	89
90. 周りの音に集中が乱された	2.1	1.1	39.6	23.8	21.8	14.9	−.04	.10	.10	−.18	−.02	−.19	−.05	−.05	90
91. 暗算が苦手だった	2.5	1.2	29.7	18.8	24.8	26.7	−.26	.08	.04	−.01	.00	−.03	.00	−.05	91
92. 九九がなかなか覚えられなかった	1.5	0.9	66.3	21.8	5.9	5.9	−.24	.35	−.19	−.20	−.17	−.21	.13	−.09	92
93. 計算記号をよく混乱させていた	1.3	0.7	75.2	16.8	5.9	2.0	−.06	.15	−.18	−.17	−.29	−.20	−.14	−.16	93

注：選択肢別出現率の内，□で囲まれているのは 3,4 の出現率の合算が 10 % 未満。下線は 50 % 以上。相関はポリコリック相関。斜体は絶対値 .20 以上，下線は絶対値 .40 以上。

　見た場合，RaWSN ほど網羅的でないため，学修への影響が大きい困難を見落とす可能性がある。また，個々の項目の回答は信頼性，妥当性共に十分でないことから，ひとつの項目への回答のみから結論を導くべきではない。RaWSN 同様，複数項目，他の情報

表 7-7　各項目の解釈仮説

各項目にあてはまる場合に想定される，背景の機能障害等の解釈仮説。ここにあげられていない理由もあり得る。同じような要素を含む複数の項目があてはまれば，解釈仮説とし，聴き取り，認知機能検査，行動観察，学習の成果物等，他のエビデンスにより支持される仮説を採択する。

番号　項目の内容	想定される背景要因
大学生・書くこと	
1.　漢字の左右が逆になる	視知覚（特に視空間認知）の問題，視覚的記憶，漢字学習の苦手さ
2.　漢字を書くと大きくバランスの悪い形になる	視知覚（特に視空間認知）の問題，協調運動の問題
3.　読みにくい文字を書く	視知覚の問題，協調運動の問題
4.　正しい書き順で書けない漢字が多い	学習・記憶の弱さ，視知覚の問題，漢字学習の苦手さ
5.　送り仮名の表記ミスが多い	学習・記憶の弱さ，不注意，漢字学習の苦手さ
6.　聞いたものを書き取ると，書き誤る	聴覚情報処理，ワーキングメモリーの弱さ，不注意，漢字学習の苦手さ，語彙の少なさ
7.　聞いたものを整理して書くのが苦手である	聴覚情報処理，ワーキングメモリー，言語理解，論理的思考，要点把握の弱さ，語彙の少なさ
8.　自分の考えを整理して文章にするのが苦手である	言語理解，論理的思考，文法，統語処理能力，文章構成力，発想力の弱さ，語彙の少なさ
9.　文章を書く時に句読点を適切に打つのが苦手である	言語理解，文章構成力，文法，統語処理能力の弱さ
10.　文章を書く時に，助詞を正しく使うのが難しい	言語理解，文法，統語処理能力の弱さ
11.　長い単語では，誤って文字を入れ替えて書くことがある	視知覚（特に視空間認知）の問題，音韻処理の弱さ，不注意
12.　決められた枠の中への書き込みが苦手である	視知覚（特に視空間認知）の問題，協調運動の問題
13.　文字を書くことを避ける	書字全般の弱さ（必ずしもすべてということでなく，書字関連のどこかに弱さがある場合も含む），不安，自信のなさ
大学生・読むこと	
14.　授業などを聞けば理解できるが，資料や教科書などを読むだけだと理解するのが難しい	読字全般の弱さ（必ずしもすべてということでなく，読字関連のどこかに弱さがある場合も含む），言語能力は低くない
15.　読み書きのある仕事や課題はなるべく避ける	読字，書字全般の弱さ，言語能力全般の低さ，不安，自信のなさ
16.　文章を読むことをなるべく避ける	言語理解，読字全般，読解の弱さ，不安，自信のなさ
17.　文章を読むのに時間がかかる	言語理解，読字全般，読解，持続性注意の弱さ，処理の自動化の問題，処理速度の遅さ，読み方略の未学習
18.　厚い本を読むのが苦手である	言語理解，読字全般，ワーキングメモリー，読解，持続性注意の弱さ，処理の自動化の問題，処理速度の遅さ，読み方略の未学習
19.　文章を理解するために何度も読み返す	言語理解，読字全般，ワーキングメモリー，読解，持続性注意の弱さ，処理の自動化の問題，処理速度の遅さ，読み方略の未学習
20.　本や論文等の要点をとらえるのが難しい	言語理解，論理的思考，要点の把握の弱さ
21.　文章を目で追うことはできるが，書かれている内容が頭に入らない	言語理解，読字全般，読解，ワーキングメモリー，持続性注意の弱さ，語彙の少なさ
22.　ひらがなやカタカナの単語を見ると，その言葉の区切りがわからない	デコーディング，音韻処理の弱さ，視知覚の問題，語彙の少なさ
23.　音読が難しい	音韻処理，デコーディングの弱さ，視知覚の問題，滑舌の悪さ
24.　文章を読んでいると，行を飛ばしたり逆戻りしたりしてしまう	視機能（眼球運動の問題含む），視知覚の問題，不注意
25.　どこを読んでいるのかがわからなくなる	視機能（眼球運動の問題含む），視知覚の問題，不注意
26.　文末を勝手に読みかえてしまう	視知覚の問題，不注意，衝動性
27.　文字の形が似たひらがな・カタカナ・数字を読み間違えてしまう	視知覚の問題，不注意，衝動性
28.　漢字を見て，似たような形や意味の漢字と間違える	視知覚の問題，不注意，衝動性，漢字学習の苦手さ
29.　漢字の勝手読みがある	視知覚の問題，不注意，衝動性，漢字学習の苦手さ

表 7-7　各項目の解釈仮説（続き）

番号　項目の内容	想定される背景要因
大学生・その他	
30. 内容をわかりやすく簡潔にまとめて伝えることが難しい	言語理解，論理的思考，要点の把握の弱さ，語用障害（社会的な言語使用の困難）
31. 似た音を聞き間違える	聴覚情報処理，言語理解の弱さ，不注意
32. 口頭での指示の理解が難しい	聴覚情報処理，言語理解，ワーキングメモリー，社会的情報処理の弱さ，語用障害，不注意
33. 聞きもらしがよくある	聴覚情報処理，言語理解，ワーキングメモリーの弱さ，不注意
34. 会議や議論，講義で話されている内容が頭に入ってこない	言語理解，聴覚情報処理，ワーキングメモリー，社会的情報処理の弱さ，不注意，語彙の少なさ
35. 物の名前がなかなか思い出せないことがある	記憶・学習の弱さ，語彙の少なさ
36. 新出用語や授業で習った言葉がなかなか覚えられない	言語概念形成，言語理解，記憶・学習の弱さ，語彙の少なさ
37. 読書後や，その途中で内容を思い出すのが難しい	記憶・学習の弱さ，言語理解の弱さ，語彙の少なさ
38. 固有名詞がなかなか覚えられない	記憶・学習，言語理解，言語概念形成の弱さ，語彙の少なさ
39. ある場面でのエピソードを思い出そうとしても，思い出しにくい	記憶の弱さ
40. 人が何を言っていたかを思い出せない	記憶，言語理解，社会的情報処理の弱さ，不注意
41. 暗算が苦手である	数概念，計算，ワーキングメモリーの弱さ
42. 計算記号をよく間違えて計算する	計算の弱さ，不注意，視知覚の問題
43. 地図を読むのが苦手である	視知覚（特に視空間認知）の問題，視覚情報処理の弱さ
44. ものの名前をよく間違える	記憶・学習の弱さ，不注意，衝動性，語彙の少なさ
小学生・書くこと	
45. 小学校高学年になっても，鏡文字のひらがなを書いてしまうことがあった	視知覚の問題（特に視空間認知）
46. 字のパーツのバランスが悪かった	視知覚，協調運動の問題
47. 正しい書き順で書けない文字が多かった	学習・記憶の弱さ，視知覚の問題，漢字学習の苦手さ
48. 送り仮名の表記ミスが多かった	学習・記憶の弱さ，不注意，漢字学習の苦手さ
49. 漢字の細かい部分をよく書き間違えていた	視知覚の問題，漢字学習の苦手さ，学習・記憶の弱さ，不注意
50. 視力には関係なく，黒板や教科書に書かれた文字をノートに書き写すのが苦手だった	視機能，視知覚，協調運動の問題，ワーキングメモリー，書字全般の弱さ
51. 聞いたものを書き取ると，書き誤りが多かった	聴覚情報処理，ワーキングメモリーの弱さ，不注意，漢字学習の苦手さ，語彙の少なさ
52. 授業で先生の言ったことを書きとめるのが苦手だった	聴覚情報処理，ワーキングメモリー，言語理解，論理的思考，要点把握の弱さ，語彙の少なさ
53. 自分の考えを整理して文字にするのが苦手だった	言語理解，論理的思考，文法，統語処理能力，文章構成力，発想力の弱さ，語彙の少なさ
54. 句読点を正しく打つのが苦手だった	言語理解，文章構成力，文法，統語処理能力の弱さ
55. 文を書く時，「〜は」「〜へ」を，「〜わ」「〜え」と間違えて書いていた	文法，統語処理能力，音韻処理の弱さ，正書法（文字表記のルール）の未習得
56. 文を書く時，「〜は」「〜に」「〜を」などを正しく使うのが難しかった	言語理解，文法，統語処理能力の弱さ
57. 促音，拗音，長音のある語をよく書き間違えていた	音韻処理，デコーディングの弱さ，正書法の未習得
58. 長い言葉では，誤って前後の文字を入れ替えて書いていた	視知覚（特に視空間認知）の問題，音韻処理の弱さ，不注意
59. ひらがなやカタカナは，読むことはできるが書くのが難しかった	視知覚，デコーディングの弱さ，正書法の未習得，協調運動の問題
60. 習った漢字でも，読むことはできても書けない文字が多かった	漢字学習の苦手さ，学習・記憶，視知覚の弱さ
61. 文字をまっすぐに書くのが苦手だった	視知覚（特に視空間認知）の問題，協調運動の問題
62. 決められた枠の中への書き込みが苦手だった	視知覚（特に視空間認知）の問題，協調運動の問題
63. 文字を書くことを避けた	書字全般の弱さ，不安，自信のなさ

表 7-7　各項目の解釈仮説（続き）

番号	項目の内容	想定される背景要因

小学生・読むこと

番号	項目の内容	想定される背景要因
64.	文字を読むことを避けた	言語理解，読字全般，読解の弱さ，不安，自信のなさ
65.	本を読むのが苦手だった	言語理解，読字全般，読解，持続性注意の弱さ，処理の自動化の問題，処理速度の遅さ，読み方略の未学習
66.	文章を読むのが遅かった	言語理解，読字全般，読解，持続性注意の弱さ，処理の自動化の問題，処理速度の遅さ，読み方略の未学習
67.	同じ文を何度か読まないと理解できなかった	言語理解，読字全般，読解，持続性注意の弱さ，処理の自動化の問題，処理速度の遅さ，読み方略の未学習
68.	文章の要点を正しく読み取ることが難しかった	言語理解，論理的思考，要点の把握の弱さ
69.	教科書やプリントにふりがなをふって読んでいた	言語理解の弱さ，漢字学習の苦手さ，語彙の少なさ，視知覚の問題
70.	文を読んでいると，行を飛ばしたり逆戻りしたりしてしまっていた	視機能（眼球運動の問題含む），視知覚の問題，不注意
71.	漢字の勝手読みがあった	視知覚の問題，不注意，衝動性，漢字学習の苦手さ
72.	習った漢字でもなかなか読むことができなかった	視知覚の問題，漢字学習の苦手さ，学習・記憶の弱さ，語彙の少なさ
73.	ひらがなやカタカナの単語を見ると，その言葉の区切りがわからなかった	デコーディング，音韻処理の弱さ，視知覚の問題，語彙の少なさ
74.	黙読だけでは文の意味が理解できなかった	読字全般，読解，言語理解の弱さ，語彙の少なさ，視知覚の問題
75.	音読しても内容が頭に入ってこなかった	読解，言語理解，ワーキングメモリーの弱さ，語彙の少なさ
76.	音読をするとつっかえ，たどたどしく読んでいた	音韻処理，デコーディング，視知覚の弱さ，語彙の少なさ
77.	音読みと訓読みの区別が上手くできなかった	漢字学習の苦手さ，学習・記憶の弱さ，語彙の少なさ
78.	漢字を見て，似たような形や意味の漢字と間違えた	漢字学習の苦手さ，学習・記憶の弱さ，視知覚の問題，不注意
79.	文字の形が似たひらがな・カタカナ・数字を読み間違えていた	視知覚の問題，不注意，衝動性
80.	視力には関係なく，文字に焦点を合わせようとするとぼやけたり，ゆがんだりすることがあった	視機能，視知覚の問題，アーレンシンドローム

小学生・その他

番号	項目の内容	想定される背景要因
81.	話す時に，内容をわかりやすく伝えるのが難しかった	言語理解，論理的思考，要点の把握の弱さ，語用障害（社会的な言語使用の困難），衝動性
82.	順序立てて説明するのが難しかった	言語理解，論理的思考，要点の把握の弱さ，衝動性
83.	似た音の聞き間違いが多かった	聴覚情報処理，言語理解の弱さ，不注意
84.	人の話を聞いている時に，聞きもらしがよくあった	聴覚情報処理，言語理解，ワーキングメモリーの弱さ，不注意
85.	物の名前をなかなか思い出せなかった	記憶・学習の弱さ，語彙の少なさ
86.	何度も練習しても，漢字が覚えられなかった	漢字学習の苦手さ，学習・記憶の弱さ，視知覚の問題
87.	授業で習った用語がなかなか覚えられなかった	記憶・学習，言語理解，言語概念形成の弱さ，語彙の少なさ
88.	先生や友達の名前がなかなか覚えられなかった	記憶・学習の弱さ，社会的情報処理の弱さ
89.	ある場面でのエピソードを思いだそうとしても，思い出しにくかった	記憶の弱さ
90.	周りの音に集中が乱された	持続性注意の弱さ，不注意，聴覚過敏
91.	暗算が苦手だった	数概念，計算，ワーキングメモリーの弱さ
92.	九九がなかなか覚えられなかった	計算の弱さ，音韻処理の問題，記憶・学習の問題
93.	計算記号をよく混乱させていた	計算の弱さ，視知覚の問題，不注意

を含め総合的に解釈するようにしてほしい。

　各下位尺度の得点の解釈については，尺度得点が95，90，85パーセンタイルを困難度の判断の目安とする（表7-8）。「聴覚処理の弱さ・不注意」「読字困難」では，85パーセンタイルと90パーセンタイルの値が同じになっている（標準化データで得点順に並べた際，上位5％に位置する人と10％に

表 7-8　LDSP28 下位尺度得点の解釈

解釈	パーセンタイル	読解苦手	聴覚処理の弱さ・不注意	読字困難	書字・書き取り苦手	記憶・学習苦手
困難がある	85 % ile	3.14〜	3.17〜	2.00〜	2.80〜	3.00〜
かなり困難がある	90 % ile	3.43〜	3.17〜	2.00〜	3.00〜	3.50〜
著しい困難がある	95 % ile	3.57〜	3.50〜	2.50〜	3.20〜	3.75〜

位置する人が同じ得点だった）。本尺度の目的は学生の困難の程度を評価して支援につなげるということなので，より程度の強い「かなり困難がある」と解釈するとよいだろう。

7.3.1. 読解苦手尺度

14. 授業などを聞けば理解できるが，資料や教科書などを読むだけだと理解するのが難しい
16. 文章を読むことをなるべく避ける
17. 文章を読むのに時間がかかる
18. 厚い本を読むのが苦手である
19. 文章を理解するために何度も読み返す
20. 本や論文等の要点をとらえるのが難しい
21. 文章を目で追うことはできるが，書かれている内容が頭に入らない

　読解苦手尺度が高得点の場合，読んで理解することに困難を感じており，読むことに対する苦手意識が強いと考えられる。読んで理解することに困難を感じる理由は，文章読解力の低さだけではない。全般的知的能力，言語能力全般，語彙量，読解方略，読字など，さまざまな能力が関わっている。読むことに時間がかかったり，読み返しが必要になったりする理由としては，注意機能の問題が関わっている可能性もある。また，所属する大学の専攻等によっても「苦手意識」は影響を受ける。読むことに関連のある能力が平均的水準であったとしても，周囲にこれらの能力水準が高い学生が多く，それに合わせて量，質共に高いレベルの読解力を期待される環境であれば，苦手意識は高くなる。一方，読むことに関する能力が平均より低かったとしても，読み書きに関する課題の量が少ないような専攻であれば，困難はあまり感じないだろう。この解釈は，読解苦手尺度がLDSP28の他の尺度と相関が低めであること（p.160, 表8-12），黙読速度，音読速度，視写速度，知能いずれともほぼ無相関であること（p.166, 表8-18）に基づいている。

　高得点の場合の支援方法については，他の検査結果や，本人からの聴き取りから，読解の苦手さや，読むことへの苦手意識の背景要因を明らかにした上で検討する。

7.3.2. 聴覚処理の弱さ・不注意尺度

30. 内容をわかりやすく簡潔にまとめて伝えることが難しい
31. 似た音を聞き間違える
32. 口頭での指示の理解が難しい
33. 聞きもらしがよくある
34. 会議や議論，講義で話されている内容が頭に入ってこない
40. 人が何を言っていたかを思い出せない

　聴覚処理の弱さ・不注意尺度が高得点の場

合，聴覚情報を正しく聞きとって理解することに困難を感じていると考えられる。聞いて理解することの困難は文部科学省の学習障害の定義に含まれる内容ではあるが，背景要因としては，聴覚障害も含まれる。聴覚障害は，「音をきく，感じる経路に何らかの障害がある」場合だけでなく，音は聞こえているのに中枢神経系の障害によって言葉としての理解ができにくくなる聴覚情報処理障害（APD）も含む（白澤，2018）。また，聞き間違いや聞き漏らしは，注意機能の問題としても生じる。「人が何を言っていたか思い出せない」という記憶に関する項目も含まれており，高得点の人は背景に注意の問題，記憶の問題の両方が関わっている可能性も考えられる。一見異質である「内容をわかりやすく簡潔にまとめて伝えることが難しい」という項目も含まれているが，頭の中で情報を整理するというプロセスが共通要素として含まれていると考えられる。その根拠として，SCLD41 の記憶・聴覚的注意の弱さ尺度（r=.62）に加え，説明苦手尺度（r=.55）とも相関が高めであることがあげられる（p.163，表 8-15）。

この尺度で高得点を示す場合，情報を視覚的に補うということが支援として考えられる。具体的には，課題の指示等は口頭だけでなく文書を配布する等視覚的に提示すること，聞き漏らしを後で補うための録音許可などが考えられる。

7.3.3. 読字困難尺度

22．ひらがなやカタカナの単語を見ると，その言葉の区切りがわからない
23．音読が難しい
26．文末を勝手に読みかえてしまう
27．文字の形が似たひらがな・カタカナ・数字を読み間違えてしまう
28．漢字を見て，似たような形や意味の漢字と間違える
29．漢字の勝手読みがある

読字困難尺度が高得点の場合，仮名文字，漢字問わず読み間違いを多く経験し，文字から音への変換過程であるデコーディングに困難を感じていると考えられる。その背景要因として視覚情報処理の問題がある場合と，音韻処理の問題がある場合が考えられる。SCLD41 の下位尺度との相関を見ると，SLD との関連が強いと考えられる「文字の視覚処理エラー」「読み書きルール（正書法）学習困難」との相関が高く（r=.53, .57），その仮説の根拠となっている（p.163，表 8-15）。また，読み間違いは不注意や衝動性によっても生じる可能性がある。実際，読字困難尺度と最も相関が高い LDSP28 の下位尺度は「聴覚処理の弱さ・不注意（r=.46）」であり，SCLD41 の「記憶・聴覚的注意の弱さ（r=.46）」との相関も比較的高い（p.160，表 8-12）。

得点の分布を見ると，LDSP28 の 5 つの下位尺度の中では唯一，困難を感じている人が非常に少ない尺度であり（p.156，図 8-2），高得点の場合は SLD の可能性も視野に入れて，詳しい検査を行う必要があるだろう。

尺度得点が高得点の場合の支援としては，パソコン，タブレット端末の読み上げ機能の紹介，資料の電子データ提供などが考えられる。視覚情報処理に困難があると考えられる場合は，試験問題の拡大，カラー・フィルター等の利用なども試してみる価値がある。

7.3.4. 書字・書き取り苦手尺度

----

2. 漢字を書くと大きくバランスの悪い形になる
3. 読みにくい文字を書く
7. 聞いたものを整理して書くのが苦手である
12. 決められた枠の中への書き込みが苦手である
13. 文字を書くことを避ける

　書字・書き取り苦手尺度が高得点の場合，読みやすい字を書くことが難しく，文字を書くことに苦手意識があり，ノートを取ることも苦手であると考えられる。「書き取り」という言葉は，「漢字の書き取り」のように漢字学習の文脈でも用いられるが，ここでは「聞いたものを書き取る」という意味である。

　書字に困難を感じる背景要因として，協調運動の問題（不器用さ）や視覚情報処理の問題が考えられる。ノートテイクの問題の背景として，書字の困難さから文字を書くことに認知的資源を取られて，聴覚処理や聴覚理解が影響を受けている可能性が考えられる。一方，聴覚情報処理の弱さや注意資源の配分の難しさから，聞くことと書くことを同時にこなすことが難しくなる場合もある。

　尺度得点が高い場合の支援としては，文字を手書きしなくてよいようにすることがあげられる。手書きが困難でも，キーボードのタイピングは練習によってスムーズにできる場合もある。そのような場合は，論述試験の際にノートパソコンの使用を認めるなどの配慮が有効である。また，授業資料の配付，板書の撮影許可，授業の録音許可，スマートペンの利用許可なども有効な配慮となる。自宅学習においては，音声入力アプリの利用も提案

してみるとよいだろう。

⑤記憶・学習苦手尺度

----

4. 正しい書き順で書けない漢字が多い
35. 物の名前がなかなか思い出せないことがある
36. 新出用語や授業で習った言葉がなかなか覚えられない
38. 固有名詞がなかなか覚えられない

　記憶・学習苦手尺度が高得点の場合，言葉が覚えられない，思い出せないといった記憶，学習の困難があると考えられる。この「学習」は新しい知識や情報を記憶し使えるようになることであり，大学での学び全般を意味する「学修」ではない。漢字の書き順に関する項目が含まれているが，これは書字の問題ではなく漢字学習の問題であると考えられる。その根拠として，もっとも相関が高いSCLD41の尺度が「漢字学習困難（r=.55）」尺度であり，次に相関が高いのは「読み書きルール（正書法）学習困難」尺度であるということがあげられる（p.160, 表8-12）。全般的な記憶，学習というより，漢字や言葉に関する記憶，学習でその傾向が顕著なのであろう。実際に，黙読，音読速度と唯一相関が見られた下位尺度であるということも（$|r|$=.24, 28），その根拠となっている（p.166, 表8-18）。

　この尺度が高得点の人への支援として，学習方略の指導があげられる。詳しい認知機能検査を実施し，少しでも記憶，学習が促進されると思われる学習方略を提案できるとよい。たとえば，覚えるべき内容を音声で繰り返し聴けば記憶が促進されるとか，図を使って覚えるなどといった工夫である。WAIS

等の認知機能検査で強み，弱みについての理解を深めた上で，効果が上がりそうなさまざまな方法を試してみるとよいだろう。

7.4. 小学生時代の学習困難尺度（SCLD41）

SCLD41 は，主に下位尺度の尺度得点から解釈する。この尺度のみを実施する場合は，RaWSN に準じて各項目の得点について検討してもよい。ただし，個々の項目への回答は信頼性，妥当性共に十分でないことから，それのみから結論を導くべきではない。複数項目，他の情報を含め総合的に解釈するようにしてほしい。

各下位尺度の得点の解釈については，95，90，85 パーセンタイルを困難度の判断の目安とする（表 7-9）。「説明苦手」では 90 パーセンタイルと 95 パーセンタイルの値が，「文字の視覚処理エラー」「計算苦手」では，85 パーセンタイルと 90 パーセンタイルの値が同じになっている。本尺度の目的は学生の困難の程度を評価して支援につなげるということなので，より程度の強い段階で解釈するとよいだろう。

「説明苦手」尺度はかなり高得点でないと「困難がある」に該当しない。考えを整理してわかりやすく説明するということは，多くの学生にとって小学生時代には難しい課題であったということを意味する。「書字困難」尺度も同様の傾向があり，文字をきれいに書

くことに困難を感じていた人は少なくないと言える。

7.4.1. 読解苦手尺度

----

64. 文字を読むことを避けた
65. 本を読むのが苦手だった
66. 文章を読むのが遅かった
67. 同じ文を何度か読まないと理解できなかった
68. 文章の要点を正しく読み取ることが難しかった
74. 黙読だけでは文の意味が理解できなかった
75. 音読しても内容が頭に入ってこなかった

読解苦手尺度が高得点の場合，小学生時代に読んで理解することに困難を感じていて，読むことに対する苦手意識を持っていたと考えられる。その傾向は大学生の現在も継続していて，実際に読む速さが遅めである可能性が高い。ただし，なぜ読むことが苦手なのかについては，大学生の読解苦手尺度で述べたようにさまざまな理由が考えられることから，支援について考えるにあたっては，背景要因について精査する必要がある。

表 7-9　SCLD41 下位尺度得点の解釈

解釈	パーセンタイル	読解苦手	漢字学習困難	文字の視覚処理エラー	読み書きルール学習困難	記憶・聴覚的注意の弱さ	説明苦手	書き取り苦手	書字困難	計算苦手
困難があった	85 % ile	3.00〜	2.83〜	1.50〜	2.00〜	2.60〜	3.67〜	2.67〜	3.33〜	2.67〜
かなり困難があった	90 % ile	3.14〜	3.17〜	1.50〜	2.14〜	2.80〜	4.00〜	3.00〜	3.67〜	2.67〜
著しい困難があった	95 % ile	3.43〜	3.33〜	1.75〜	2.71〜	3.20〜	4.00〜	3.67〜	4.00〜	3.00〜

7.4.2. 漢字学習困難尺度

----

47. 正しい書き順で書けない文字が多かった

48. 送り仮名の表記ミスが多かった

49. 漢字の細かい部分をよく書き間違えていた

60. 習った漢字でも，読むことはできても書けない文字が多かった

86. 何度も練習しても，漢字が覚えられなかった

87. 授業で習った用語がなかなか覚えられなかった

漢字学習困難尺度が高得点の場合，小学生時代に漢字の習得に困難を感じていたと考えられる。大学生の現在も，読み書きともに遅く，新しい言葉を覚えることにも困難を感じている可能性がある。

漢字学習がうまくいかない背景にはさまざまな要因が考えられる。視覚情報処理の問題，視覚的記憶の問題，不注意といった，全般的な認知機能に加え，言語をどう文字で表記するかに関するルールである正書法に関する機能も関係する。SCLD41 の下位尺度間の相関を見ると（p.161, 表 8-13），読み書きルール（正書法）学習困難との相関が下位尺度間の相関の中でも最も高い（$r=.65$）。正書法に関する機能は，非言語的な認知機能とある程度独立していることも想定される。例えば，岩田他（2020）に紹介されている事例では，言語能力，視覚情報処理能力，音韻処理能力，漢字の読みに問題がないのに，漢字の書字に困難が示された。その背景要因として，部首等漢字の要素を組み合わせて意味照合する正書法ワーキングメモリーの障害を提案している。

読み書きに困難があり，この尺度得点が高い人は，漢字に関する配慮を検討すべきであろう。例えば，試験で漢字が書けなくても正解とする，もしくは論述試験等で，パソコンでの解答を認める。授業で，パソコンを使ってノートテイクすることを認めるなどである。

7.4.3. 文字の視覚処理エラー尺度

----

45. 小学校高学年になっても，鏡文字のひらがなを書いてしまうことがあった

59. ひらがなやカタカナは，読むことはできるが書くのが難しかった

78. 漢字を見て，似たような形や意味の漢字と間違えた

79. 文字の形が似たひらがな・カタカナ・数字を読み間違えていた

文字の視覚処理エラー尺度が高得点の場合，形が似た文字の読み間違いや書き間違いが多かったと考えられる。LDSP28 の下位尺度との相関を見ると，読字困難との相関が高めだが（$r=.53$），RaWSN をみると，書くこととの相関のほうが高めである（大学生：$r=.48$，小学生 $r=.60$）。4 項目中 3 項目が仮名文字に関する項目であり，視空間認知を中心とした視覚情報処理や，視覚的注意の弱さに加え，視機能の問題も疑われる。この尺度に関する困難は，全般的知的能力や言語能力との関連は弱いと考えられる（WAIS-Ⅲ の推定 FIQ との相関は $r=-.01$）。高得点者が非常に少ないことから，尺度得点が 1.5 以上であれば，どの項目で 1 以外を選択しているかを見てみるとよいだろう。高得点の場合は，視覚情報処理，視機能，視覚的注意の検査も検討する。

尺度得点が高得点の場合の支援としては，読むことの困難が目立つ場合はスクリーン・リーダーや読み上げアプリの紹介，資料の電子データ提供などが考えられる。カラー・フィルターやリーディング・ルーラーの利用なども試してみる価値がある。書くことの困難が目立つ場合は，論述試験の際にノートパソコンの使用を認めるなどの配慮が考えられる。また，授業資料の配付，板書の撮影許可，授業の録音許可，スマートペンの利用許可なども有効な配慮となる。

7.4.4. 読み書きルール（正書法）学習困難尺度

----

55. 文を書く時，「〜は」「〜へ」を，「〜わ」「〜え」と間違えて書いていた

56. 文を書く時，「〜は」「〜に」「〜を」などを正しく使うのが難しかった

57. 促音，拗音，長音のある語をよく書き間違えていた

69. 教科書やプリントにふりがなをふって読んでいた

71. 漢字の勝手読みがあった

72. 習った漢字でもなかなか読むことができなかった

77. 音読みと訓読みの区別が上手くできなかった

読み書きルール（正書法）学習困難尺度が高得点の場合，仮名文字の特殊表記（促音，拗音，長音など）や助詞の表記の誤り，漢字の読みの困難を多く経験していたと考えられる。

日本語の表音文字である仮名文字は，アルファベット言語に比べ，言葉の音と文字の結びつきがわかりやすい表記システムである。

その中でも，促音，拗音，長音や，助詞の表記においては，例外的な表記ルールを適用しなければならない（たとえば，「お」と「を」のように同じ音なのに異なる文字で表記する，「は」や「へ」のようにひとつの文字が異なる音を表すなど）。言語をどのように文字で書き表すかのルールのことを言語学では「正書法（orthography）」という。英語ではアルファベット26文字で多くの種類の音素を表すために，ルールが複雑であり，例外も多い。これを習得するには，反復学習が不可欠である一方，SLDのある人ではこの学習が成立しにくく，スペリングの困難として報告されることが多い。一方，漢字は表意文字であるが，文字の種類が非常に多く，ひとつの文字にさまざまな読み方があり，文字と読み方の関係をルールから学習することが難しい。以上をまとめると，この尺度で高得点を示す人に共通の特徴は，言語表記における例外的ルールの学習困難であると言える。習得できたとしても，その処理を自動化することが難しいと考えられる。読み書きに意識的な努力が必要となれば，認知的な資源を奪われ，学修にも影響を及ぼすだろう。

興味深いのは，仮名文字は主に書くことに関する項目である一方，漢字については「読み」に関する項目のみで構成されているという点である。漢字を書くことについては，視覚情報処理や協調運動など，正書法とは異なる要因の関与が大きいということが考えられる。

RaWFとの関連を見ると，この下位尺度は黙読，音読，視写のすべての速度指標と弱い相関がある（$|r| = .28 \sim .35$）。小学生時代に読み書きの例外ルールの習得困難があると，大学生年代になっても読み書きが流暢でない傾向がある。さらに，SCLD41の漢字

学習困難（r=.65），LDSP28 の読字困難（r=.57）との相関が高いことから，高得点の場合は読み書きの困難の背景に SLD がある可能性も考えて，詳しい検査を実施することを検討する必要がある。また，英語の読み書きに影響が出ていないかについても精査すべきであろう。

尺度得点が高得点である場合の支援としては，読むことに困難があれば，読み上げアプリの利用，漢字にふりがなをつけるなどが考えられる。また，英語の困難がある場合も，読み上げアプリ等の利用を提案すると共に，英語の筆記試験等がある場合にスペルチェッカーの使用を認めることも検討する。

7.4.5. 記憶・聴覚的注意の弱さ尺度

84．人の話を聞いている時に，聞きもらしがよくあった
85．物の名前をなかなか思い出せなかった
88．先生や友達の名前がなかなか覚えられなかった
89．ある場面でのエピソードを思いだそうとしても，思い出しにくかった
90．周りの音に集中が乱された

記憶・聴覚的注意の弱さ尺度が高得点の場合，記憶の弱さや聴覚的注意に関する困難があったと考えられる。LDSP28 の記憶・学習苦手尺度は学生生活をする中での用語や概念の記憶・学習であるのに対し，こちらは，日常生活における記憶の要素が強い。また，聞きもらしや周囲の音による気の散りやすさなど，聴覚的注意に関する項目も含まれている。覚えるべき対象に注意を向けることは記憶が成立するための第一段階となる。この尺度で高得点の人は，注意の段階の弱さが記憶

の困難につながっていた可能性が高い。その根拠として，現在の困難との関連（LDSP28 との相関）を見ると，聴覚処理の弱さ・不注意尺度との相関が r=.62 と高めになっていることがあげられる。

この尺度が高得点の場合，聴覚情報処理に関する検査，注意機能に関する検査，記憶に関する検査を実施して，困難の背景要因についてさらに検討するとよいだろう。

支援としては，課題の指示を口頭だけでなく書面等，視覚的にも提示すること，授業の録音許可や板書撮影許可などノートテイク関係の配慮などが考えられる。

7.4.6. 説明苦手尺度

53．自分の考えを整理して文字にするのが苦手だった
81．話す時に，内容をわかりやすく伝えるのが難しかった
82．順序立てて説明するのが難しかった

説明苦手尺度が高得点の場合，考えを整理して口頭または文章でわかりやすく伝えること，説明することに苦手意識を持っていたと考えられる。この尺度は SCLD41，LDSP28 の下位尺度の中で最も平均点が高く（2.84），苦手意識を感じるのは珍しいことではない。SCLD41 の他の下位尺度との相関では読解苦手尺度との相関が高めで（r=.57）であることから，読んで理解することの苦手さとも関連している。一方，書字困難（r=.54），書き取り苦手（r=.54）との相関が高めで，RaWF の黙読，音読，視写すべての速度指標と弱い相関がある（|r|=.21～36）ことから，読字，書字レベルの困難や注意機能の弱さも背景要因として考え

られる。そのため，高得点の場合，他の検査結果等も合わせて背景要因を検討する必要がある。

支援としては，例えば書字困難により認知資源を奪われることで論述等に影響が出ているとしたら，試験やノートテイクにおけるパソコンの使用許可が考えられる。レポート作成やわかりやすいプレゼンテーションについて学べるワークショップへの参加や個別指導の提案，思考を整理する段階での困難が大きい場合は，コンセプトマップ，マインドマップ等，図式化ツールの使用も効果的であろう。

7.4.7. 書き取り苦手尺度

----

50. 視力には関係なく，黒板や教科書に書かれた文字をノートに書き写すのが苦手だった
51. 聞いたものを書き取ると，書き誤りが多かった
52. 授業で先生の言った事を書きとめるのが苦手だった

書き取り苦手尺度が高得点の場合，授業で聞いたことや板書を書き取ること，ノートテイクに苦手意識を持っていたと考えられる。大学生になっても実際に書字が遅く（無意味文，有意味文視写速度との相関がそれぞれ $r=.44, .45$），LDSP28 の書字・書き取り苦手尺度との相関が高い（$r=.58$）ことから，現在も書字やノートテイクに困難を感じている可能性が高い。

背景要因としては，不器用さも含む書字レベルの問題や，視覚関連の機能，注意機能，聴覚情報処理の問題など，情報処理のレベルとしては低次の要因から，漢字学習の問題，

ワーキングメモリーの問題，思考の整理など，高次の情報処理まで関与する可能性がある。実際に，尺度間相関を見ても多くの他の下位尺度と相関が高めである。効果的な支援のためには，他の尺度得点，検査結果から，主たる背景要因を特定する必要がある。

支援においては，現在もノートテイクや書くこと全般に困難があるようなら，板書撮影の許可，授業資料の配付，授業の録音許可，スマートペンの使用許可などが考えられる。

7.4.8. 書字困難尺度

----

46. 字のパーツのバランスが悪かった
61. 文字をまっすぐに書くのが苦手だった
62. 決められた枠の中への書き込みが苦手だった

書字困難尺度が高得点の場合，きれいな文字，揃った文字を書くことが困難だったと考えられる。大学生になっても引き続き書くことに苦手意識を持っていて（LDSP28 の書字・書き取り苦手尺度との相関が $r=.68$），書くことは遅めである（無意味文，有意味文視写速度との相関がそれぞれ $r=-.33$, $-.35$）。

背景要因として，言語能力というよりは視機能，視覚情報処理，協調運動の問題が考えられる。

現在も書くことに困難さがある場合の支援としては，論述試験の際にノートパソコンの使用を認める，ノートテイクに困難があるようなら，板書撮影の許可，授業資料の配付，授業の録音許可，スマートペンの使用許可などの配慮が考えられる。

7.4.9. 計算苦手尺度

----

91. 暗算が苦手だった
92. 九九がなかなか覚えられなかった
93. 計算記号をよく混乱させていた

　計算苦手尺度が高得点だった人は，計算，算数の苦手さがあったと考えられる。

　背景要因として，数概念の弱さや計算の弱さに加え，ワーキングメモリーや記憶・学習全般の弱さも想定される（SPLD28 の記憶・学習苦手尺度との相関が $r=.42$）。

　大学での学修で計算能力が直接評価対象となる場面は多くないと思われるが，計算を伴うような試験では，電卓の使用許可が配慮として考えられる。

7.5. 大学生学修困難尺度短縮版（LDSP7），小学生時代の学習困難尺度短縮版（SCLD 10）

　LDSP7，SCLD10 は尺度得点から解釈する。95，90，85 パーセンタイルを困難度の程度の判断の目安とする（表 7-10）。

7.5.1. 大学生学修困難尺度短縮版（LDSP7）

----

1. 漢字の左右が逆になる
4. 正しい書き順で書けない漢字が多い
5. 送り仮名の表記ミスが多い
6. 聞いたものを書き取ると，書き誤る

20. 本や論文等の要点をとらえるのが難しい
23. 音読が難しい
33. 聞きもらしがよくある

　LDSP7 は書くことに関する 4 項目，読むことに関する 2 項目，聞くことに関する 1 項目から構成されている。高得点の人は読み書きのどちらか，もしくは両方が遅く，なんらかの困難を感じていると考えられる。高得点の場合，まずは学修面での困難状況，支援ニーズについて確認する。必要に応じて RaWSN，RaWF など，より詳しい検査を実施して，効果的な学修支援の方法について検討する。

　この短縮版は，できるだけ少ない項目で大学での学修に影響を及ぼす読み書きの困難を測定することを目的としているため，カバーできる困難の領域が限られている。この尺度で得点が低いことは，必ずしも学修が順調であることを意味しないという点に注意が必要である。

7.5.2. 小学生時代の学習困難尺度短縮版（SCLD 10）

----

45. 小学校高学年になっても，鏡文字のひらがなを書いてしまうことがあった
48. 送り仮名の表記ミスが多かった
49. 漢字の細かい部分をよく書き間違えて

表 7-10　LDSP7，SCLD10 尺度得点の解釈

解釈	パーセンタイル	LDSP7	SCLD10
困難がある（あった）	85 % ile	2.42〜	2.50〜
かなり困難がある（あった）	90 % ile	2.71〜	2.70〜
著しい困難がある（あった）	95 % ile	2.86〜	2.90〜

いた

53. 自分の考えを整理して文字にするのが苦手だった

56. 文を書く時，「～は」「～に」「～を」などを正しく使うのが難しかった

63. 文字を書くことを避けた

66. 文章を読むのが遅かった

68. 文章の要点を正しく読み取ることが難しかった

76. 音読をするとつっかえ，たどたどしく読んでいた

80. 視力には関係なく，文字に焦点を合わせようとするとぼやけたり，ゆがんだりすることがあった

- -

　SCLD10 は，書くことに関する 6 項目と，読むことに関する 4 項目から構成されている。SLD のある人が小学生時代に体験しやすい困難経験を幅広く含んでおり，実際の読み書きの遅さとも相関が高めの項目であることから，高得点の場合，潜在的な SLD が疑われる。ただし，これらは小学生時代の困難であって，現在，支援ニーズがあるとは限らない。そこが現時点の困難経験を問う LDSP7 との違いである。高得点者に，学修面で困っていないかたずねることはよいことだが，支援はあくまで本人の希望，ニーズに基づいて提供されるべきである。

　また，尺度得点のみから障害の有無に言及することは厳に慎んでほしい。この尺度得点だけで，合理的配慮の根拠とすることもできない。この結果は，さらに詳しい検査の実施，詳細な聴き取りを行うためのきっかけとして利用してほしい。

◆引用文献

岩田みちる・橋本竜作・柳生一自・室橋春光（2020）漢字に特異的な書字障害における正書法ワーキングメモリー障害の検討——構造と要素の分析から．LD 研究：研究と実践，**29**，145-153.

三谷絵音・高橋知音（2016）大学生の読字・書字困難評定尺度の作成．信州心理臨床紀要，**15**，71-82.

白澤麻弓（2018）聴覚障害．合理的配慮ハンドブック——障害のある学生を支援する教職員のために．日本学生支援機構，72-76.

高橋知音（2021）大学生の読み書き困難の評価と支援．コミュニケーション障害学，**38**，52-56.

第8章 RaWSN の項目作成と信頼性・妥当性

1 項目の作成

RaWSN の項目作成にあたり，まず SLD のある人が学校生活で感じる困難にはどのようなものがあるかを明らかにする必要があると考えた。そこで，ディスレクシアのある人の手記，ディスレクシアや SLD がある人を対象とした事例報告から，対象者が経験した困難に関する記述を集めた。

使用した書籍は『DX 型　ディスレクシアな僕の人生』（藤堂，2011），『読めなくても，書けなくても，勉強したい――ディスレクシアのオレなりの読み書き』（井上・井上，2012）の 2 冊，事例報告は服部（2002），堀部・別府（2005），坂本他（2004），大石（1997），森田他（1997），安藤（1994），熊谷（2006），原（2008），細川他（2004），井上他（2010），田中他（2012），松本（2008）の 12 編であった。これらの書籍，論文から，ディスレクシアや SLD のある人の困難経験を表している部分を抜粋し，311 項目が得られた。

これらに加えて，既存の質問紙からも困難経験を集めた。既存の質問紙は，「通常の学級に在籍する特別な教育的支援を必要とする児童生徒に関する全国実態調査」（文部科学省，2003），Workplace Dyslexia Checklist (Dyslexia Assessment & Consultancy, 2010)，Adult Checklist (Smythe & Everatt, 2001)，A Revised Adult Dyslexia Checklist (Vinegrad, 1994)，Interactive LD Checklist (National Center for Learning Disabilities, 2012) を使用した。これらの質問紙の項目数は，計 159 項目であった。

各項目をひとつずつ紙片に書き，KJ 法（川喜田，1967）に準じた方法でそれらを分類した。限定された場面で見られるものはより抽象的，一般的に表現されたものに吸収し，表現が違うだけで実質的に同じ経験を表すものはひとつにまとめた。分類後，出来た項目群ごとに，その項目群を代表するような質問項目案を作成し，書字に関する項目は「書くこと」尺度に，読字や読解に関する項目は「読むこと」尺度に，それ以外の項目は「その他」尺度に分けた。この段階で，大学生に適用可能な項目は 94 項目，小学生時代に関する項目は 121 項目となった。

この 215 項目の質問項目案から不適切な項目を削除するために，予備調査を実施した。予備調査では，18 名の大学生を対象に，質問内容のわかりやすさ，答えやすさを 4 件法で評定してもらった。わかりやすさの評定は，「わかり難い：1」「どちらかというとわかり難い：2」「どちらかというとわかりやすい：3」「わかりやすい：4」，答えや

すさの評定は「答え難い：1」「どちらかというと答え難い：2」「どちらかというと答えやすい：3」「答えやすい：4」で得点化した。5名以上が3点以下の評定をした項目，平均値3.70未満である項目を不適切な項目として削除した結果，現在の（大学生としての）困難を問うもの50項目，小学生時代の困難を問うもの55項目となった。この105項目を用いた4件法（「あてはまらない」「どちらかというとあてはまらない」「どちらかというとあてはまる」「あてはまる」）の質問紙を大学生222名に実施し，内的整合性等を検討，最終的に全93項目の尺度とした（三谷・高橋, 2016）。

2 下位尺度，短縮版の作成

2.1. 下位尺度作成用データ

下位尺度を作成するにあたり，(a) 尺度は集団実施する機会が多い，(b) 項目数が多いため RaWF 標準化で実施した101名では因子分析に不十分であるという2つの理由から，集団実施によるデータを追加することにした。

集団実施のデータ110名分は，ひとつの大学から得られており，専門は教育系であった。教育系学部は，理系，文系，実技系など学問的には異なる専門の学生が在籍し，専門によって求められる読み書きの量もさまざまであることから，ある程度の多様性は確保できていると考えられる。

年齢別人数は表8-1にまとめた。年齢は18〜26歳で，平均は20.4歳（$SD=1.6$）であった。性別は男性102人，女性109人，利き手は右利きが199人，左利きが12人であった。

2.2. 因子分析と下位尺度の構成

下位尺度は，探索的因子分析の結果をもとに作成された。因子分析は，大学生である現在のことを問う44項目と，小学生時代の経験を問う49項目それぞれで実施した。さまざまな因子抽出法や回転法を組み合わせながら，解釈可能な因子であること，ひとつの因子に高い負荷量を示す項目が最低でも3つあることを基準に，分析を繰り返した。因子負荷量が.40に達しない項目を削除し，最終的に大学生の尺度では28項目5因子，小学生時代の項目では41項目9因子の分析結果を採択した。いずれも，因子抽出法は重み付けのない最小二乗法，回転はプロマックス回転であった。表8-2，表8-3にパターン行列と因子間相関行列を示した。

この結果に基づき，大学生の28項目を大学生学修困難尺度（LDSP28）として，5つの下位尺度を作成した。小学生時代の41

表 8-1　年齢別人数

年齢	18	19	20	21	22	23	24	25	26	計
個別実施人数	3	1	14	34	33	6	6	3	1	101
集団実施人数	0	86	20	2	2	0	0	0	0	110
計	3	87	34	36	35	6	6	3	1	211

表 8-2　大学生（現在）の項目の因子分析結果

		I	II	III	IV	V
I．読解苦手						
18.	厚い本を読むのが苦手である	.85	−.14	−.07	−.02	.04
17.	文章を読むのに時間がかかる	.81	−.04	.17	.06	−.10
21.	文章を目で追うことはできるが，書かれている内容が頭に入らない	.76	−.03	−.03	−.02	.05
16.	文章を読むことをなるべく避ける	.68	−.12	.12	−.05	−.03
14.	授業などを聞けば理解できるが，資料や教科書などを読むだけだと理解するのが難しい	.57	.11	−.03	.01	−.07
19.	文章を理解するために何度も読み返す	.53	.09	−.02	−.12	.25
20.	本や論文等の要点をとらえるのが難しい	.52	.26	.03	−.06	.03
II．聴覚処理の弱さ・不注意						
32.	口頭での指示の理解が難しい	−.08	.86	.01	.01	−.14
33.	聞きもらしがよくある	−.10	.81	.02	.01	.05
34.	会議や議論，講義で話されている内容が頭に入ってこない	.17	.49	.04	.01	.13
30.	内容をわかりやすく簡潔にまとめて伝えることが難しい	.19	.49	−.04	.07	.05
40.	人が何を言っていたかを思い出せない	−.04	.46	.07	−.03	.20
31.	似た音を聞き間違える	−.05	.44	.17	−.05	.19
III．読字困難						
29.	漢字の勝手読みがある	−.13	−.05	.67	−.06	.25
22.	ひらがなやカタカナの単語を見ると，その言葉の区切りがわからない	.06	−.21	.66	.03	.14
28.	漢字を見て，似たような形や意味の漢字と間違える	.06	.08	.62	.03	−.25
27.	文字の形が似たひらがな・カタカナ・数字を読み間違えてしまう	.05	.11	.58	.07	−.09
23.	音読が難しい	.01	.13	.47	.04	.02
26.	文末を勝手に読みかえてしまう	.09	.15	.46	.05	−.16
IV．書字・書き取り苦手						
2.	漢字を書くと大きくバランスの悪い形になる	−.13	.02	.03	.83	.02
3.	読みにくい文字を書く	−.12	.07	.04	.71	.05
13.	文字を書くことを避ける	.06	−.17	.12	.56	.21
7.	聞いたものを整理して書くのが苦手である	.20	.31	−.24	.45	−.03
12.	決められた枠の中への書き込みが苦手である	.04	.10	.22	.40	−.03
V．記憶・学習苦手						
38.	固有名詞がなかなか覚えられない	−.05	.04	.07	.04	.71
36.	新出用語や授業で習った言葉がなかなか覚えられない	.08	.11	−.19	.08	.63
35.	物の名前がなかなか思い出せないことがある	.02	.36	.05	−.09	.48
4.	正しい書き順で書けない漢字が多い	.09	−.16	−.07	.34	.46

因子相関行列		I	II	III	IV	V
	II	.56				
	III	.31	.41			
	IV	.27	.52	.37		
	V	.47	.54	.38	.41	

項目は小学生時代の学習困難尺度（SCLD41）として，9つの下位尺度を作成した。

2.2.1. 大学生（現在）の項目に関する因子の命名

因子Iは，読むことに関する苦手意識や実

表 8-3　小学生時代の項目の因子分析結果

	I	II	III	IV	V	VI	VII	VIII	IX
I．読解苦手									
65. 本を読むのが苦手だった	.90	−.03	−.01	.02	−.11	−.16	.11	−.09	−.07
66. 文章を読むのが遅かった	.87	.12	.19	−.22	−.08	.07	−.10	.10	−.11
67. 同じ文を何度か読まないと理解できなかった	.81	.05	.02	−.13	−.01	.02	.01	.01	.18
64. 文字を読むことを避けた	.72	−.05	−.01	.18	−.01	−.04	.02	−.09	−.09
75. 音読しても内容が頭に入ってこなかった	.60	−.15	−.05	.25	.07	.06	.01	.05	.00
74. 黙読だけでは文の意味が理解できなかった	.52	−.13	−.11	.26	−.03	−.03	.15	.05	.16
68. 文章の要点を正しく読み取ることが難しかった	.48	.24	−.08	.05	−.06	.29	−.01	−.03	.10
II．漢字学習困難									
86. 何度も練習しても，漢字が覚えられなかった	.00	.75	−.05	.04	.18	−.11	−.03	−.13	.03
48. 送り仮名の表記ミスが多かった	−.02	.72	.04	.17	−.15	−.04	.05	.18	−.10
49. 漢字の細かい部分をよく書き間違えていた	.03	.69	−.06	.02	.02	−.12	.15	.13	.01
60. 習った漢字でも，読むことはできても書けない文字が多かった	−.02	.64	.02	.03	−.09	.11	−.01	.08	.09
47. 正しい書き順で書けない文字が多かった	.01	.60	−.03	.02	.02	−.13	.06	.22	.04
87. 授業で習った用語がなかなか覚えられなかった	.02	.59	.01	−.02	.34	.06	−.01	−.16	.11
III．文字の視覚処理エラー									
78. 漢字を見て，似たような形や意味の漢字と間違えた	.02	−.08	.68	.25	−.06	.05	.10	−.06	−.02
79. 文字の形が似たひらがな・カタカナ・数字を読み間違えていた	.11	−.06	.68	−.04	.16	−.05	−.03	.04	.02
45. 小学校高学年になっても，鏡文字のひらがなを書いてしまうことがあった	−.10	.06	.42	−.03	−.02	−.17	.01	.04	.33
59. ひらがなやカタカナは，読むことはできるが書くのが難しかった	−.09	.10	.40	.04	.02	.05	.29	−.13	.02
IV．読み書きルール（正書法）学習困難									
55. 文を書く時，「〜は」「〜へ」を，「〜わ」「〜え」と間違えて書いていた	−.13	.01	.08	.60	−.08	−.02	.28	−.04	.10
57. 促音，拗音，長音のある語をよく書き間違えていた	−.06	−.06	.13	.59	−.15	.11	.01	.17	.14
72. 習った漢字でもなかなか読むことができなかった	.22	.20	.05	.58	.24	−.17	−.13	.02	−.15
56. 文を書く時，「〜は」「〜に」「〜を」などを正しく使うのが難しかった	−.04	.10	.03	.56	−.16	.21	.19	−.03	−.06
69. 教科書やプリントにふりがなをふって読んでいた	.24	.03	−.13	.54	.19	−.09	−.24	−.02	.04
77. 音読みと訓読みの区別が上手くできなかった	.18	.05	.28	.50	−.05	−.02	−.07	−.06	.03
71. 漢字の勝手読みがあった	−.06	.25	.06	.44	.09	.22	−.12	−.05	−.10
V．記憶・聴覚的注意の弱さ									
85. 物の名前をなかなか思い出せなかった	−.07	.14	.05	−.11	.70	.01	.09	.06	.03
88. 先生や友達の名前がなかなか覚えられなかった	−.18	.21	−.01	.02	.56	.10	−.04	−.02	.04
89. ある場面でのエピソードを思いだそうとしても，思い出しにくかった	.08	−.12	−.09	.14	.51	−.12	.34	.02	.10
90. 周りの音に集中が乱された	.07	−.18	.06	.03	.43	.09	.04	.27	−.02
84. 人の話を聞いている時に，聞きもらしがよくあった	.03	−.09	.11	−.03	.40	.27	.21	.11	−.07
VI．説明苦手									
82. 順序立てて説明するのが難しかった	−.02	−.08	−.03	.05	.01	.94	−.01	.01	.05
81. 話す時に，内容をわかりやすく伝えるのが難しかった	−.05	−.11	−.03	.06	.08	.86	−.06	.11	.03
53. 自分の考えを整理して文字にするのが苦手だった	.22	.11	−.05	−.03	−.01	.42	.36	−.09	−.02
VII．書き取り苦手									
51. 聞いたものを書き取ると，書き誤りが多かった	−.04	.06	−.04	.08	.14	−.08	.78	.08	.05
50. 視力には関係なく，黒板や教科書に書かれた文字をノートに書き写すのが苦手だった	−.03	.05	.17	−.07	.19	−.03	.74	−.07	−.07
52. 授業で先生の言ったことを書きとめるのが苦手だった	.23	.07	−.05	−.07	−.06	.06	.73	.06	−.03
VIII．書字困難									
61. 文字をまっすぐに書くのが苦手だった	−.07	.09	−.07	.09	.09	.14	−.16	.74	.04
46. 字のパーツのバランスが悪かった	−.06	.26	−.01	−.08	−.05	−.05	.12	.68	.00
62. 決められた枠の中への書き込みが苦手だった	.04	.01	.03	−.02	.15	.05	.08	.64	−.18
IX．計算苦手									
92. 九九がなかなか覚えられなかった	−.09	.11	.03	.10	.06	.07	.01	−.13	.64
93. 計算記号をよく混乱させていた	.02	−.07	.33	.09	−.02	−.10	−.02	.09	.50
91. 暗算が苦手だった	.16	.02	.02	−.16	.09	.28	−.11	−.02	.48

因子相関行列	I	II	III	IV	V	VI	VII	VIII	IX
II	.40								
III	.26	.34							
IV	.47	.49	.52						
V	.52	.47	.27	.38					
VI	.61	.43	.24	.36	.43				
VII	.42	.56	.45	.52	.41	.52			
VIII	.32	.50	.40	.45	.37	.52	.63		
IX	.32	.33	.28	.37	.31	.36	.39	.33	

際に読んで理解することの困難さに関する項目が高い負荷量を示していることから，「読解苦手」因子と命名した。「読んでもわからない」「苦手意識が強い」状況は読字レベルの問題があっても生じる。解釈の際は，読解のみが苦手というより，読むこと全般に関する困難ととらえ，背景要因はさらに他の尺度や検査から検討すべきである。

因子Ⅱは，聴覚情報を正しく聞き取って理解することに関する項目が高い負荷量を示していることから，「聴覚処理の弱さ・不注意」因子と命名した。正しく聞き取って理解するのが難しいとき，背景要因として聴覚情報に注意を向けること，聴覚情報処理自体の弱さがあることが想定される。そのため，名称としては聴覚処理だけでなく「不注意」を加えた。また，聴覚情報をもとに思考判断する際にはワーキングメモリーも重要な役割を担う。項目30の「簡潔にまとめて伝えることが難しい」は，やや異質な印象だが，頭の中で情報を整理して判断するという要素が共通していると考えられる。

因子Ⅲは，読字のレベル，主に文字から音へのデコーディングの段階に関わる項目が多いことから，「読字困難」因子と命名した。背景の認知機能としては，音韻処理系の問題も，視覚情報処理系の問題も考えられる。また，不注意によってもこれらの困難が生じる可能性がある。

因子Ⅳは，文字をうまく書けないこと（書字）に関する3項目とノートテイクに関する項目（項目7「聞いたものを整理して書くのが苦手」），書字の苦手意識に関する項目（項目13「文字を書くことを避ける」）の負荷量が高いことから，「書字・書き取り苦手」因子と命名した。「書き取り（書き取る）」という言葉は，聞いたものを書き取るという意味で用いられる場合と，「漢字の書き取り」のように，漢字学習のための反復練習や漢字テストの意味で用いられる場合がある。ここでは，前者の意味であり，ノートテイクの意味も含む。

因子Ⅴは，「覚えられない」「思い出せない」といった言葉を含む項目が高い負荷量を示していることから，「記憶・学習苦手」因子とした。なお，ここで言う「学習」は特定の知識や情報を記憶して使えるようになることを指していて，大学での学び全般という意味ではないので，「学修」ではなく「学習」を用いている。項目4「正しい書き順で書けない漢字が多い」があるが，この項目は書字の問題というより，漢字学習の問題を意味していると考えられる。

2.2.2. 小学生時代の項目に関する因子の命名

因子Ⅰは，大学生項目の因子Ⅰと同様の項目が多く，読むことに関する苦手意識や実際に読んで理解することの困難さに関する項目が高い負荷量を示していることから，「読解苦手」因子と命名した。大学生の読解苦手因子と同様，読解のみの問題ではなく，読むこと全般の困難・苦手意識と捉えるとよいだろう。

因子Ⅱは，6項目のうち，因子負荷量上位の4項目が漢字学習に関する困難についての項目であったことから，「漢字学習困難」因子と命名した。項目47には「漢字」という言葉が入っていないが，「書き順」についての項目なので，実質的に漢字学習に関する経験と捉えてよいだろう。項目87は，「授業で習った用語が覚えられなかった」という項目だが，小学校では社会科などを中心に用語を漢字で書くことが求められることも多いので，負荷量が高くなったと考えられる。

因子Ⅲは，視覚的な類似による読み間違いや鏡文字に関する項目の負荷量が高いことから，「文字の視覚処理エラー」と命名した。負荷量がより高い2項目は，「読み間違い」に関する項目であることから，不注意や衝動性といった，注意機能の問題が関連している可能性もある。

因子Ⅳは，仮名文字における例外的な表記に関する項目，助詞の使用，漢字の読みに関する項目が含まれていることから，「読み書きルール（正書法）学習困難」因子と命名した。項目55「『〜は』『〜へ』を，『〜わ』『〜え』と間違え」ることや，項目57「促音，拗音，長音」は仮名表記における数少ない例外ルールであり，SLDのある小学生がつまずきやすいポイントでもある。興味深いのは，「漢字の読み」に関連する項目が，仮名表記に関する項目と同様の因子負荷量を示した点である。漢字は同じ文字であっても複数の読み方があり，ある程度のルールはあるものの，文字と読み方の結びつきという点で言えば例外だらけの表記法である。「仮名の例外的な表記を書くこと」と，「漢字を読むこと」という，直接関係のなさそうな項目が混在して高い負荷量を示していることから，この因子は文字の読み書きに関する「例外的なルール」の学習がうまくいかないことを反映しているのではないかと考えられる。言語学的に言うと，これらは正書法（言語をどのように文字で書き表すかのルール）に関連する項目であると言える。正書法はorthographyの訳語であり，英語ではスペリングの問題として，SLDがある小学生がつまずきやすいポイントのひとつとなっている。

因子Ⅴは，「思い出せない」「覚えられない」といった言葉を含む項目と，聴覚的注意に関する項目の負荷量が高いことから，「記憶・聴覚的注意の弱さ」因子と命名した。大学生項目の下位尺度である「聴覚処理の弱さ・不注意」と似ているが，記憶系の項目の因子負荷量が高めであること，聴覚系の項目がいずれも注意に関する項目であることなどが異なっている。記憶の項目も，学習というよりは日常的な記憶に関する内容である点で，大学生項目の「記憶・学習苦手」因子とも異なっている。

因子Ⅵは，言葉でわかりやすく伝えることの難しさに関する項目の負荷量が高いことから，「説明苦手」因子と命名した。項目53「自分の考えを整理して文字にする」のは口頭での説明ではないが，考えを整理する作業は説明の前提条件として不可欠なものと言える。

因子Ⅶは，聞いたことや板書されたものを書き取ることの苦手さに関する項目の負荷量が高かったことから，「書き取り苦手」因子と命名した。ノートを取ることの難しさを反映した因子であると考えられる。大学生項目の因子分析結果の因子Ⅳと同様，「漢字の書き取り」という意味の「書き取り」ではなく，聞いたものを書き取るという意味での命名である。

因子Ⅷは，文字をうまく書けないことに関する項目の負荷量が高かったことから，「書字困難」因子と命名した。大学生項目における「書字・書き取り苦手」因子から，書き取り（ノートテイク）に関する項目と書字への苦手意識を除いた内容で，文字の形や文字列がきれいに整わないことを表している。

因子Ⅸは，計算に関する困難経験についての項目の負荷量が高かったことから，「計算苦手」因子と命名した。大学生項目の分析では，計算に関する項目が2項目だったために，因子として抽出されなかった（1因子に

負荷量の高い項目が 3 項目以上という基準を満たさなかったため，項目を削除した）。

なお，因子間相関は LDSP28，SCLD41 共に，全般的に高めで，最低でも .20 台，高いものは .60 台であった。

2.3. 大学生学修困難尺度短縮版（LDSP7）の作成

大学生項目による短縮版は，外的基準（行動指標である RaWF の速度指標）との相関により作成した。より少ない項目で，実際の読み書きの速さと関連のある学修困難経験を測定することを目指し，RaWF の速度指標との相関（ポリコリック相関）が高い項目を選択した（すべての項目における相関は pp.133-134, 表 7-6 参照）。その際，全体として，視写の速度指標との相関が高めの項目の数が多かったことから，黙読，音読の速度指標との相関が高い項目をできるだけ含めるようにした。

大学生学修困難尺度短縮版（LDSP7）という名称を用いているが，RaWSN の現在の困難に関する 44 項目から選んでいるため，LDSP28 には含まれない項目が 3 項目（項目 1，5，6）含まれている。それ以外の 4 項目は，LDSP28 の「書字・書き取り苦手」以外の 4 つの下位尺度から 1 つずつ選ばれており，学修困難の多様な側面を少ない項目数で測定することが可能になっている。

2.4. 小学生時代の学習困難尺度短縮版（SCLD 10）の作成

小学生項目の短縮版も，LDSP7 と同様の基準で項目の選択を行った。RaWSN の

表 8-4　大学生学修困難尺度短縮版（LDSP7）項目リスト

項　目	平均	SD	選択肢別出現率（%）				黙読 文字数	音読		無意味文視写		有意味文視写		文字数差	
			1	2	3	4		時間	エラー	文字数	エラー	文字数	エラー		
1．漢字の左右が逆になる	1.2	0.5	88.1	8.9	2.0	1.0	-.29	-.05	.39	-.02	-.06	-.03	.03	-.03	1
4．正しい書き順で書けない漢字が多い	2.2	1.0	30.7	36.6	18.8	13.9	-.39	.25	-.08	-.34	-.29	-.33	-.09	.00	4
5．送り仮名の表記ミスが多い	1.7	0.8	50.5	32.7	12.9	4.0	-.36	.29	-.02	-.43	-.15	-.45	-.04	-.15	5
6．聞いたものを書き取ると，書き誤る	2.0	0.8	31.0	46.0	19.0	4.0	-.29	.34	.01	-.53	-.11	-.56	.06	-.22	6
20．本や論文等の要点をとらえるのが難しい	2.6	0.9	5.9	41.6	35.6	16.8	-.21	.23	.18	-.29	.09	-.30	-.12	-.08	20
23．音読が難しい	1.7	1.0	57.4	20.8	14.9	6.9	-.14	.25	.01	-.27	.09	-.26	-.03	-.03	23
33．聞きもらしがよくある	2.6	0.9	13.9	30.7	39.6	15.8	-.05	.22	.03	-.34	-.11	-.31	.15	.01	33

注：選択肢別出現率の内，□で囲まれているのは 3,4 の出現率の合算が 10 ％未満。下線は 50 ％以上。相関はポリコリック相関。斜体は絶対値 .20 以上，下線は絶対値 .40 以上。

表 8-5　小学生時代の学習困難尺度短縮版（SCLD10）項目リスト

項　目	平均	SD	選択肢別出現率（%）				黙読 文字数	音読		無意味文視写		有意味文視写		文字数差	
			1	2	3	4		時間	エラー	文字数	エラー	文字数	エラー		
45．小学校高学年になっても，鏡文字のひらがなを書いてしまうことがあった	1.1	0.4	95.0	2.0	2.0	1.0	-.42	.33	-.32	-.23	-.17	-.19	-.15	.01	45
48．送り仮名の表記ミスが多かった	1.8	1.0	51.5	24.8	14.9	8.9	-.34	.32	-.06	-.46	-.20	-.48	-.05	-.15	48
49．漢字の細かい部分をよく書き間違えていた	2.0	1.1	44.6	24.8	17.8	12.9	-.34	.31	-.07	-.39	-.23	-.46	.01	-.31	49
53．自分の考えを整理して文字にするのが苦手だった	2.6	1.1	19.8	27.7	29.7	22.8	-.32	.39	.01	-.39	-.14	-.42	-.06	-.15	53
56．文を書く時，「〜は」「〜に」「〜を」などを正しく使うのが難しかった	1.6	0.9	63.4	16.8	14.9	5.0	-.31	.30	-.08	-.42	-.15	-.47	-.13	-.25	56
63．文字を書くことを避けた	1.6	0.9	59.4	24.8	8.9	6.9	-.26	.35	-.15	-.33	-.15	-.37	.16	-.20	63
66．文章を読むのが嫌だった	2.4	1.2	32.7	20.8	23.8	22.8	-.31	.33	.11	-.26	.16	-.26	-.08	-.03	66
68．文章の要点を正しく読み取ることが難しかった	2.5	1.0	15.8	32.7	32.7	18.8	-.45	.32	-.03	-.34	-.02	-.35	-.17	-.08	68
76．音読をするとつっかえ，たどたどしく読んでいた	2.0	1.1	46.5	20.8	20.8	11.9	-.35	.36	.12	-.31	.04	-.30	.00	-.05	76
80．視力には関係なく，文字に焦点を合わせようとするとぼやけたり，ゆがんだりすることがあった	1.1	0.5	90.1	6.9	1.0	2.0	-.20	.42	.08	-.27	-.34	-.32	.01	-.19	80

注：選択肢別出現率の内，□で囲まれているのは 3,4 の出現率の合算が 10 ％未満。下線は 50 ％以上。相関はポリコリック相関。斜体は絶対値 .20 以上，下線は絶対値 .40 以上。

「その他」下位尺度に含まれる項目は選択されなかった。SCLD41 の 9 つの下位尺度のうち，5 つの下位尺度に関わる項目が含まれ，因子分析では削除された項目も 3 つ（項目 63，76，80）含んでいる。10 項目で読み書き困難の多様な側面について測定することが可能な尺度となった。

3 尺度得点の記述統計

3.1. 読み書き支援ニーズ尺度（RaWSN）の記述統計

RaWSN の記述統計を表 8-6，ヒストグラムを図 8-1 に示す。大学生における「読むこと」と「書くこと」は，ほぼ同様の平均値，*SD* であるが，分布の形はやや異なっている。書くことについてまったく困っていない人は少ないが，全体としては高得点ほど人数が少なくなっている。一方，「読むこと」は 2.0 点付近をピークに山型の分布となっている。「その他」は平均値もやや高めで山型の分布であり，読み書きに比べ，困難を感

表 8-6　RaWSN 下位尺度の記述統計

		平均値	*SD*	最小値	最大値	歪度	尖度
大学生	書くこと	1.91	0.50	1.00	3.54	0.73	0.24
	読むこと	1.97	0.47	1.00	3.06	0.13	−0.55
	その他	2.19	0.51	1.13	3.33	0.08	−0.49
小学生	書くこと	1.82	0.61	1.00	3.63	0.79	0.38
	読むこと	1.70	0.52	1.00	3.24	0.68	−0.05
	その他	2.00	0.55	1.08	3.38	0.41	−0.66

高橋・三谷（2019）をもとに作成

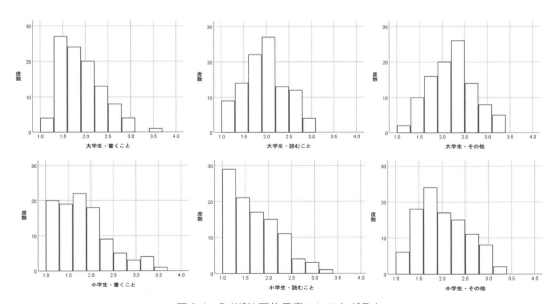

図 8-1　RaWSN 下位尺度のヒストグラム

じている人がやや多い。

　小学生時代の下位尺度の平均値は大学生の下位尺度得点に比べると，全体にやや低めである。分布を見ても，まったく困難を感じていなかった人の人数は，読み書きともに多い。一方，書くことについては，困難を感じていた人の数はやや多めである。

3.2. 大学生学修困難尺度（LDSP28）の記述統計

　LDSP28 の記述統計を表 8-7，ヒストグラムを図 8-2 に示す。得点の分布を見ると，「読字困難」尺度のみ大きく正に歪んだ分布をしており，それ以外は分布の範囲が広い。

読字困難尺度は 2.0 点以下が 91 ％で 3.0 点を超えるのは 1 名のみであった。この尺度は文字認識やデコーディングにおける困難に関する項目から構成されており，高得点の場合は SLD が疑われる。得点分布からは，そのような読字困難を経験している学生の数は，他の読み書き困難と比べて多くないことがわかる。「書字・書き取り苦手」は読字困難にくらべるとやや多く，3.0 点を超えるのは 6 名であった。これらの尺度に比べると，「読解苦手」や「聴覚処理の弱さ・不注意」で困難を感じている大学生は少なくない。大学では専門書や論文を読むことも多く，読字の問題がなくても理解に困難さを感じる学生

表 8-7　LDSP28 下位尺度の記述統計

	平均値	SD	最小値	最大値	歪度	尖度
読解苦手	2.46	0.66	1.00	3.71	−0.08	−0.53
聴覚処理の弱さ・不注意	2.34	0.67	1.17	4.00	0.24	−0.58
読字困難	1.47	0.46	1.00	3.17	1.27	1.64
書字・書き取り苦手	2.05	0.68	1.00	4.00	0.61	0.04
記憶・学習苦手	2.32	0.72	1.00	4.00	0.56	−0.15

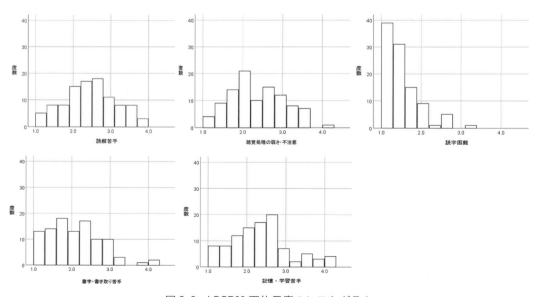

図 8-2　LDSP28 下位尺度のヒストグラム

は多いということであろう。「聴覚処理の弱さ・不注意」は主に聞いて理解することや正確に聞き取ることに関する項目から構成された下位尺度である。大学の授業は高校までに比べると授業形態が多様で，口頭の説明や指示のみで進んでいくこともある。そこに困難さを感じる学生が多いということを反映していいるのではないかと考えられる。

3.3. 小学生時代の学習困難尺度（SCLD41）の記述統計

SCLD41 の記述統計を表 8-8，ヒストグラムを図 8-3 に示す。得点分布は下位尺度によって大きく異なっている。「文字の視覚

表 8-8　SCLD41 下位尺度の記述統計

	平均値	SD	最小値	最大値	歪度	尖度
読解苦手	2.06	0.77	1.00	4.00	0.51	−0.59
漢字学習困難	1.88	0.81	1.00	4.00	0.72	−0.46
文字の視覚処理エラー	1.18	0.39	1.00	3.50	3.32	14.16
読み書きルール（正書法）学習困難	1.45	0.55	1.00	3.43	1.66	2.61
記憶・聴覚的注意の弱さ	1.91	0.67	1.00	3.80	0.72	0.16
説明苦手	2.84	0.80	1.00	4.00	−0.31	−0.43
書き取り苦手	1.75	0.84	1.00	4.00	1.21	0.66
書字困難	2.35	0.96	1.00	4.00	0.08	−1.12
計算苦手	1.78	0.72	1.00	4.00	0.86	0.44

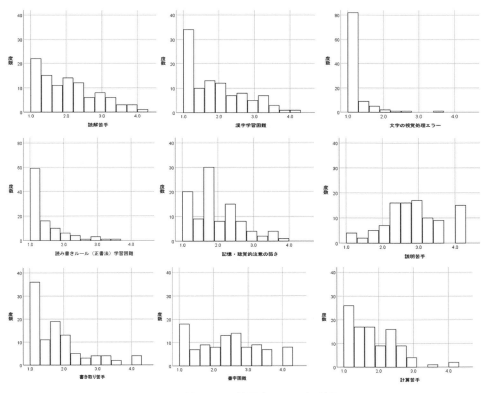

図 8-3　SCLD41 下位尺度のヒストグラム

処理エラー」尺度は平均値が非常に小さい。度数分布を見ると，70％が1.0点，すなわち4項目すべて「1：あてはまらない」を選んでおり，2.0点以上は5％のみである。この下位尺度では3項目が仮名文字の読み書き困難に関するもので，これらにあてはまる人はごく少数であることがわかる。「読み書きルール（正書法）学習困難」尺度は，それに次いで平均値が小さい。2.0点以上は約12％で，3.0点以上は4％であった。

「書き取り苦手」「計算苦手」「漢字学習困難」尺度は平均値が1点台の後半で，分布を見ると高得点ほど人数が少なくなっていく傾向が共通している。一方で尺度得点が4.0，すなわち全項目で「4：あてはまる」を選んだ人がいる。ノートテイクが苦手，漢字を覚えられない，計算がうまくいかないという点で著しい困難を感じていた人が，少数ながらいるということを示している。

「記憶・聴覚的注意の弱さ」尺度は平均点が1点台だが，2.0点前後の人数も多く，関連の困難を感じていた人は少なくない。同様に「読解苦手」尺度も，高得点ほど人数が少なくなる傾向はあるものの，2点台にかなりの人数がいる。

「書字困難」尺度は得点が幅広く分布しているのが特徴であり（扁平な分布），すべてあてはまる4.0点の人も約8％いる。「説明苦手」尺度は2点台の人数が多く，4.0点の人が約15％いる。平均点は3.0点に近い。小学生にとってきれいな文字を書くこと，わかりやすく説明することは比較的難しい課題であり，困難を感じていた人が多いと言える。

3.4. 短縮尺度（LDSP7，SCLD10）の記述統計

LDSP7，SCLD10の記述統計を表8-9，ヒストグラムを図8-4に示す。平均値，得点分布共に大きな違いはなく，3.0点以上の高得点者も4％と同数になっている。

表8-9　短縮尺度の記述統計

	平均値	SD	最小値	最大値	歪度	尖度
LDSP7（大学生短縮）	1.99	0.50	1.00	3.57	0.60	0.14
SCLD10（小学生短縮）	1.87	0.59	1.00	3.50	0.48	−0.44

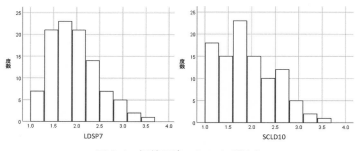

図8-4　短縮尺度のヒストグラム

4 信頼性

　信頼性は，下位尺度ごとに，再検査信頼性と内的整合性（クロンバックのα係数）を計算した。内的整合性は標準化データ 101 名分，再検査信頼性は RaWF の再検査信頼性と同じ 26 名分のデータを用いた。

　RaWSN はいずれの下位尺度も再検査信頼性，内的整合性ともに .80 を超え，十分な値であった。LDSP28 では，内的整合性において，読字困難尺度が .66 とやや低めの値であった。SCLD41 では，内的整合性において計算苦手尺度が .66 とやや低めの値であった。短縮尺度では，LDSP7 の内的整合性が .68 とやや低めであった（表 8-10）。

表 8-10　再検査信頼性と内的整合性

		再検査信頼性	内的整合性
RaWSN			
大学生	書くこと	.95	.80
	読むこと	.95	.84
	その他	.88	.82
小学生	書くこと	.95	.92
	読むこと	.84	.88
	その他	.94	.85
LDSP28			
読解苦手		.94	.83
聴覚処理の弱さ・不注意		.85	.80
読字困難		.94	.66
書字・書き取り苦手		.91	.73
記憶・学習苦手		.92	.70
SCLD41			
読解苦手		.81	.88
漢字学習困難		.85	.88
文字の視覚処理エラー		.95	.74
読み書きルール（正書法）学習困難		.93	.81
記憶・聴覚的注意の弱さ		.90	.72
説明苦手		.88	.82
書き取り苦手		.74	.87
書字困難		.93	.83
計算苦手		.90	.66
短縮尺度			
LDSP7		.89	.68
SCLD10		.92	.83

RaWSN および関連の尺度の妥当性は，下位尺度間の相関ならびに，RaWF との相関から検討する。

5.1. 下位尺度間の相関

5.1.1. RaWSN 下位尺度間相関

RaWSN の 6 つの下位尺度間の相関（表8-11）は，全体に中程度から高い相関があった。大学生の下位尺度と小学生時代の下位尺度を見ると，同じカテゴリの下位尺度同士の相関（網掛け部分：.69〜.77）が，異なるカテゴリ間の下位尺度（.46〜.56）より高めになっている。小学生時代に経験した困難と同様の困難を大学生になっても経験しがちであると言える。

5.1.2. LDSP28 下位尺度間相関

LDSP28 の下位尺度間の相関（表8-12）は，.20 台から .40 台であった。RaWSN や SCLD41 の下位尺度間相関にくらべると，値がやや小さめになっている。とりわけ，「読解苦手」尺度は他の下位尺度との相関が低めである（下線。すべて $r<.40$）。最も低いのが「読字困難」との相関であるという点も興味深い（二重下線，$r=.22$）。その理由として，「読字困難」は分布の偏りが大きいことがあげられる。また，大学生における読んで理解することの困難や読むことへの苦手意識の程度は，読字能力よりも，所属する専門分野での学修の特徴に影響を受けやすいことにもよるだろう。

表 8-11　RaWSN 下位尺度間相関

		大学生（現在）			小学生時代	
		書く	読む	その他	書く	読む
大学生	読むこと	.63 **				
	その他	.50 **	.60 **			
小学生	書くこと	.77 **	.56 **	.46 **		
	読むこと	.49 **	.71 **	.50 **	.67 **	
	その他	.51 **	.55 **	.69 **	.74 **	.71 **

** $p<.01$, 網掛けは同じカテゴリの下位尺度を表す
高橋・三谷（2019）をもとに作成

表 8-12　LDSP28 下位尺度間相関

	読解	聴覚	読字	書字
聴覚処理の弱さ・不注意	.36 **			
読字困難	.22 *	.46 **		
書字・書き取り苦手	.25 *	.44 **	.43 **	
記憶・学習苦手	.39 **	.42 **	.40 **	.34 **

* $p<.05$, ** $p<.01$

5.1.3. SCLD41 下位尺度間相関

SCLD41 の尺度間相関（表 8-13）を見ると，LDSP28 の下位尺度間相関では見られなかった .50 以上の値（網掛け）が多く見られる。下位尺度の中で .50 以上の相関が多いのは，「読み書きルール（正書法）学習困難」尺度（5 つ）と，「書き取り苦手」尺度（5 つ）である。これらは，SLD の傾向がある子どもが経験しやすい中核的な困難であると言えるかもしれない。

「文字の視覚処理エラー」尺度は平均値が低く，あてはまる人が少ない尺度であったが，「読み書きルール（正書法）学習困難」「書き取り苦手」「漢字学習困難」尺度と .40 以上の相関が見られた。英語圏では SLD の主たる背景要因ではないとされている視覚系の機能障害が，日本語の読み書きにおいてはより重要な役割を担っている可能性もある。

「読解苦手」尺度と「説明苦手」尺度は，いずれも本書の読み書きモデル（p.10, 図 2-1）で言えば概念レベルの処理との関連が考えられる尺度である。これらの尺度間の相関が高くなっているという点は理にかなっている。「読解苦手」尺度は，読み書き情報処理の入り口と出口にあたる「文字の視覚処理

エラー」尺度（r=.19），「書字困難」尺度（r=.25）と相関が低めであるという点も，読み書きモデルに沿ったものである。

このように，下位尺度間の相関は読み書きのモデルや SLD の特徴から考えられる相関パターンと一致するものであり，妥当性の根拠のひとつと言うことができる。

5.1.4. RaWSN と LDSP28，SCLD41 の下位尺度間相関

LDSP28 と SCLD41 は，RaWSN の大学生項目と小学生項目をそれぞれ因子分析した結果に基づいて構成されている。相関（表 8-14）を見れば LDSP28 と SCLD41 の下位尺度が，RaWSN のどの下位尺度の項目を主に用いているかがわかる。

RaWSN の大学生項目では，「書くこと」から LDSP28 の「書字・書き取り苦手」尺度が，「読むこと」から「読解苦手」と「読字困難」が，「その他」から「聴覚処理の弱さ」と「記憶・学習苦手」が作られたことがわかる。

RaWSN の小学生時代の項目では「書くこと」から，「漢字学習困難」「書字困難」「書き取り苦手」「読み書きルール（正書法）

表 8-13　SCLD41 下位尺度間相関

	読解	漢字	視覚	ルール	記憶	説明	書取	書字
漢字学習困難	.46 **							
文字の視覚処理エラー	.19 +	.43 **						
読み書きルール（正書法）学習困難	.48 **	.65 **	.51 **					
記憶・聴覚的注意の弱さ	.40 **	.41 **	.36 **	.39 **				
説明苦手	.57 **	.43 **	.27 **	.50 **	.47 **			
書き取り苦手	.46 **	.61 **	.47 **	.50 **	.51 **	.54 **		
書字困難	.25 *	.52 **	.38 **	.46 **	.46 **	.54 **	.55 **	
計算苦手	.44 **	.48 **	.34 **	.52 **	.36 **	.39 **	.42 **	.35 **

$^+p<.10$, $^*p<.05$, $^{**}p<.01$; .50 以上の値は網掛け

表 8-14　RaWSN と LDSP28, SCLD41 の下位尺度間相関

		大学生（現在）			小学生時代		
		書く	読む	その他	書く	読む	その他
LDSP28	読解苦手	.43**	.86**	.45**	.37**	.58**	.37**
	聴覚処理の弱さ・不注意	.51**	.52**	.85**	.45**	.44**	.63**
	読字困難	.55**	.65**	.46**	.51**	.53**	.53**
	書字・書き取り苦手	.86**	.44**	.37**	.63**	.28**	.40**
	記憶・学習苦手	.51**	.54**	.69**	.56**	.49**	.57**
SCLD41	読解苦手	.32**	.61**	.36**	.50**	.91**	.57**
	漢字学習困難	.59**	.43**	.31**	.84**	.61**	.65**
	文字の視覚処理エラー	.48**	.35**	.25*	.60**	.37**	.44**
	読み書きルール（正書法）学習困難	.55**	.51**	.48**	.77**	.73**	.63**
	記憶・聴覚的注意の弱さ	.38**	.46**	.63**	.52**	.54**	.84**
	説明苦手	.48**	.48**	.51**	.64**	.63**	.69**
	書き取り苦手	.67**	.50**	.43**	.81**	.54**	.64**
	書字困難	.62**	.37**	.37**	.77**	.37**	.58**
	計算苦手	.28**	.41**	.45**	.54**	.52**	.71**

** $p<.01$; .70 以上の値は網掛け

学習困難」が作られている。この中で，「読み書きルール（正書法）学習困難」は，「読むこと」とも同等に高い相関（書くこと r =.77，読むこと r=.73）を示しており，読み書き双方の表記ルールに関する尺度であることがわかる。「読むこと」に関しては「読解苦手」が非常に高い相関（r=.91）を示している。このことから，「読解苦手」が純粋に読んで理解することの苦手さではなく，読むこと全般に関する苦手意識を表していると言える。「その他」においては，「記憶・聴覚的注意の弱さ（r=.84）」「計算苦手（r =.71）」「説明苦手（r=.69）」との相関が高い。「文字の視覚的処理エラー」は，最も高くても「書くこと」の r=.60 であり，読み書き困難の中でも，やや特殊な困難であることがうかがえる。

5.1.5. LDSP28 と SCLD41 の下位尺度間相関

LDSP28 と SCLD41 の下位尺度間相関を表 8-15 に示した。小学生時代に感じていた読み書きの困難と大学生として感じている読み書き困難とに関連があるか検討する。

「読解苦手」は，大学生項目（LDSP28）でも小学生項目（SCLD41）でも同様な内容であり，相関は高めである（r=.61）。小学生時代に読むことに苦手意識があった人は，大学生になってもその傾向はあまり変わらないと言える。

大学生で「読字困難」を感じている人は，小学生時代に「文字の視覚処理エラー（r =.53）」「読み書きルール（正書法）学習困難（r=.57）」を感じていた人が多い。これら3つの下位尺度は，いずれも高得点者が少なく正に歪んだ分布をしている（図

8-2，図 8-3）。視覚に関する機能障害や音韻処理障害等を背景とする読字困難は，大学生になっても継続していることがうかがわれる。これらの下位尺度で高得点が見られる場合，背景の SLD や視覚関連の障害について，詳しい検査をすることが推奨される。

LDSP28 の「書字・書き取り苦手」尺度は，SCLD41 の「書き取り苦手（r=.58）」「書字困難（r=.68）」尺度を合わせた内容になっているが，実際にこの 2 尺度と高めの相関が見られた。

LDSP28 の「聴覚処理の弱さ・不注意」尺度は，SCLD41 の「記憶・聴覚的注意の弱さ（r=.62）」「説明苦手（r=.55）」尺度との相関が高かった。「聴覚処理の弱さ・不注意」は聞きもらしや聞き間違い，聞いたことの理解中心の項目から構成されているのに対し，「記憶・聴覚的注意の弱さ」は覚えられない，思い出せないといった内容の項目が多い。正しく聞き取って理解し，記憶するということが一連の情報処理の過程として関連しているのであろう。説明に関する項目は「聴覚処理の弱さ・不注意」においては 5 項

目中 1 項目含まれているだけであるが，説明すべき内容を頭の中で整理するプロセスは，聞いて理解することと関連があるということが考えられる。

LDSP28 の「記憶・学習苦手」尺度は，SCLD41 の「漢字学習困難（r=.55）」「読み書きルール（正書法）学習困難（r=.50）」尺度との相関が高めであった。「記憶・学習苦手」尺度は言葉が覚えられない，思い出せないという項目と，漢字を正しい書き順で書けないという項目から構成されている。「漢字学習困難」尺度は書き順に加え，送り仮名や漢字そのものを正確に書けないということに関する項目が多い。小学校は中学，高校に比べると単語，用語を覚えるという場面は少な目で，多くの量を覚えテストされると言えば漢字であるということから，このような結果になったと考えられる。「読み書きルール（正書法）学習困難」尺度はひらがなの特殊表記に関する項目と漢字の読みに関する項目から構成されている。こちらは言葉の表記のルールの学習に関する尺度であり，小学生時代に読み書きルールの学習で苦戦した人は，

表 8-15　LDSP28 と SCLD41 の下位尺度間相関

| | | LDSP28 | | | | |
		読解	聴覚	読字	書字	記憶
SCLD41	読解苦手	.61**	.30**	.28**	.14	.34**
	漢字学習困難	.26**	.27**	.44**	.39**	.55**
	文字の視覚処理エラー	.12	.33**	.53**	.37**	.20*
	読み書きルール（正書法）学習困難	.30**	.43**	.57**	.34**	.50**
	記憶・聴覚的注意の弱さ	.30**	.62**	.46**	.34**	.45**
	説明苦手	.43**	.55**	.31**	.41**	.37**
	書き取り苦手	.44**	.42**	.30**	.58**	.44**
	書字困難	.21*	.42**	.39**	.68**	.42**
	計算苦手	.30**	.25*	.36**	.11	.42**

*p<.05，**p<.01；.50 以上の値は網掛け

大学では言葉の学習に引き続き困難を感じるということなのだろう。

以上，小学生時代の学習困難と，大学での困難は，項目内容から関連が想定される尺度間で高めの相関が見られたことから，妥当性の根拠が得られたと言える。小学生時代に読み書き等の困難経験があった人は，大学進学後も同様の領域で困難を経験しがちであるという点について，支援者は理解する必要がある。その際，小学校から中学校のように，高校から大学へ「申し送り」というわけにはいかない。高校時代の支援者は，本人に大学進学後の困難の可能性を伝え，対処方法について一緒に考えたり，大学入学後に必要に応じて支援を求めるよう伝える必要があるだろう。

5.1.6. 2つの短縮尺度と下位尺度間の相関

大学生項目の短縮版であるLDSP7，小学生項目の短縮版であるSCLD10と，RaWSN，LDSP28，SCLD41の下位尺度との相関を，表8-16に示した。短縮版が，尺度全体の傾向をどの程度測定できているかを検討する。

LDSP7はRaWSNの大学生項目から選ばれているにもかかわらず，大学生項目の下位尺度との相関（$r=.59 \sim .75$）と小学生項目の相関（$r=.65 \sim .74$）にほとんど差がない。大学生の読み書きについては，いずれも相関が.70を超え，現在の読み書き困難の傾向を測定できていると言える。LDSP28の下位尺度との相関を見ると，.70を超えているものはなく，「記憶・学習苦手（$r=.67$）」尺度が最も高い値となっている。SCLD41では，「漢字学習困難（$r=.69$）」「書字困難（$r=.64$）」「読み書きルール（正書法）学習困難（$r=.61$）」が.60を超えており，小学

生時代における漢字の読み書き困難と関連が強い。

SCLD10とRaWSNの下位尺度の相関を見ると，小学生時代の下位尺度との相関が高くなっており（$r=.73 \sim .87$），小学生時代の学習困難，とりわけ読み書きの困難を十分に代表するものとなっている。LDSP28との相関はやや低めの値となっているが（$r=.43 \sim .54$），SCLD41の下位尺度は「漢字学習困難（$r=.79$）」「読解苦手（$r=.73$）」「読み書きルール（正書法）学習困難（$r=.72$）」「説明苦手（$r=.71$）」の4つで相関が.70を超え，「書字困難（$r=.69$）」も.70に近い値となっている。

表8-16　短縮尺度と各下位尺度間の相関

			LDSP7	SCLD10
RaWSN	大学生	書くこと	.75**	.65**
		読むこと	.72**	.63**
		その他	.59**	.46**
	小学生	書くこと	.74**	.87**
		読むこと	.69**	.85**
		その他	.65**	.73**
LDSP28		読解苦手	.53**	.49**
		聴覚処理の弱さ・不注意	.60**	.44**
		読字困難	.59**	.51**
		書字・書き取り苦手	.49**	.43**
		記憶・学習苦手	.67**	.54**
SCLD41		読解苦手	.53**	.73**
		漢字学習困難	.69**	.79**
		文字の視覚処理エラー	.46**	.45**
		読み書きルール学習困難	.61**	.72**
		記憶・聴覚的注意の弱さ	.53**	.53**
		説明苦手	.58**	.71**
		書き取り苦手	.64**	.69**
		書字困難	.48**	.56**
		計算苦手	.39**	.51**

$^{**}p<.01$; .70以上の値は網掛け

以上から，LDSP7 は少ない項目で現在と小学生時代の読み書き困難の傾向を捉えられる尺度であり，SCLD10 は小学生時代の SLD に関連するような読み書き困難を把握することができる尺度であることが示された。

5.2. 下位尺度，短縮尺度と RaWF の相関

RaWSN と関連の尺度が，RaWF で測定される読み書きの速さと正確さに関連があるか検討する。なお，速さの指標としては，文字数は多いほど速く，時間は値が大きいほど遅い。相関の値が正と負に分かれるとわかりにくいため，本文中の引用で複数の値をまとめて示す場合には絶対値で記述する。

5.2.1. RaWSN の下位尺度と RaWF の相関

RaWSN の下位尺度と RaWF の相関を表 8-17 に示す。大学生項目の下位尺度は，黙読文字数と相関がなく（$|r|<.15$），「書くこと（$r=.24$）」「読むこと（$r=.21$）」と音読時間には弱い相関があった。「書くこと」と視写文字数は，無意味（$r=-.44$），有意味（$r=-.49$）ともに中程度の相関があっ

た。視写課題は単純な書き写しではあるが，書くことに時間がかかる人は，書くこと全般に困難を感じている可能性がある。

「視写差」と「書くこと」の間には弱い負の相関が見られた（$r=-.24$）。「視写差」は視写課題の有意味文の文字数から無意味文の文字数を引いた値である。有意味文のほうが言語的手がかりを使って文字をまとめて書き写せるため，多くの人は有意味文の文字数が多くなる。負の相関は，書くことに困難を感じている人は有意味文を書き写す際に言語的手がかりから得られる恩恵が少ないことを意味する。漢字学習等に弱さがあることから，有意味文で言葉のまとまりがあっても，一文字一文字を見ながら書き写す，つまり無意味文のように書き写している可能性が考えられる。知能の指標では，「その他」のみ弱い相関が見られた（$r=-.22$）。

小学生項目の下位尺度は，「書くこと」「読むこと」ともに黙読，音読の速さと弱い相関があった（$|r|=.30\sim.37$）。小学生時代に読み書きに困難を感じていた人は，大学生になっても読むことに時間がかかる傾向にあると言える。大学生の下位尺度と同様，視写の

表 8-17　RaWSN と RaWF の相関

		黙読	音読		視写					WAIS-Ⅲ		
					無意味		有意味		視写差	推定 FIQ	行列推理	知識
		文字数	時間	エラー	文字数	エラー	文字数	エラー				
大学生	書くこと	−.15	.24*	−.05	−.44**	−.12	−.49**	.05	−.24*	−.04	.08	−.16
	読むこと	−.11	.21*	.15	−.21*	.03	−.25*	.03	−.16	−.03	.01	−.07
	その他	.07	.11	.01	−.12	−.11	−.14	−.01	−.08	−.22*	−.11	−.23*
小学生	書くこと	−.30**	.37**	−.08	−.47**	−.16	−.50**	−.04	−.19+	−.07	.08	−.21*
	読むこと	−.35**	.35**	.11	−.29**	.00	−.29**	−.05	−.06	−.12	.01	−.22*
	その他	−.15	.24*	.00	−.27**	−.12	−.31**	.03	−.16	−.17+	−.04	−.23*

+$p<.10,$ *$p<.05,$ **$p<.01$; 絶対値が .20 以上の値は網掛け，絶対値が .40 以上は太枠
高橋・三谷（2019）をもとに作成

文字数と小学生時代の「書くこと」の間には中程度の相関が見られた（無意味 $r=-.47$, 有意味 $r=-.50$）。文字を書くのが遅い人は，書くこと全般の困難を感じやすく，その傾向は小学生時代から一貫していると言える。「その他」尺度は，音読，視写ともに弱い相関が見られ（$|r|=.24\sim.31$），音読や視写の遅さは，記憶，注意，聞く，話す（説明する）といったこととも関係していると言える。

5.2.2. LDSP28, SCLD41 の下位尺度と RaWF の相関

LDSP28, SCLD41 の下位尺度と RaWF の相関（表8-18）から，読み書きの中でもどのような領域の困難が，読み書きの速さや正確さと関係が強いかを検討する。

LDSP28 の下位尺度を見ると，黙読，音読の速さと相関が見られたのは「記憶・学習苦手」尺度のみであった（黙読 $r=-.24$,

音読 $r=.28$）。視写文字数との相関は，「読解苦手」以外の4つの尺度で，弱い相関が見られた（$|r|=.20\sim.39$）。中でも「書字・書き取り苦手」尺度との相関がやや高めの値（無意味 $r=-.34$, 有意味 $r=-.39$）を示しているのは，合理的な結果であると言える。

SCLD41 の下位尺度を見ると，LDSP28 の下位尺度よりも全般に相関が高めである。黙読，音読の速さについて，7つの下位尺度で少なくとも1つの弱い相関が見られた。視写文字数においても，「計算苦手」以外の下位尺度で弱い相関が見られた。「漢字学習困難」「書字困難」尺度で中程度の相関が見られた（$|r|=.42\sim.46$）。「漢字学習困難」「文字の視覚処理エラー」「読み書きルール（正書法）学習困難」「書字困難」尺度は，本書で提示している読み書きモデル（p.10, 図2-1）の文字・単語レベルの読字，書字に関係すると考えられる下位尺度である。それら

表8-18　LDSP28, SCLD41 と RaWF の相関

		黙読	音読		視写					WAIS-III		
		文字数	時間	エラー	無意味		有意味		視写差	推定FIQ	行列推理	知識
					文字数	エラー	文字数	エラー				
LDSP28	読解苦手	−.09	.14	.17+	−.12	.02	−.15	−.03	−.12	−.01	−.06	.04
	聴覚処理の弱さ・不注意	.10	.13	−.01	−.21*	−.10	−.21*	.04	−.06	−.16	−.13	−.10
	読字困難	−.06	.18+	.09	−.20*	.06	−.26**	.03	−.21*	−.09	.03	−.17+
	書字・書き取り苦手	.00	.14	−.05	−.34**	−.07	−.39**	.14	−.21*	.10	.14	.00
	記憶・学習苦手	−.24*	.28**	.03	−.26**	−.24*	−.27**	−.08	−.06	−.21*	.03	−.37**
SCLD41	読解苦手	−.33**	.25*	.16	−.20*	.07	−.18+	−.09	.03	−.09	−.01	−.13
	漢字学習困難	−.34**	.34**	−.07	−.42**	−.20*	−.46**	−.03	−.20*	−.15	.03	−.28**
	文字の視覚処理エラー	−.17+	.24*	−.05	−.36**	−.10	−.38**	−.03	−.13	−.01	.03	−.05
	読み書きルール学習困難	−.28**	.35**	−.09	−.30**	−.14	−.34**	−.04	−.17+	−.19+	−.04	−.27**
	記憶・聴覚的注意の弱さ	−.01	.17+	.09	−.20*	−.02	−.21*	.02	−.08	−.12	−.01	−.17+
	説明苦手	−.21*	.24*	.03	−.31**	−.07	−.36**	.01	−.22*	−.04	.09	−.16
	書き取り苦手	−.20*	.37**	−.10	−.44**	−.10	−.45**	−.07	−.12	−.02	.09	−.14
	書字困難	−.07	.13	−.04	−.33**	−.12	−.35**	.01	−.12	.07	.09	.01
	計算苦手	−.22*	.19+	−.07	−.10	−.11	−.12	−.05	−.10	−.18+	−.12	−.15

+$p<.10$, *$p<.05$, **$p<.01$; 絶対値が .20 以上の値は網掛け，絶対値が .40 以上は太枠
高橋・三谷（2019）をもとに作成

表 8-19　LDSP7，SCLD10 と RaWF の相関

	黙読	音読		視写				視写差	WAIS-III		
				無意味		有意味			推定FIQ	行列推理	知識
	文字数	時間	エラー	文字数	エラー	文字数	エラー				
LDSP7（大学生短縮）	−.35**	.37**	.08	−.50**	−.11	−.50**	−.03	−.11	−.14	.01	−.24*
SCLD10（小学生短縮）	−.44**	.46**	.02	−.47**	−.09	−.50**	−.08	−.19+	−.14	.04	−.27**

*$p<.05$, **$p<.01$; 絶対値が .20 以上の値は網掛け，絶対値が .40 以上は太枠
高橋（2021）をもとに作成

と，同様に読字，書字レベルの行動指標である音読や視写の速さとの相関が比較的高めであることは，これらの尺度の妥当性の根拠となる。

5.2.3. LDSP7，SCLD10 と RaWF の相関

LDSP7，SCLD10 と RaWF の相関（表8-19）から，短縮版は実際の読み書きの速さや正確さと関係があるか検討する。

LDSP7 は，黙読（$r=−.35$），音読（$r=.37$）の速さと弱い相関，視写文字数とは中程度の相関が見られた（無意味 $r=−.50$，有意味 $r=−.50$）。SCLD10 は，黙読，音読，視写すべての速度指標と中程度の相関が見られた（$|r|=.44$〜$.50$）。この結果から，少数の項目で実際の読み書きの遅さと関連のある学修（学習）困難を測定する尺度として，妥当性の根拠が得られたと言える。大学生を対象に現在の学修困難の状況をより少ない項目で調べるためには LDSP7 を，潜在的な SLD の可能性を検討するためには，小学生時代の学習困難全般との関連も強い SCLD10 を用いるとよいだろう。

◆引用文献
安藤壽子（1994）形態処理過程に視点をあてた読み書き障害の指導. LD 研究，**3**，53-58.
Dyslexia Assessment & Consultancy（2010）Workplace Dyslexia Checklist.〔http://dac.webfactional.com/site/wp-content/up loads/2010/011workplacechecklist-jan-07.pdf〕（2016 年 1 月 10 日）
原 惠子（2008）通常の学級・通級における音韻のアセスメント. LD 研究，**17**，290-294.
服部美佳子（2002）平仮名の読みに著しい困難を示す児童への指導に関する事例研究. 教育心理学研究，**50**，476-486.
堀部修一・別府悦子（2005）学習障害と診断された児童の通級指導教室での指導事例研究――カタカナの習得が可能になった実践を通して. 中部学院大学・中部学院大学短期大学部研究紀要，**6**，121-134.
細川美由紀・室谷直子・二上哲志（2004）ひらがな読みに困難を示す生徒における音韻処理および聴覚情報処理に関する検討. LD 研究，**13**，151-162.
井上 智・井上賞子（2012）．読めなくても，書けなくても，勉強したい――ディスレクシアのオレなりの読み書き. ぶどう社.
井上知洋・東原文子・前川久男（2010）読み困難児における語音認知の特性および，読みとの関連性に関する検討. LD 研究，**19**，69-81.
川喜田二郎（1967）発想法――創造性開発のために. 中央公論社.
熊谷恵子（2006）読みに関連する色フィルムの効果に関する研究――日本人の一般的な傾向と読み書き障害児の結果. LD 研究，**15**，198-206.
松本敏治（2008）視覚認知上の問題を示した症例の読み喜き困難の推移. 弘前大学教育学部紀要，**99**，125-135.
三谷絵音・高橋知音（2016）大学生の読字・書字困難評定尺度の作成. 信州心理臨床紀要，**15**，71-82.
文部科学省（2003）参考 2「通常の学級に在籍する特別な教育的支援を必要とする児童生徒に関する

全国実態調査」調査結果. ［https://www.mext.
go.jp/b_menu/shingi/chousa/shotou/054/
shiryo/attach/1361231.htm］（2020 年 3 月
23 日）

森田陽人・中山 健・佐藤克敏・前川久男（1997）
ひらがな読みに困難を示す児童の読み獲得の援助.
LD 研究, **5**, 49-62.

National Center for Learning Disabilities
(2012). Interactive LD Checklist. ［http://
www.uread.org/index.php/dyslexia-
is/81-what-are-the-signs-of-dyslexia］
（2014 年 1 月 10 日）

大石敬子（1997）読み障害児 3 例における読みの
障害機構の検討──話し言葉の問題を通して. LD
（学習障害）：研究と実践, **6**, 31-44.

坂本真紀・比留間みゆ希・細川美由紀（2004）聴
覚的な継次処理に特異的な困難を示す男児に対す
るひらがな読み指導. LD 研究, **13**, 3-12.

Smythe, I. & Everatt, J.（2001）Adult
Checklist. British Dyslexia Association.
［https://cdn.bdadyslexia.org.uk/
documents/Dyslexia/Adult-Checklist-1.
pdf?mtime=20190410221642］

高橋知音（2021）大学生の読み書き困難の評価と
支援. コミュニケーション障害学, **38**, 52-56.

高橋知音・三谷絵音（2019）大学生のための読字・
書字課題と読み書き支援ニーズ尺度の開発. 高等
教育と障害, **1**, 1-12.

田中栄美子・恵羅修吉・馬場広充（2012）書き困
難の主訴と WISC-III の関連性──書き困難の主
訴はあるが読み困難の主訴を伴わない子どもの認
知的特徴. LD 研究, **21**, 488-495.

藤堂高直（2011）DX 型 ディスレクシアな僕の人
生. 主婦の友社.

Vinegrad, M.（1994）. A Revised Adult Dys-
lexia Checklist. Educare, 48. ［https://
www.dyslexiasupportservices.com.au/
pdf_files/DyslexiaCheckAdultsVinegrad.
pdf］（2020 年 3 月 23 日）

資 料

付録のダウンロードおよび使用に関して

　170〜184 ページに掲載の資料は，金子書房ウェブサイト内『読み書き困難の支援につなげる 大学生の読字・書字アセスメント』の書籍ページよりダウンロードして使用することができます。書影の下のダウンロード用バナーをクリックして，以下のユーザー名とパスワードを入力してください。

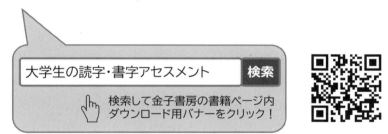

〔ユーザー名：RaWFRaWSN　/　パスワード：Tz6nyteN〕

【注意】

1. 本サービスは，本書をご購入いただいた方のみご利用いただけます。上記のユーザー名およびパスワードは第三者に知らせたりメールなどで送信したりしないようにしてください。
2. すべてのファイルには著作権があります。ご使用は，教育・臨床・研究目的に限定されます。参加費などを徴収する有料の研修会などでのご使用に際しては，出典を明記するとともに，金子書房宛てに使用許可の申請をお願いします。内容を確認の上，可否を判断させていただきます。
3. 改変・無断転載は禁止いたします。
4. ファイルはご使用になる方の責任でお使いください。著者および出版社は，本サービスの利用による結果に関して，一切責任を負わないものとします。
5. 収録されているそれぞれのファイルには，パソコンの動作環境に関する制限があります。うまく作動しない場合には，それぞれのソフトウェアの最新版でお試しください。
6. 本サービスの内容は予告なく変更になる場合があります。あらかじめご了承ください。

音読課題　教示

これから、ひらがな4文字の単語を**声に出して**読んでもらいます。

単語は3列に並んでいます。

一番左端の単語から下に読み進め、一番下の単語まで来たら

隣の列の単語を読み上げてください。

例

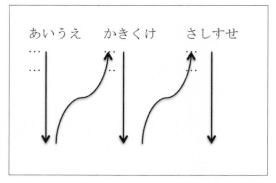

あいうえ　　かきくけ　　さしすせ

制限時間はありません。

問題シートは手に持たず、<u>机の上においたまま</u>読み上げてください。

出来るだけ速く、そして正確に、声に出して読んでください。

「はじめ」と言ったら読み始めてください。

資料2　音読課題：例題シート

音読課題　例題

よこもじ	あめりか	おもちゃ
よんもじ	いたりあ	こしょう
ひらがな	ろんどん	れんこん
まつもと	よこづな	けっこん
しんだい	しんぼる	おじさん

資料3　音読課題：問題シート

音読課題　問題

るれわゆ	こさあふ	やいめわ
そぬぺめ	ぬよんに	ゆぬなて
りねさの	ちしゅけ	ぞゆむえ
へっちざ	ぬずはぼ	ろみびぞ
あんへで	ぽみわお	むおみへ
れけうわ	わぬどせ	きゅたさ
ぢゃたう	めちにょ	にふこさ
つわねに	なのゆせ	さもちあ
ぴょみな	みんけそ	いめろぬ
けみっそ	べさすつ	りまほに

資料4　RaWF 集計用紙

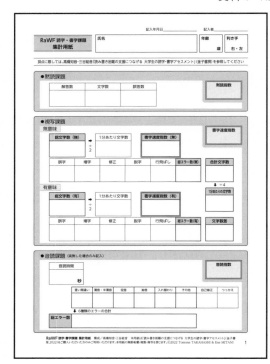

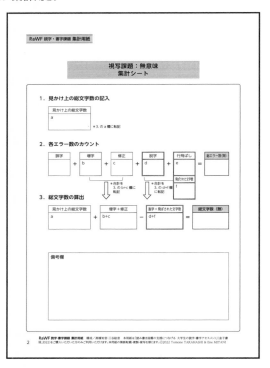

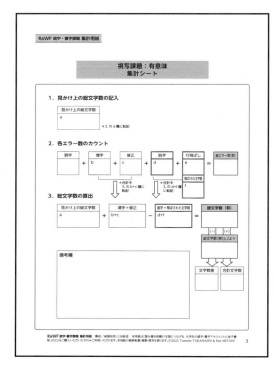

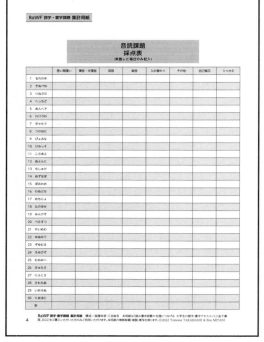

1　漢字の左右が逆になる

例

虐 → 虐
短 → 𥪡

9　文章を書く時に、句読点を適切に打つのが苦手である

句読点（くとうてん）→ 、 。

10　文章を書く時に、助詞を正しく使うのが難しい

助詞の例

わたし は …
あなた に …
りんご を …

11　長い単語では、誤って文字を入れ替えて書くことがある

例

めまぐるしく変化する
↓
めぐるましく変化する

22　ひらがなやカタカナの単語を見ると、その言葉の区切りがわからない

例

ステキなものがたりを……
↓
ステキなものが、たりを…

26　文末を勝手に読みかえてしまう

例

〜しました。
↓
〜した。

27　文字の形が似たひらがな・カタカナ・数字を読み間違えてしまう

例

ら さ ち う
め ぬ ね れ わ
9 6

28　漢字を見て、似たような形や意味の漢字と間違える

例

耳 → め
岩 → いし
馬 → とり

29　漢字の勝手読みがある

例

友　→　ともだち

去年　→　さくねん

31　似た音を聞き間違える

例

「知った」→「行った」
と聞き間違える

42　計算記号をよく間違えて計算する

計算記号

＋　−　×　÷　＝

44　ものの名前をよく間違える

例

「いす」と言おうとして、
「つくえ」と言ってしまう

45　小学校高学年になっても、鏡文字（裏返った文字）の
　　ひらがなを書いてしまうことがあった

例

あ　→　 あ
つ　→　つ

54　句読点を正しく打つのが苦手だった

句読点（くとうてん）→　、　。

55　文を書く時、「〜は」「〜へ」を「〜わ」「〜え」と
　　間違えて書いていた

例

私は　→　私わ

公園へ　→　公園え

56　文を書くとき、「〜は」「〜に」「〜を」などを正しく使うのが
　　難しかった

例

わたし　は　…
あなた　に　…
りんご　を　…

57　促音、拗音、長音のある語をよく書き間違えていた

例

促音　たっ　ちっ
そくおん

拗音　きゃ　きゅ　きょ
ようおん

長音　おとうさん　おねえさん
ちょうおん

58　長い単語では、誤って文字を入れ替えて書いていた

例

めまぐるしく変化する
↓
めぐるましく変化する

71　漢字の勝手読みがあった

例

友　→　ともだち

去年　→　さくねん

73　ひらがなやカタカナの単語を見ると、その言葉の区切りが
　　わからなかった

例

ステキなものがたりを……
↓
ステキなものが、たりを…

78　漢字を見て、似たような形や意味の漢字と間違えた

例

耳　→　め

岩　→　いし

馬　→　とり

79　文字の形が似たひらがな・カタカナ・数字を
　　読み間違えてしまう

例

ら　さ　ち　う

め　ぬ　ね　れ　わ

9　6

83　似た音の聞き間違いが多かった

例

「知った」→「行った」
と聞き間違える

93　計算記号をよく間違えて計算する

計算記号

＋　−　×　÷　＝

資料6　RaWSN：回答カード

質問紙読み上げ回答カード

1　あてはまらない	1
2　どちらかといえばあてはまらない	2
3　どちらかといえばあてはまる	3
4　あてはまる	4

現在の学生生活の中で、
自分に最もあてはまると思うものに○をつけてください。

		1 あてはまらない	2 どちらかというとあてはまらない	3 どちらかというとあてはまる	4 あてはまる
◆ 書くこと					
1	漢字の左右が逆になる（例：虚 ⇒ 偐　短 ⇒ 踉）	1	2	3	4
2	漢字を書くとき大きさバランスの悪い形になる	1	2	3	4
3	読みにくい文字を書く	1	2	3	4
4	正しい書き順で書けない漢字が多い	1	2	3	4
5	送り仮名の表記ミスが多い	1	2	3	4
6	聞いたものを書き取ると、書き誤る	1	2	3	4
7	聞いたものを整理して書く（記録する、メモを取る）のが苦手である	1	2	3	4
8	自分の考えを整理して文章にするのが苦手である	1	2	3	4
9	文章を書く時に、句読点（、。）を適切に打つのが苦手である	1	2	3	4
10	文章を書く時に、助詞（〜に、〜を、〜は）を正しく使うのが難しい	1	2	3	4
11	長い単語では、誤って文字を入れ替えて書くことがある（例：めまぐるしい → めぐるましい）	1	2	3	4
12	決められた枠の中への書き込みが苦手である	1	2	3	4
13	文字を書くことを避ける	1	2	3	4

RaWSN

学修に関するアンケート

大学生の現在と過去の読むこと・書くことについてお聞きしたいと思います。
現在の大学生活の中でのことと、小学生の頃のことについてお答えください。

回答は、ご自分で読んで答えていただく回答方法と、
実施者が質問を読み上げ、口頭で答えていただく回答方法とをお選びいただけます。

回答例：

		1 あてはまらない	2 どちらかというとあてはまらない	3 どちらかというとあてはまる	4 あてはまる
1	小学生時代はよく本を読んでいた。	1	2	3	④

回答は、上記のように自分に当てはまると思うものに○をつけてください。

質問は全部で93問あります。

どうぞありのままにお答えください。

RaWSN

現在の学生生活の中で、
自分に最もあてはまると思うものに○をつけてください。

◆ 読むこと

	1 あてはまらない	2 どちらかというとあてはまらない	3 どちらかというとあてはまる	4 あてはまる
14 授業などを聞けば理解できるが、資料や教科書などを読むだけだと理解するのが難しい	1	2	3	4
15 読み書きのある仕事や課題はなるべく避ける	1	2	3	4
16 文章を読むことをなるべく避ける	1	2	3	4
17 文章を読むのに時間がかかる	1	2	3	4
18 厚い本を読むのが苦手である	1	2	3	4
19 文章を理解するために何度も読み返す	1	2	3	4
20 本や論文等の要点をとらえるのが難しい	1	2	3	4
21 文章を目で追うことはできるが、書かれている内容が頭に入らない	1	2	3	4
22 ひらがなやカタカナの単語を見ると、その言葉の区切りがわからない（例：ものがたり を、（もの が、たり）と読んでしまう）	1	2	3	4
23 音読が難しい	1	2	3	4
24 文章を読んでいると、行を飛ばしたり逆戻りしたりしてしまう	1	2	3	4
25 どこを読んでいるのかわからなくなる	1	2	3	4
26 文末を勝手に読みかえてしまう（例：しましたら「しした」と読んでしまう）	1	2	3	4
27 文字の形が似たひらがな・カタカナ・数字を読み間違えてしまう（例：らっこ／ちっこ、め／ぬ／ね／わ、9／6）	1	2	3	4
28 漢字の形を見て、似たような形や意味の漢字と間違える（例：耳→め 岩→いし 馬→とり）	1	2	3	4
29 漢字の勝手な読みかたがある（例：友→ともだち 昨年→きょねん）	1	2	3	4

RaWSN

現在の学生生活の中で、
自分に最もあてはまると思うものに○をつけてください。

◆ 伝えること、聞くこと、記憶すること、その他

	1 あてはまらない	2 どちらかというとあてはまらない	3 どちらかというとあてはまる	4 あてはまる
30 内容をわかりやすく簡潔にまとめて伝えることが難しい	1	2	3	4
31 似た音を聞き間違える（例：「知った」と「行った」）	1	2	3	4
32 口頭での指示の理解が難しい	1	2	3	4
33 聞きもらしがよくある	1	2	3	4
34 会議や講義、講義で話されている内容が頭に入ってこない	1	2	3	4
35 物の名前がなかなか思い出せないことがある	1	2	3	4
36 新出用語や授業で習った言葉がなかなか覚えられない	1	2	3	4
37 講義後や、その途中での内容を思い出すのが難しい	1	2	3	4
38 固有名詞がなかなか覚えられない	1	2	3	4
39 ある場面でのエピソードを思い出そうとしても、思い出しにくい	1	2	3	4
40 人が何を言っていたかを思い出せない	1	2	3	4
41 暗算が苦手である	1	2	3	4
42 計算記号（ ＋ － × ÷ ＝ ）をよく間違えて計算する	1	2	3	4
43 地図を読むのが苦手である	1	2	3	4
44 ものの名前をよく間違える（例：椅子を机と言ってしまう）	1	2	3	4

RaWSN

あなたの小学生時代の中で、自分に最もあてはまると思うものに○をつけてください。

		1 あてはまらない	2 どちらかといえばあてはまらない	3 どちらかといえばあてはまる	4 あてはまる
《書くこと》					
45	小学校高学年になっても、鏡文字（裏返った文字）のひらがなを書いてしまうことがあった （例：あ→ɒ）	1	2	3	4
46	字のバランスが悪かった	1	2	3	4
47	正しい書き順で書けない文字が多かった	1	2	3	4
48	送り仮名の表記ミスがある	1	2	3	4
49	漢字の細かい部分をよく書き間違えていた	1	2	3	4
50	視力には関係なく、黒板や教科書に書かれた文字をノートに書き写すのが苦手だった	1	2	3	4
51	聞いたものを書き取ると、書き誤りが多かった	1	2	3	4
52	授業で先生の言ったことを書きとめるのが苦手だった	1	2	3	4
53	自分の考えを整理して文字にするのが苦手だった	1	2	3	4
54	句読点（。、）を正しく打つのが苦手だった	1	2	3	4
55	文を書く時、「～は」「～へ」「～を」「～え」と間違えて書いていた	1	2	3	4
56	文を書く時、「～は」「～に」「～を」など正しく使うのが難しかった	1	2	3	4
57	促音（っ）、拗音（例：きゃ、きゅ、きょ）長音（例：おとうさん、おねえさん）のある語をよく書き間違えていた	1	2	3	4
58	長い言葉では、誤って前後の文字を入れ替えて書いていた （例：めまぐるしい → めるぐましい）	1	2	3	4
59	ひらがなやカタカナは、読むことはできるが書くのが難しかった	1	2	3	4
60	習った漢字でも、読むことはできても書けない文字が多かった	1	2	3	4
61	文字をまっすぐに書くのが苦手だった	1	2	3	4
62	決められた枠の中への書き込みが苦手だった	1	2	3	4
63	文字を書くことを避けた	1	2	3	4

RaWSN

あなたの小学生時代の中で、自分に最もあてはまると思うものに○をつけてください。

		1 あてはまらない	2 どちらかといえばあてはまらない	3 どちらかといえばあてはまる	4 あてはまる
《読むこと》					
64	文字を読むことを避けた	1	2	3	4
65	本を読むのが苦手だった	1	2	3	4
66	文章を読むのが遅かった	1	2	3	4
67	同じ文を何度か読まないと理解できなかった	1	2	3	4
68	文章の要点を正しく読み取ることが難しかった	1	2	3	4
69	教科書やプリントにふりがなをふって読んでいた	1	2	3	4
70	文を読んでいると、行を飛ばしたり逆戻りしてしまっていた	1	2	3	4
71	漢字の勝手読みがあった（例：友→ともだち、去年→きょねん）	1	2	3	4
72	習った漢字でもなかなか読むことができなかった	1	2	3	4
73	ひらがなやカタカナの単語を見ると、その言葉の区切りがわからなかった（例：「ものがたり」を「ものが たり」と読んでしまう）	1	2	3	4
74	黙読だけでは文の意味が理解できなかった	1	2	3	4
75	音読しても内容が頭に入ってこなかった	1	2	3	4
76	音読をするところつかえ、たどたどしく読んでいた	1	2	3	4
77	音読み訓読みの区別が上手くできなかった（例：会場→かいば）	1	2	3	4
78	漢字を見て、似たような形や意味の漢字と間違えた（例：耳→め、岩→いし、馬→とり）	1	2	3	4
79	文字の形が似たひらがな・カタカナ・数字を読み間違えていた（例：ら／ち／う、め／ぬ／ね、り／れ、9／6）	1	2	3	4
80	視力には関係なく、文字に単点を合わせようとするとぼやけたり、ゆがんだりすることがあった	1	2	3	4

RaWSN

資料 8　LDSP28 質問紙見本

学修に関するアンケート

現在の読むこと・書くことについてお聞きしたいと思います。

回答は、ご自分で読んで答えていただく回答方法と、実施者が質問を読み上げ、口頭で答えていただく回答方法とをお選びいただけます。

回答例）

		1 あてはまらない	2 どちらかといえばあてはまらない	3 どちらかといえばあてはまる	4 あてはまる
1	小学生時代はよく本を読んでいた。	1	2	3	④

回答は、上記のように自分に当てはまると思うものに○をつけてください。

質問は全部で28問あります。

どうぞありのままにお答えください。

LDSP28

資料 7　RaWSN 質問紙見本（続き）

あなたの小学生時代の中で、

自分に最もあてはまると思うものに○をつけてください。

《伝えること、聞くこと、記憶すること、その他》

		1 あてはまらない	2 どちらかといえばあてはまらない	3 どちらかといえばあてはまる	4 あてはまる
81	話す時に、内容をわかりやすく伝えるのが難しかった	1	2	3	4
82	順序立てて説明するのが難しかった	1	2	3	4
83	似た音の発音を間違いが多かった （例：知った と 言った を聞き間違える）	1	2	3	4
84	人の話を聞いている時に、聞きもらしがよくあった	1	2	3	4
85	物の名前をなかなか思い出せなかった	1	2	3	4
86	何度も練習しても、漢字が覚えられなかった	1	2	3	4
87	授業で習った用語や名前がなかなか覚えられなかった	1	2	3	4
88	先生や友達の名前がなかなか覚えられなかった	1	2	3	4
89	ある場面でのエピソードを思いだそうとしても、思い出しにくかった	1	2	3	4
90	周りの音に集中が乱された	1	2	3	4
91	暗算が苦手だった	1	2	3	4
92	九九がなかなか覚えられなかった	1	2	3	4
93	計算記号（ + － × ÷ ＝ ）をよく混乱させていた	1	2	3	4

回答欄に記入漏れがないかご確認ください。

RaWSN

資料8 LDSP28質問紙見本（続き）

現在の学生生活の中で、
自分に最もあてはまると思うものに○をつけてください。

		1 あてはまらない	2 どちらかというとあてはまらない	3 どちらかというとあてはまる	4 あてはまる
2	漢字を書くと大きく（バランスの悪い）形になる	1	2	3	4
3	読みにくい文字を書く	1	2	3	4
4	正しい書き順で書けない漢字が多い	1	2	3	4
7	聞いたものを整理して書く（記録する、メモを取る）のが苦手である	1	2	3	4
12	決められた枠の中への書き込みが苦手である	1	2	3	4
13	文字を書くことを避ける	1	2	3	4
14	授業などを聞けば理解できるが、資料や教科書などを読むだけだと理解するのが難しい	1	2	3	4
16	文章を読むことをなるべく避ける	1	2	3	4
17	文章を読むのに時間がかかる	1	2	3	4
18	声に出して文章を読むのが苦手である	1	2	3	4
19	文章を理解するために何度も読み返す	1	2	3	4
20	本や論文等の要点をとらえるのが難しい	1	2	3	4
21	文章を目で追うことはできるが、書かれている内容が頭に入らない	1	2	3	4
22	ひらがなやカタカナの単語を見ると、その言葉の区切りがわからない（例：「ものがたり」を、「ものが、たり」と読んでしまう）	1	2	3	4
23	音読が難しい	1	2	3	4

LDSP28

現在の学生生活の中で、
自分に最もあてはまると思うものに○をつけてください。

		1 あてはまらない	2 どちらかというとあてはまらない	3 どちらかというとあてはまる	4 あてはまる
26	文末を勝手に読みかえてしまう（例：「しました」を「した」と読んでしまう）	1	2	3	4
27	文字の形が似たひらがな・カタカナ・数字を読み間違えてしまう（例：ら／さ／ち／う 、め／ぬ／ね／わ 、9／6）	1	2	3	4
28	漢字を見て、似たような形や意味の漢字と間違える（例：耳→め 岩→いし 馬→とり）	1	2	3	4
29	漢字の勝手読みがある（例：友→ともだち 昨年→さょねん）	1	2	3	4
30	内容をわかりやすく簡潔にまとめて伝えることが難しい	1	2	3	4
31	似た音を聞き間違える（例：「知った」と「行った」）	1	2	3	4
32	口頭での指示の理解が難しい	1	2	3	4
33	聞きもらしがよくある	1	2	3	4
34	会議や議論、講義で話されている内容が頭に入ってこない	1	2	3	4
35	物の名前がなかなか思い出せないことがある	1	2	3	4
36	新出用語や授業で習った言葉がなかなか覚えられない	1	2	3	4
38	固有名詞がなかなか覚えられない	1	2	3	4
40	人が何を言っていたかを思い出せない	1	2	3	4

回答欄に記入漏れがないかご確認ください。

LDSP28

小学生時代の学習に関するアンケート

過去の読むこと・書くことについてお聞きしたいと思います。
小学生の頃のことについてお答えください。

回答は、ご自分で読んで答えていただく回答方法と、
実施者が質問を読み上げ、口頭で答えていただく回答方法とをお選びいただけます。

回答例：

	1 あてはまらない	2 どちらかといえばあてはまらない	3 どちらかといえばあてはまる	4 あてはまる
1　小学生時代はよく本を読んでいた。	1	2	3	④

回答は、上記のように自分に当てはまると思うものに○をつけてください。

質問は全部で41問あります。

どうぞありのままにお答えください。

SCLD41

あなたの小学生時代の中で、
自分に最もあてはまると思うものに○をつけてください。

《書くこと》

	1 あてはまらない	2 どちらかといえばあてはまらない	3 どちらかといえばあてはまる	4 あてはまる
45　小学校高学年になっても、読み字（裏返った文字）のひらがなを書いてしまうことがあった（例：あ→ぁ）	1	2	3	4
46　字のパーツのバランスが悪かった	1	2	3	4
47　正しい書き順で書けない文字が多かった	1	2	3	4
48　送り仮名の表記ミスが多かった	1	2	3	4
49　漢字の細かい部分を気にせず、書き間違えていた	1	2	3	4
50　視力には関係なく、黒板や教科書に書かれた文字をノートに書き写すのが苦手だった	1	2	3	4
51　聞いたものを書き取ると、書き誤りが多かった	1	2	3	4
52　授業で先生の言ったことを書きとめるのが苦手だった	1	2	3	4
53　自分の考えを整理して文字にするのが苦手だった	1	2	3	4
55　文を書く時、「へ」を、「～へ」「～え」と間違えて書いていた	1	2	3	4
56　文を書く時、「～は」「～に」「～を」など正しく使うのが難しかった	1	2	3	4
57　促音（っ）、拗音（例：きゃ、きゅ、きょ）、長音（例：おとうさん、お姉さん）のある語をよく書き間違えていた	1	2	3	4
59　ひらがなやカタカナは、読むことはできるが書くのが難しかった	1	2	3	4
60　習った漢字でも、読むことはできても書けない文字が多かった	1	2	3	4
61　文字をまっすぐに書くのが苦手だった	1	2	3	4
62　決められた枠の中への書き込みが苦手だった	1	2	3	4

SCLD41

資料 9　SCLD41 質問紙見本（続き）

あなたの小学生時代の中で、自分に最もあてはまると思うものに○をつけてください。

《読むこと》

		1 あてはまらない	2 どちらかというとあてはまらない	3 どちらかというとあてはまる	4 あてはまる
64	文字を読むことを避けた	1	2	3	4
65	本を読むのが苦手だった	1	2	3	4
66	文章を読むのが遅かった	1	2	3	4
67	同じ文を何度か読まないと理解できなかった	1	2	3	4
68	文章の要点を正しく読み取ることが難しかった	1	2	3	4
69	教科書やプリントにふりがなをふって読んでいた	1	2	3	4
71	漢字の読み手読みがあった（例：友⇒ともだち、去年⇒さくねん）	1	2	3	4
72	習った漢字でもなかなか読むことができなかった	1	2	3	4
74	熟語だけでは文の意味が理解できなかった	1	2	3	4
75	音読しても内容が頭に入ってこなかった	1	2	3	4
77	音読みと訓読みの区別が上手くできなかった（例：会場⇒かいば）	1	2	3	4
78	漢字を見て、似たような形や意味の漢字と間違えた（例：耳→め　岩→いし　馬→とり）	1	2	3	4
79	文字の形が似たひらがな・カタカナ・数字を読み間違えていた（例：ら／さ／ち／う、ぬ／め／わ／れ、9／6）	1	2	3	4

SCLD41

あなたの小学生時代の中で、自分に最もあてはまると思うものに○をつけてください。

《伝えること、聞くこと、記憶すること、その他》

		1 あてはまらない	2 どちらかというとあてはまらない	3 どちらかというとあてはまる	4 あてはまる
81	話す時に、内容をわかりやすく伝えるのが難しかった	1	2	3	4
82	順序立てて説明するのが難しかった	1	2	3	4
84	人の話を聞いている時に、聞きもらしがよくあった	1	2	3	4
85	物の名前をなかなか思い出せなかった	1	2	3	4
86	何度も練習しても、漢字が覚えられなかった	1	2	3	4
87	授業で習った用語がなかなか覚えられなかった	1	2	3	4
88	先生や友達の名前がなかなか覚えられなかった	1	2	3	4
89	ある場面でのエピソードを思いだそうとしても、思い出しにくかった	1	2	3	4
90	周りの音に集中が乱された	1	2	3	4
91	暗算が苦手だった	1	2	3	4
92	九九がなかなか覚えられなかった	1	2	3	4
93	計算記号（ ＋ × ÷ ＝ ）をよく混乱させていた	1	2	3	4

回答欄に記入漏れがないかご確認ください。

SCLD41

資料11　SCLD10 質問紙見本

小学生時代の学習に関するアンケート

過去の読むこと・書くことについてお聞きしたいと思います。
小学生の頃のことについてお答えください。

回答例

		1	2	3	4
1	小学生時代はよく本を読んでいた。	1	2	3	④

あなたの小学生時代の中で、
自分に最もあてはまると思うものに○をつけてください。

		1 あてはまらない	2 どちらかといえばあてはまらない	3 どちらかといえばあてはまる	4 あてはまる
45	小学校高学年になっても、鏡字（裏返った文字）のひらがなを書いてしまうことがあった（例：あ→茶）	1	2	3	4
48	送り仮名の表記ミスが多かった	1	2	3	4
49	漢字の細かい部分をよく書き間違えていた	1	2	3	4
53	自分の考えを整理して文字にするのが苦手だった	1	2	3	4
56	文を書く時、「～は」「～に」「～を」など正しく使うのが難しかった	1	2	3	4
63	文字を書くことを避けた	1	2	3	4
66	文章を読むのが難かった	1	2	3	4
68	文章の要点を正しく読み取ることが難しかった	1	2	3	4
76	音読をするとつっかえ、たどたどしく読んでいた	1	2	3	4
80	視力には関係なく、文字に焦点を合わせようとするとぼやけたり、ゆがんだりすることがあった	1	2	3	4

SCLD10

資料10　LDSP7 質問紙見本

学修に関するアンケート

現在の読むこと・書くことについてお聞きしたいと思います。

回答例

		1	2	3	4
1	小学生時代はよく本を読んでいた。	1	2	3	④

どうぞありのままにお答えください。

現在の学生生活の中で、
自分に最もあてはまると思うものに○をつけてください。

		1 あてはまらない	2 どちらかといえばあてはまらない	3 どちらかといえばあてはまる	4 あてはまる
1	漢字の左右が逆になる（例：虚⇒慮　短⇒弬）	1	2	3	4
4	正しい書き順で書けない漢字が多い	1	2	3	4
5	送り仮名の表記ミスが多い	1	2	3	4
6	聞いたものを書き取ると、書き誤る	1	2	3	4
20	本や論文等の要点をとらえるのが難しい	1	2	3	4
23	音読が難しい	1	2	3	4
33	聞きもらしがよくある	1	2	3	4

LDSP7

おわりに

　大学生を対象とした読み書きの検査の開発は，2013 年に科学研究費助成事業への応募から始まりました。検査の出版に至るまで，実に 10 年かかったことになります。この間，三谷が中心に課題の開発を行い，高橋が中心に検証作業と書籍の執筆を進め，最終的には二人でこれらを完成させました。なお，読み書き支援ニーズ尺度の略称は，開発段階では RWSNS としていましたが，出版にあたり呼びやすさを考慮して RaWSN（ロースン）としました。

　RaWF，RaWSN を含む本書の出版がきっかけとなり，まずは多くの方が大学生の読み書き困難について関心を持つようになってほしいと思います。その結果，読み書き困難があって大学での学びに苦戦している学生が，必要な支援を受けられるようになることを期待しています。

　RaWF，RaWSN の開発ならびに本書の執筆にあたっては，科研費（26380923，17H02642，18H03653，21H04410）の助成を受けました。
　また，このプロジェクトを進めるにあたり，多くの方々のお力添えをいただきました。高橋の研究室に所属していた天野昌之氏，北澤加純氏，田原はるか氏，不破ひかり氏には，課題の開発，データ処理等で重要な役割を担っていただきました。データ収集においては，川﨑聡大氏，楠敬太氏，小貫悟氏，近藤武夫氏，篠田晴男氏，諏訪絵里子氏，望月直人氏，守秀子氏の協力を得ました。マニュアルの作成においては，相澤亮雄氏から貴重な助言をいただきました。また，金子書房の天満綾氏には，企画の段階から相談に乗っていただき，執筆の過程では多くの助言，アイディアをいただきました。辛抱強くお付き合いいただいたおかげで，無事に書籍としてまとめることができました。
　ご協力いただいたすべての方々に，心より感謝申し上げます。

2022 年 3 月

高橋知音・三谷絵音

索引

◆著者紹介

高橋知音（たかはし ともね）

信州大学学術研究院（教育学系）教授。University of Georgia, Graduate School of Education 修了（Ph.D.）。信州大学講師，助教授，准教授を経て現職。公認心理師，臨床心理士，特別支援教育士 -SV。専門は教育心理学，臨床心理学。日本 LD 学会副理事長，全国高等教育障害学生支援協議会理事。日本学生支援機構障害学生修学支援実態調査／分析協力者会議委員。主な著書に，『発達障害の大学生のためのキャンパスライフ Q&A』（共著，弘文堂），『発達障害のある大学生への支援』（編著，金子書房），『発達障害のある人の大学進学—どう選ぶか どう支えるか—』（編著，金子書房），『発達障害のある大学生のキャンパスライフサポートブック』（単著，学研教育出版），『ADHD コーチング—大学生活を成功に導く支援技法—』（共同監訳，明石書店）など。

三谷絵音（みたに えね）

信州大学教育学部特任助教。信州大学大学院教育学研究科臨床心理学専修修了。就労支援施設での勤務を経て現職。公認心理師，臨床心理士。共著論文に「大学生のための読字・書字課題と読み書き支援ニーズ尺度の開発」（高等教育と障害，1，1-12）など。

読み書き困難の支援につなげる

大学生の読字・書字アセスメント
──読字・書字課題 RaWF と読み書き支援ニーズ尺度 RaWSN

2022 年 5 月 31 日　初版第 1 刷発行　　　　　　　〔検印省略〕

著　者　高橋知音・三谷絵音
発行者　金子紀子
発行所　株式会社 金子書房
　　　　〒 112-0012　東京都文京区大塚 3-3-7
　　　　TEL 03（3941）0111（代）　FAX 03（3941）0163
　　　　https://www.kanekoshobo.co.jp
　　　　振替 00180-9-103376

印　刷　藤原印刷株式会社　　製　本　一色製本株式会社

©Tomone Takahashi & Ene Mitani, 2022　Printed in Japan
ISBN978-4-7608-2851-7　C3037